3.50 Jae
W (1)
13

buch & media

AF792853

Warum sind wir, wie wir sind? Wer diese Frage beantworten will, muss sich mit der Geschichte auseinandersetzen. Sinda Dimroth hat das auf Grundlage zahlreicher Tagebuch- und Tonbandaufzeichnungen getan. Entstanden ist so ein Buch, das aus verschiedenen Perspektiven außerordentlich authentisch und ebenso anschaulich wie spannend vom Leben einer bürgerlichen Familie im 20. Jahrhundert erzählt – von familiären Verwerfungen, von Krieg und Frieden und von Erfolgen und Niederlagen. Das Denken und Fühlen der Protagonisten und deren Ringen um das ethisch richtige Handeln führen uns beispielhaft vor Augen, wie sich viele deutsche Bürger den Herausforderungen der Zeit stellten und an ihnen wuchsen oder scheiterten.

Walter Godron, 2014

Sinda Dimroth

Das große Verschweigen

Roman einer Familie

buch & media

Weitere Informationen über den Verlag und sein Programm unter:
www.buchmedia.de

März 2015
Buch&media GmbH, München

Umschlaggestaltung: Marion Kausche
Printed in Germany
ISBN print 978-3-95780-030-5
ISBN ePub 978-3-95780-031-2
ISBN PDF 978-3-95780-032-9

Inhalt

Und so träume ich von einer Welt, in der Humanität an erster Stelle steht, in der Antisemitismus, Rassismus und Fremdenfeindlichkeit keinen Platz mehr haben. Von einer Welt, in der junge Menschen einen verantwortungsbewussten Umgang mit der Vergangenheit garantieren und aus der historischen Erfahrung von uns Überlebenden Handlungsmaximen für die Gegenwart ableiten.

Max Mannheimer, 30. März 2010

Vorwort

Einhundert Jahre nach Ausbruch des Ersten Weltkriegs und ein dreiviertel Jahrhundert nach Beginn des Zweiten werden wieder deutsche Soldaten in den Krieg geschickt. Sie kämpfen für Deutschland in Afrika oder Afghanistan, und zwei Prozent von ihnen haben nach ihrer Rückkehr posttraumatische Belastungsstörungen. In unserem Land sind Kriege mit Schuld und Scham verbunden, mit Gewissenskonflikten und sehr viel Verdrängung, was Auswirkungen hat bis in die nächste und übernächste Generation. Der Vorsatz, Fehler der Eltern und Großeltern zu vermeiden, kann zu Fehlverhalten bei aktuellen Konfliktsituationen führen; deshalb hat die hier geschilderte Familiengeschichte etwas mit uns allen zu tun.

Befasst man sich mit den Opferzahlen des Zweiten Weltkriegs und dem unvorstellbaren Leid, das er hervorgerufen hat, kann man nur noch schweigen. So erging es den meisten Soldaten, die den Krieg überlebt hatten. Sie konnten angesichts der Gräueltaten, die sie zum Teil erst nach 1945 mitbekamen, über das, was sie selbst erlebt hatten, nicht mehr sprechen. Das Schweigen der Väter hinterließ einen blinden Fleck im Gedächtnis der Kinder und Enkel. Sie konnten und wollten sich nicht vorstellen, was der Vater oder Großvater im Krieg erlebt oder getan hatte. Das Schweigen wurde als Schuldeingeständnis interpretiert, oder zur Begründung, jegliche Mitschuld zu leugnen.

Die Familie, von der hier die Rede ist, steht exemplarisch für das Schicksal vieler deutscher Bürger im zwanzigsten Jahrhundert, die geistigen Strömungen und den Umgang mit zwei Weltkriegen. Man spürt die schizophrene Kluft zwischen der Begeisterung für eine nationale Sache und der Ablehnung der Kriegsfolgen, zwischen der Anpassung an die Vorgaben der Herrschenden und der Ablehnung von Grausamkeiten, die mit der Ethik unvereinbar waren. Die mit Heldengeschichten aufgewachsenen Männer wollten tapfere Krieger sein, denen man Bewunderung entgegenbringt. Stattdessen kamen sie bei Kriegsende als traumatisierte Besiegte in ein Trümmerfeld zurück, für das sie die Verantwortung zu tragen hatten.

Die erste Version des vorliegenden Buchs entstand 1986, direkt nach dem Tod von Heinrich. Selma hatte drei Jahre zuvor ein kleines Tonbandgerät gekauft und es ihrem Vater mit der Bitte überreicht, sein Leben zu erzählen. Hoch über dem Meer in Gran Canaria besprach er 17 Tonbänder, die erst nach seinem Tod angehört werden durften. Zusätzlich hatte Heinrich drei Aktenordner mit Begleitmaterial und zahlreiche Bücher hinterlassen. Bei der Überprüfung der Feldzüge, an denen er teilgenommen hatte, stellte sich heraus, dass die Berichterstattung lückenhaft ist und die Erlebnisse speziell hervorgehoben wurden, die ihn persönlich betrafen und somit in seiner Erinnerung lebendig waren. Die Verbrechen der Wehrmacht oder die Ermordung von Juden in der Ukraine hat Heinrich entweder nicht miterlebt oder verschwiegen. Über die Beobachtungen in der Kommandozentrale von Dönitz schreibt Heinrich zusammenfassend vom Drama der Geleitzugschlachten. Es geht um versenkte Schiffe und die Rettung Schiffbrüchiger, die gegen Ende des Krieges von der Marine verweigert wurde. Obwohl es sich um eine subjektive Berichterstattung aus der Sicht eines Zeitzeugen handelt, kann der Leser nachvollziehen, in welche Gewissenskonflikte Soldaten im Zweiten Weltkrieg gerieten. Politische Einschätzungen und Wertungen, die im Folgenden geäußert werden, entsprechen nicht immer der Meinung der Autorin.

Dieses Buch ist nicht chronologisch aufgebaut. Es beginnt mit der Beschreibung von Selmas Kindheit 1953, und greift im zweiten Kapitel zurück auf Heinrichs Kindheit 1914, die den Tagebüchern der Mutter Ma entnommen wurde. Ihre Aufzeichnungen reichen vom Beginn des Ersten bis zum Ende des Zweiten Weltkriegs, die Sprache und das hier geschilderte Weltbild entstammen der Kaiserzeit. 1923 sucht Ma mit ihren Söhnen Halt im »Heiligen Gral«, einer christlichen Vereinigung, die bis zum heutigen Tage auf dem Vomper

Berg über Innsbruck beheimatet ist. Die Söhne werden zu Gralsrittern erzogen, bis die Mutter die Schriften von Sigmund Freud liest und den »Gral« verlässt. Zahllose Menschen finden auch in unserer Zeit Lebenshilfe in Sekten oder esoterischen Zirkeln und sind dem Einfluss von charismatischen Persönlichkeiten ausgeliefert.

Die Mutter Ma wird zu einer der ersten Psychoanalytikerinnen ausgebildet, und die Familie zieht nach Wien, wo sie sich mit den Schriften von Alfred Adler, Sigmund Freud und C. G. Jung beschäftigt und zu den Eranos-Tagungen nach Ascona eingeladen wird. Der Sohn Heinrich studiert an der Technischen Hochschule Physik. Er wird zum Ersatzwehrdienst eingezogen und beginnt eine Doktorarbeit am Kaiser-Wilhelm-Institut in Berlin. Weil er sich weigert, der NSDAP beizutreten, wird Heinrich in den Krieg gegen Polen, dann gegen Frankreich und schließlich gegen Russland geschickt. Diese Erlebnisse sind den Tonbandaufzeichnungen des Protagonisten Heinrich entnommen, die Sprache wurde weitgehend so belassen, wie sie auf den Bändern zu hören ist. Der zum Gralsritter erzogene Soldat wird durch den auf Adolf Hitler geleisteten Eid zum loyalen Gefolgsmann, analog zum Treuegelöbnis der Nibelungen.

Die Luftnachrichtentruppe benötigt Physiker, und Heinrich wird zum Funkspezialisten ausgebildet, den Großadmiral Dönitz anfordert, um die Funkverbindungen zu den U-Booten im Atlantik aufrechtzuerhalten. Während des Krieges heiratet er eine Witwe, deren Mann Steuermann auf dem Luftschiff »Hindenburg« war und mit 27 Jahren abstürzte. Die beiden Kinder Reingard und Ruthi erzählen in ihrer kindlichen Sprache die Flucht vor den Russen und die Jahre nach dem Krieg auf einem Bauernhof in Bayern. Heinrichs Tochter Selma beschreibt ihre Kindheit in einem zerbombten Haus und ihre Erlebnisse mit dem von Krieg und Gefangenschaft traumatisierten Vater bis zu dessen Tod.

Nach dem Zusammenbruch Deutschlands, der Schuld der Deutschen am Zweiten Weltkrieg und der millionenfachen Ermordung der Juden, erschien Heinrich ein vereintes Europa als die einzige Lösung, weitere Kriege auf diesem Kontinent zu vermeiden. Europa ist für uns Wirklichkeit geworden, mit 28 Mitgliedsländern und fünf Beitrittskandidaten. Die Generation, die nach dem Krieg geboren wurde, sollte mit den historischen Ereignissen verantwortungsvoll umgehen und sich dafür einsetzen, dass Europa regierbar bleibt und keine imperialistischen Tendenzen entwickelt.

Sinda Dimroth, im Oktober 2014

Stammbaum

Julia und Karl

Mara — Erkengard — **Elsa**

Anna (Ma) und Hermann

Heinrich — Victor

Zweite Ehe Karls
Karl und Inga

Anton — Hans
beide 1945 gefallen

Zweite Ehe Annas
Anna und Edwin

Verena

Elsa und Wilhelm

Reingard — Ruthilde
Flugzeugabsturz Wilhelms 1940

Elsas zweite Ehe mit **Heinrich**

Anna Friederun – Selma

Das wilde Kind 1953–1957

Wenn der rote Wecker im Flur rasselt, dann muss man aufstehen. Er steht im Flur, damit ihn niemand ausdrücken kann. Die Mutter, die mit Selma in einem Bett schläft, ist bereits aufgestanden und heizt die Öfen an, es riecht nach Ruß. In der Küche hört man die Oma mit Geschirr klappern. Nach einer sogenannten Katzenwäsche erscheint Selma mit unordentlichen, vom Schlaf zerwühlten Haaren in der Küche und drückt sich auf die Küchenbank, auf der schon drei Schwestern sitzen. Es gibt Milch, die man am Ende der Straße beim Bauern holt. Auf der Milch schwimmt eine dicke Haut, die sie eklig findet und mit dem Finger aus der Tasse fischt. Die Schwestern schmieren wortlos ihre Pausenbrote, täglich die gleichen, Vollkornbrot mit Teewurst, eingepackt in altes Pergamentpapier. Die Oma sieht Selma an. »Träum nicht, es ist schon spät, und du hast den längsten Schulweg.«

Ohne Brot, nur mit einem wurmstichigen Apfel aus dem Garten, rennt Selma aus dem Haus, klemmt den Schulranzen auf den Gepäckständer und tritt in die Pedale. Beim Hefibauern vorbei, radelt sie über die Würm, am Nymphenburger Kanal entlang, die Grandlstraße hinauf, bis der große runde Zwiebelturm der Kirche zu sehen ist, neben der die Volksschule steht. Das Kind wirft das Rad in den Ständer, drückt das Schloss in die Speichen und rennt ins Klassenzimmer. »Immer zu spät«, begrüßt sie der Lehrer und packt einen der langen blonden Zöpfe und reißt kräftig daran. Der Lehrer, Konrektor Dunkel, ist schwer kriegsversehrt und humpelt an einem Stock. Er hat einen Flachmann dabei, aus dem er regelmäßig einen Schluck nimmt. Die Grundschule ist zweigeteilt, in einen katholischen und einen evangelischen Gebäudeteil, auch die Toiletten sind streng getrennt. In den katholischen Schulklassen sitzen vorwiegend bayerische Kinder, in den evangelischen viele Flüchtlinge aus dem Norden und dem Osten. In Selmas Klasse sind 49 Kinder aus zwei Jahrgängen zusammengefasst. Die evangelischen nennt man Heiden, die unehelichen und die Besatzungskinder Untermenschen. Der Unterricht umfasst Lesen und Schreiben, Rechnen, Singen und Turnen. Alle Fächer werden von dem gleichen Lehrer unterrichtet. Um zehn Uhr ertönt erst der Glockenschlag vom Turm, dann das schrille Pausenzeichen, bei dem alle Kinder die Stühle nach hinten wegtreten und mit Gebrüll auf den Pausenhof rennen. Selma holt den Apfel aus dem roten Kindergartentäschchen und überlegt, ob sie nicht doch lieber unbemerkt nach Hause abhauen möchte. Sie ist schon häufig in der Pause nach Hause gegangen, und keiner hat es gemerkt.

Die Mädchen stehen in Gruppen und die Buben ebenfalls. Birgit packt ihr Pausenbrot aus, eine Semmel, aus der eine dicke Scheibe Leberkäse hervorquillt. Selma betrachtet den schrumpeligen Apfel und wirft ihn weg. In einer Ecke des Hofes stehen einige Buben dicht beieinander, das ist interessant, da passiert etwas. Sie drängt sich in den Kreis und sieht, dass zwei Knaben miteinander raufen. Der eine, ein blonder Viertklässler, hat einen schwarzen Lockenkopf im Schwitzkasten und drückt ihm die Luft ab. Man hört ihn röcheln, dann lässt er sich fallen. Es ist ein »Negerjunge«, einer von diesen unehelichen Besatzungskindern. Jetzt liegt er am Boden, und ein Schüler aus dem Kreis tritt ihm in den Rücken. Der nächste haut seinen Nagelstiefel gegen den Kopf, Blut kommt zwischen den Haaren heraus. Der Schlägertyp kniet sich auf den Brustkorb, packt den Kopf an den Ohren und schlägt ihn wieder und wieder auf das Pflaster.

»Steh auf, du Feigling – wehr dich, Neger«, rufen die Umstehenden. Das Kind wimmert und hält die Hände vors Gesicht. Die Pausenaufsicht tritt in den Kreis, zieht den blutenden Jungen am Jackenkragen hoch und nimmt ihn wortlos mit in das Schulgebäude. Die Buben zerstreuen sich, und Birgit in ihrem gebügelten Flügelkleid verschlingt den Rest der Semmel.

Wenn im Unterricht Singen und Turnen angesagt sind, kann Selma zeigen, was sie kann. Zu Haus wird viel Musik gemacht, und sie kann problemlos ihre Stimme im Kanon halten. Am Reck und an den Ringen ist sie ebenso gut wie die Knaben, während manche Mädchen nicht einmal einen Bauchaufschwung schaffen. Wenn es jedoch heißt: Hefte auf den Tisch, heute gibt es ein Diktat, dann bekommt Selma Angst und weiß nicht, wie man die Worte buchstabiert. Während Birgit zügig schreibt, quält sie sich von Buchstabe zu Buchstabe, und wenn der Lehrer weiterdiktiert, bevor sie den Satz zu Ende geschrieben hat, dann gibt sie auf.

Der Weg nach Hause geht durch Felder, dann vorbei am malerischen Schloss Blutenburg die Würm entlang. Dort in den Würm-Auen stehen die Schafe. Die Weiden am Fluss sind uralt und innen hohl, die Kinder klettern hinein, um heimlich und ungesehen zu rauchen. Der Heimweg ist gefährlich, da sind die Buben, die einem den Ranzen vom Rad reißen und die zerlumpten Kriegsheimkehrer, die im Sommer in den Feldern hausen. Einmal versperrt ihr so eine Gestalt den Weg, sodass sie vom Rad absteigen muss. Da klappt er den Mantel auf und zeigt seinen Schwanz, der aus der Hose quillt.

Auf der Pippinger Straße rollen die amerikanischen Panzer vorbei. Das tiefe Brummen der Motoren kann man weithin hören, und es macht ein klirrendes Geräusch, wenn die Ketten den Boden berühren und den Teerbelag aufreißen. Die Soldaten schauen oben aus dem Ausguck, und wenn sie Kinder sehen, werfen sie ihnen Kaugummi zu. Manchmal kommen Kriegsversehrte an den Zaun und bitten um Arbeit, Kleidung und Brot. Die Mutter schickt sie nie weg, fragt nach ihrem Schicksal und hört sich die elenden Geschichten an. Die Brüder der Mutter sind im Krieg gefallen, und sie hofft wohl im Stillen, dass einer der Soldaten ihnen im Felde begegnet ist. Nur ungern lässt sie die zerlumpten Gestalten in den Garten, die Kinder spüren, dass die Mutter Angst vor den Männern hat, weil sie mit der Oma und den vier Mädchen alleine in einem zerbombten Haus wohnt.

Die Ruine steht in einem großen verwilderten Garten mit hohen Bäumen, in denen noch zwei Gartenstühle hängen, welche durch den Explosionsdruck der Bombe hinaufgeschleudert wurden. Um das mit Teerpappe gedeckte Parterre liegt meterhoch der Bombenschutt des ehemaligen Jugendstilhauses. Im Osten ist eine große überdachte Loggia angebaut, in der sich die Familie einfindet, wenn im Sommer draußen ein Gewitter niedergeht. Auf der Brüstung stehen Blumenkästen, in denen orange-rote Geranien blühen. An besonders heißen Sommertagen kommt gegen Abend oft ein Gewitter, und die Kinder lieben es, dem Regen zuzusehen, der einen kühlen Lufthauch mit sich bringt. Wenn Blitz und Donner niedergehen, bringt die Oma den Fluchtkoffer, in dem die Pässe, Impfausweise und die Sparbücher aufgehoben werden. Sie hat in ihrer Jugend erlebt, wie ein Haus vom Blitz getroffen wurde und alle wichtigen Papiere verbrannten. In den Bombennächten hat sie gelernt, dass beim Einschlag einer Brandbombe alle Kleiderbügel so aufgehängt sein müssen, dass man die wertvolle Bekleidung mit einem einzigen Griff von der Stange reißen kann, um sie zu retten. Wenn alle beieinander sitzen, erzählen die beiden Frauen Geschichten aus der Zeit vor dem Krieg oder von der weitläufigen Verwandtschaft. Die vier Mädchen lieben diese Erzählungen, die für sie wie Märchen sind, und schmücken das Gehörte in ihrer Fantasie blumig aus. Die Mutter erzählt von ihrer Kindheit am stillen See, von den Geschwistern und ihrer Freundin Gritli in der Schweiz. Die Oma schwärmt von ihren Arthur-Kutscher-Malreisen nach Italien, dem besonderen Licht in San Gimignano und dem fabelhaften Essen der Italiener. Unweigerlich enden alle Berichte im Krieg und der Flucht von Ost nach West. Der ältere Bruder Anton hat Flugblätter gegen Hitler verteilt und wurde vor die Wahl gestellt: Entweder er erschießt sich selbst oder die Familie wird in Sippenhaft genommen; er hat den Tod gewählt. Der kleine Bruder Hans war in der Hitlerjugend und hat sich mit 18 Jahren freiwillig zum Volkssturm gemeldet, er ist von einer Granate zerrissen worden, und die Mutter weiß nicht, wo er begraben liegt. Sie erzählt ihren zwei großen Töchtern vom Vater, wie sehr sie ihn geliebt hat, bis er mit einem Sturzkampfflugzeug zu Tode kam. Dann gibt es Erzählungen über die Zeit auf dem Gutshof im Wiener Wald, zu denen die zwei großen Mädchen Reingard und

Ruthi ihre eigenen Erinnerungen beitragen. Es hatte ihnen gefallen auf dem Gut hoch oben in den Bergen mit viel Schnee und den Wildtieren, die bis zum Haus kamen. Die Jahre in Waldhausen auf dem Land bei der Kolmer Marie, daran können sich alle vier Kinder gut erinnern. Es kommen Nachbarinnen und erzählen von den Bombennächten in München, und eine Frau berichtet, dass sie zwei Tage mit ihrem Baby im verschütteten Keller ausharren musste, bevor man sie ausgegraben hat. Daran will sie sich nur ungern erinnern und fängt auch gleich zu weinen an, weil ihr Mann noch immer in Sibirien interniert ist.

Neben dem Haus gibt es zwei 100-jährige Kiefern, deren Nadeln bei Sturm ein Geräusch erzeugen, von dem die Mutter sagt, so rausche das Meer, das sie alle noch nie gesehen haben. Mit dem Fahrrad fährt die Mutter weite Strecken hinaus aufs Land, um bei den Bauern Fleisch, Eier und Gemüse zu kaufen oder zu tauschen. Bei diesen beschwerlichen Fahrten vermisst sie ihr geliebtes Auto, welches auf der Flucht wegen Benzinmangel stehen bleiben musste. Die Oma kocht den ganzen Vormittag, vom Resteaufessen ist sie nach dem Krieg dick geworden und trägt meistens eine braune, fleckige Schürze über ihrem Kleid. Ihr weißes Haar ist in Dauerwellen gelegt, über denen sie immer ein Haarnetz trägt. In den Hungerjahren wurden ihr alle Zähne gerissen, nun hat sie ein künstliches Gebiss, welches sie nicht verwendet, weil es drückt. Sie schneidet alle Speisen klein und mümmelt dann so vor sich hin, während sie auf einem alten Gasherd kocht, der in der Ruine gefunden wurde. Daneben hängt ein Spülstein, der durch den Zusammenbruch des Hauses stark beschädigt wurde. In einem weißen Küchenbuffet steht das gefundene Geschirr, die meisten Stücke sind angeschlagen, haben einen Sprung oder stammen aus Militärbeständen. Wenn die vier Mädchen aus der Schule kommen, sitzen sie der Reihe nach auf der langen Eckbank. Reingard ist 16, ein zartes Kind mit langen schwarzen Zöpfen und schwermütigen Augen. Sie leidet unter Asthma. Ruthilde hat wilde schwarze Locken, ist sehr sportlich und liebt Pferde. Sie ist zwei Jahre jünger als ihre große Schwester. Die elfjährige Anna Friederun hat braune, artig gescheitelte Haare, dunkle Augen und eine Stupsnase. Sie bewundert ihre zwei Halbschwestern aus erster Ehe der Mutter, besonders Ruthi. Selma, die Jüngste, hat blaue Augen und blonde Zöpfe, sie sieht dem Vater ähnlich. Sie ist sieben, erscheint nur zu den Essenszeiten, die restlichen Stunden bis zur Dunkelheit verbringt sie im Freien, mit ihren Freunden der Gang. Bevor Hausarbeiten verteilt werden und die Schularbeiten gemacht sind, ist Selma aus dem Fenster entsprungen, denn draußen warten bei jedem Wetter die Freunde.

Alexander ist zwei Jahre älter als Selma und kommt aus Berlin. Er wohnt nebenan, und sein Vater ist ein amerikanischer Besatzungssoldat, der wieder in seine Heimat zurückgekehrt ist. Der ein Jahr ältere Ludwig wurde hier geboren und spricht bayerisch. Sein Bruder Rudi ist eine Zangengeburt, er spuckt beim Sprechen und darf nicht mitspielen. Der Vater von Ludwig ist Gärtner im Nymphenburger Park und nimmt die Kinder mit in die weitläufige Anlage. Ingo ist gleichaltrig und unehelich geboren, sein Vater ist nicht bekannt. Er wird regelmäßig von seiner Mutter mit der Bügelschnur verprügelt, sodass man sein lautes Geschrei durch die Gärten schallen hört. Die Freunde finden es jämmerlich, dass er so brüllt. Selma ist das einzige Mädchen, will aber unbedingt dazugehören. Die Freunde treffen sich regelmäßig in einem unterirdischen Bunker, der im verwilderten Stadlergarten liegt und mit Brombeerranken zugewuchert ist. Die schwere Eisentüre wird mit armlangen Hebeln geöffnet, im Inneren ist es feucht und moderig, es liegen rostige Helme herum und altes Essgeschirr. Die Kinder haben Strohsäcke in den Bunker gelegt, auf denen sie sitzen und ihre Raubzüge beraten. Die Gang braucht Geld, und dies bekommt man am leichtesten für Alteisen. In den Bunkern der Umgebung gibt es genug Eisen, welches sich aber nur schwer ausbauen lässt. Hierfür haben die vier Brechstange, Meißel und Vorschlaghammer organisiert, mit denen sie die Eisenteile aus dem Mauerwerk herausbrechen. Das gesammelte Metall wird auf einen alten Leiterwagen geladen und zum Alteisenhändler gebracht, der ihnen ein paar Zehnerl dafür gibt. Vor dem Bunker entzünden die Kinder häufig ein Feuer, um das sie dann wie die Indianer herumsitzen. Auf einem Stock halten sie Kartoffeln in die Glut, bis diese gar sind, dann schmecken die verkohlten Knollen herrlich nach Rauch, und die Kinder haben schwarze Gesichter und rußige Hände. In dem verwilderten Grundstück spielen sie Krieg mit Pfeil und Bogen, die aus Haselnussruten gefertigt werden. Das Mädchen wird regelmäßig an einen Baum gefesselt oder am Marterpfahl hingerichtet. Selma lässt alles geduldig über sich ergehen, um die Freundschaft mit den Buben nicht zu gefährden. Wenn sie gefesselt an einem Baum die Abendglocken von der Himmelfahrtskirche hört, dann hat sie Angst, von den Freunden vergessen zu werden und die Nacht am Pfahl verbringen zu müssen. Umso glücklicher ist das Mädchen dann, dass einer sich von hinten anschleicht und sie losschneidet. Selma hat immer offene, blutige oder verschorfte Knie vom Spielen in der verwilderten Natur.

Jedes Jahr werden die Kanäle im Nymphenburger Park gereinigt, wozu das Wasser in die Würm umgeleitet wird. Im wasserarmen Bachbett des Kanals hat Ludwig Waffen entdeckt, die dort bei Kriegsende versenkt wurden, als auf Waffenbesitz die Todesstrafe stand. Mit den Rädern fahren die Kinder den Kanal entlang und betreten den Schlosspark durch ein kleines Hintertürchen. Im flachen Gewässer sind unter dem Sand versteckte Metallteile zu sehen, sie ziehen die Sandalen aus und graben, bis es ihnen gelingt, zwei Pistolen und ein Gewehr herauszuziehen. Nicht weit von der Stelle entfernt befindet sich Munition und ein Stahlhelm. Sie reinigen und ölen die Waffen und holen aus den Patronen das Pulver heraus, welches getrocknet und angezündet ein herrliches Feuerwerk ergibt.

Ludwig versteckt die Pistolen unter seinem Bett, Alexander das Gewehr in der Wellblechgarage. Das Mädchen bekommt nichts, was sich schnell als Vorteil herausstellt. Ludwig wird nämlich bald von seinem Vater am Ohr in den Schuppen geschleift, und durch die morschen Bretter hört man Schläge und leises Winseln. Die Mutter hat die Pistolen gefunden und steht nun am Küchenfenster und hält weinend die Hände vor die Augen, während der Sohn Prügel bezieht.

In Selmas Keller steht eine eisenbeschlagene Kiste vom Vater, in der er Sachen aus dem Krieg aufbewahrt. Da gibt es Ferngläser aus russischen Panzern, ein Scherenfernrohr, Orden, Gasmasken, Klappspaten und Essgeschirr, aber keine Waffen. Seine Waffensammlung hat er bei Kriegsende im Wald vergraben. In einer muffigen Mappe befinden sich Wehrmachtskarten von Russland, Fotoalben mit Bildern von der Front und Briefe. An der Armeekiste sind die Freunde sehr interessiert und wollen Teile davon in den Bunker schleppen. Selma hat Angst, dass der Vater es merkt, kann sich aber den Wünschen der Freunde nicht entziehen. Bevor sie es verhindern kann, hat Ludwig Briefmarken, die in seiner Sammlung fehlen, aus den Feldpostbriefen gerissen und Alexander einen Kompass eingesteckt.

Der Vater, Heinrich, wohnt in Frankfurt, weil er nach dem Krieg in München keine Arbeit gefunden hat. Er leitet einen pharmazeutischen Betrieb und kommt nur zwei- bis dreimal im Jahr zu Besuch. Den Kindern wäre es lieber, wenn er nicht kommen würde. Er bringt immer eine Bonbonniere mit, eine Pappschachtel, in der sich Pralinen befinden, die mit dem Messer zerteilt werden, damit der Inhalt länger hält. Er ist ein großer blonder Mann mit riesigen Händen und einer lauten Stimme. Seine Kraft demonstriert er im Garten, indem er Bäume fällt und die Wurzeln mit einem Flaschenzug aus der Erde reißt. Er schaufelt den Bombenschutt zu einer Terrasse und blutet immer irgendwo, was ihm den Beinamen »Häuptling blutiger Daumen« einbringt. Einmal hackt er Holz für den Winter und zeigt seinem Wildfang, wie man mit der langen Axt umgeht. Plötzlich fliegt die Axt vom Stiel und direkt auf seinen Kopf. Das Blut schießt zwischen den Haaren heraus in das verschwitzte Gesicht, und Selma rennt schreiend ins Haus: »Mutter, Mutter, der Vater hat sich in den Kopf gehackt!«

Elsa presst ein Handtuch auf seinen Kopf, um die Blutung zu stillen. Dann schneidet sie die Haare ab und streut gelben Desinfektionspuder auf die klaffende Kopfwunde, während der Verletzte immerzu beteuert, dies sei eine Kleinigkeit und nicht der Rede wert. Vom Garten bis in die Küche verläuft eine rote Blutspur. Der Vater raucht viele Zigaretten und trinkt am Abend Wein, bis er betrunken ist, dazu erzählt er spannende Geschichten aus seiner Kindheit, vom

Heiligen Gral, der Zeit in Wien und der weitläufigen Verwandtschaft. Dabei verwendet er gerne Fremdwörter wie »eceterapepe«, »inkonsequent« oder »lapidar«. Von dem, was er im Krieg erlebt hat, spricht der Vater nie. Von seinem Zigarettenkonsum ist schließlich die Küche so verraucht, dass man die Menschen nur noch durch einen Nebel sehen kann. Die Mutter liebt er mit einer unbeholfenen Zärtlichkeit und behandelt sie wie ein zerbrechliches Wesen. Elsa verändert sich, wenn der Vater da ist, in seiner Gegenwart wirkt sie schüchtern wie ein junges Mädchen und überlässt ihm alle Entscheidungen. Die Oma trägt dann ihr Gebiss, welches normalerweise in einem Wasserglas schwimmt. Die Kinder müssen hinter den Stühlen stehen und warten, bis der Hausherr sich gesetzt hat. Sie dürfen bei Tisch nur sprechen, wenn sie dazu aufgefordert werden. Gibt es Fleisch, bekommt der Mann doppelt so viel wie die Kinder. Niemals nimmt er eins der Mädchen auf den Schoß oder begegnet ihnen mit Zärtlichkeit, er ist distanziert und streng. Ist die Jüngste laut oder unartig, wird sie in den Kohlenkeller gesperrt.

Wenn der Vater kommt, muss Selma das Ehebett räumen und auf einem unbequemen Sofa zu Füßen der Eltern schlafen. Sie möchte ins Bett der Mutter und empfindet den Mann als Störenfried. Als sie sich beklagt, dass das Sofa einen hohen Kopfkeil hat, erklärt sich Heinrich bereit, diesen zu entfernen. Er fährt mit der Hand unter den Bezug und zieht ein Gebiss hervor. Als er den Bezug aufschneidet, kommt ein ganzes Silberbesteck zutage. Die Vorbesitzer haben es dort in den Kriegswirren versteckt, und die Familie kann es gut gebrauchen. Morgens bleibt er lange im Bett, steht erst gegen Mittag auf und ist schlecht gelaunt. Die Mutter macht ihm Haferschleim für den Magen, welcher durch die Hungerzeit in der Gefangenschaft geschädigt wurde und den Alkohol nicht verträgt. Eine Nachbarin kommt an den Zaun, als sie den Vater sieht, sie hält ein in Lumpen gewickeltes Päckchen in der Hand und reicht es ihm. Es ist eine Mauserpistole, mit der die Frau nichts anzufangen weiß, weil sie bei der Polizei nicht gemeldet wurde. Der Vater freut sich über das Geschenk und versteckt es vor den Kindern. Er weiß, dass er die Waffe anmelden müsste, tut es aber nicht. Eines Abends kommt Ruthi schreiend ins Haus gerannt, weil ein zerlumpter Kerl hinter ihr her und bis in den Radschuppen gelaufen ist. Sie zittert vor Angst und Aufregung. Der Vater holt die lange Axt aus dem Keller und geht ruhig hinaus. Als der Mann ihn sieht, flieht er, weil der Hausherr ungeheuer stark und wehrhaft wirkt. Solange der Vater im Haus ist, muss sich niemand vor Einbrechern fürchten. Auf Wunsch der Mutter zieht er Balken aus dem Bombenschutt und baut einen Sandkasten, in den eine ganze Lastwagenladung Sand gekippt wird. Dann fällt er zwei Fichten im Garten und baut eine hohe Schaukel, von der man weit bis in den Sandberg hineinspringen kann.

Mit den beiden großen Schwestern hat Selma kein Problem, aber mit ihrer vier Jahre älteren Schwester Anna Friederun gibt es täglich lautstarke Reibereien, die besonders der Oma auf die Nerven gehen. Anna ist ein braves Mädchen, die ihre Süßigkeiten über Monate aufhebt, bevor sie aufgegessen sind. An Ostern sind Selmas Eier sofort vertilgt und die Verlockung, an den Vorrat der Schwester zu gehen, ist unwiderstehlich. Anna ist größer und stärker, und so kommt es häufig vor, dass Selma von ihr geschlagen wird, was bei dem wilden Kind zu Rachegefühlen führt. Als Anna Friederun mit einem Buch in der Hängematte eingeschlafen ist, wickelt Selma leise ein Seil um die Schwester, damit sie die Arme nicht mehr bewegen kann. Dann springt sie mit Kriegsgeheul auf den Bauch der Gefesselten und knallt ihr die Fäuste ins Gesicht. Die Schwester kann sich nicht wehren und fängt an, wie abgestochen zu brüllen, bis die Mutter kommt, um sie zu befreien. Wenn Selma etwas angestellt hat, erscheint sie erst bei Dunkelheit wieder im Haus, das sie bevorzugt durch das ebenerdige Fenster betritt. Eines Tages versteckt sie sich in einer alten Eichentruhe, und Anna soll sie suchen. Anna hat schnell den großen alten Schlüssel im Schloss herumgedreht und abgezogen. Die kleine Schwester ist eingeschlossen und hämmert mit den Fäusten gegen den Deckel der Truhe. Anna Friederun sagt hämisch: »Da kannste jetzt drin verschimmeln, da holt dich niemand mehr raus«, verlässt das Zimmer und schließt auch die Zimmertüre zu.

Selma kann sich in der engen Truhe kaum bewegen und schlägt mit den Händen gegen das Holz, vergeblich. Nach einer Viertelstunde gibt sie auf und glaubt, dass sie nun ersticken muss. Ganz still hockt das Mädchen zusammengerollt in dem Möbelstück und weint leise vor sich hin. Nachdem sie zum Abendbrot nicht erschienen ist und die Mutter anfängt unruhig zu werden, lässt Anna sie heraus, um keinen Ärger zu bekommen. Von dem Tag an hat Selma Angst vor engen Räumen.

In der Nacht klammert sich das Kind an den Rücken der Mutter, weil es schlimme Albträume hat. Immer die gleichen wiederkehrenden Bilder lassen die Träumende schreiend aus dem Schlaf hochschrecken. Sie läuft und läuft hinter der Mutter her, die immer weiter in der Ferne verschwindet und schließlich nicht mehr zu sehen ist. In einem anderen Traum stürzen die Mauern eines Hauses zusammen, ihr Körper ist in den Trümmern eingeklemmt, die Zimmerdecke liegt nur wenige Zentimeter über ihrer Nase, und sie kann kaum noch atmen. Keuchend schnappt die Schlafende nach Luft und versucht zu schreien, aber es gelingt ihr nicht, es kommt kein Ton aus ihrem Mund. Wenn Selma dann doch erwacht und den ruhigen Atem der Mutter neben sich spürt, kann sie sich beruhigen und wieder einschlafen. Die Mutter hat ihre eigenen Ängste und zieht dann den warmen Körper des Kindes zu sich heran.

Oma und Mutter streiten manchmal heftig. Immer geht es um die Erziehung der Kinder. Die Oma legt großen Wert darauf, dass sie sich bei Tisch manierlich benehmen. Hierfür hat sie einen Tatzenstecken angefertigt, mit dem sie auf die Finger schlägt, wenn diese beim Essen zur Hilfe genommen werden. Wenn die Mädchen streiten und sich unter dem Tisch treten, sorgt der Stecken lautlos für Ruhe. Eines Tages hat Selma heimlich den Stecken zerbrochen. Mitten in der Nacht wird sie von lauten Stimmen geweckt, Mutter und Oma streiten sich in der Küche:

»Ich weine keinem Stück meiner zerbombten Wohnung nach, es ist die Hauptsache, dass wir noch leben, trotzdem kannst du sie nicht verwildern lassen.«

»Lass sie doch in Ruhe, immer musst du an dem Kind herummäkeln.«

»Ich gebe meine ganze Rente in den Haushalt, ich habe es satt, zu knausern und zu kochen, Selma ist ungezogen und wild, und du bist schuld daran.«

»Dann kochst du eben nicht mehr, wir kommen auch so zurecht.«

»Sie flüchtet ständig aus dem Haus, macht keine Schulaufgaben, sie ist frech und patzig, drückt sich vor der Hausarbeit, und du nimmst deinen Liebling immer in Schutz, das kann so nicht weitergehen!« Man hört, wie eine Schüssel in der Küche am Boden zerschellt.

»Was du kannst, das kann ich auch.« Es folgt der Lärm von zerbrechendem Porzellan.

Daraufhin stürzt die Oma weinend aus der Küche und verschwindet im Freien. Selma hat sich in der Diele in einen Vorhang eingewickelt und hält sich für unsichtbar. Sie zittert vor Kälte und Angst, und die Mutter gibt ihr einen Schubs und sagt: »Lauf ihr nach, wir haben uns wegen dir gestritten.«

Im finsteren Garten läuft die Oma herum und murmelt: »Morgen ziehe ich aus, morgen endgültig, dann sollen sie mal sehen, wie sie zurechtkommen!«

Das Kind flüchtet ins Bett, zieht die Decke über den Kopf und weint. Am nächsten Morgen ist die Oma wie immer in der Küche und macht das Frühstück. Sie übt täglich Beethoven-Sonaten auf dem schwarzen Konzertflügel, den die Familie nach dem Krieg aus Wien bekommen hat. Die Musik erfüllt die schäbige Ruine mit romantischen Klängen und einer Stimmung, die weit weg von Krieg und Zerstörung an eine heile Welt erinnert. Selma sitzt gerne unter dem Instrument und lässt die ganze Klangfülle um sich brausen. Die Oma möchte, dass jedes der Enkelkinder ein bis zwei Instrumente spielt, damit man Hauskonzerte veranstalten kann, so wie es in ihrer Jugend und in ihrer Ehe üblich war.

Die älteste, Reingard, erhält Unterricht am Klavier und spielt Cello im Schulorchester. Für Ruthi kommt eine Klavierlehrerin ins Haus, und sie bläst das Parforcehorn. Anna Friederun hat sich für den Klavier- und den Geigenunterricht entschieden, beide Instrumente übt sie täglich. Selma kann keine Noten lesen, sie spielt Gitarre und Querflöte ohne jede Anleitung. Wenn sie die Melodie einmal gehört hat, kann sie auch ohne Noten mitspielen. Für einen geordneten Musikunterricht ist kein Geld mehr da, vielleicht auch nicht mehr die dafür nötige Überzeugungskraft. Die älteren Geschwister sollen die Kleine unterrichten, wozu sie weder Lust noch Zeit haben. Damit alle gleichzeitig üben können, wird zusätzlich ein altes Klavier angeschafft, welches nicht mehr richtig zu stimmen ist. Wenn alle vier Kinder auf ihren Instrumenten üben, ist es im Haus kaum noch auszuhalten. Doch die Mutter sitzt im Flur auf der Truhe und genießt das Durcheinander der Töne. Die Musik ist für Elsa Freude und Trost in schwerer Zeit, mit ihr will sie die Trauer und die Verluste des Krieges überwinden und einen Rest von Kultur in das zertrümmerte Haus bringen. Sie haben alle genug durchgemacht, jetzt sollen die Mädchen in Frieden und Sicherheit aufwachsen.

Selma singt im Kinderchor des Bayerischen Rundfunks und ist regelmäßig bei Tante Erikas Kinderstunde im Radio zu hören. Beim Vorsingen in der ersten Volksschulklasse wurde sie zusammen mit zwei anderen Kindern ausgewählt, einmal die Woche im Rundfunkhaus erst im Chor und dann in der Kinderstunde mitzumachen. Dafür bekommen die Kinder jedes Mal fünf Mark in die Hand gedrückt. Wenn die Sendung im Radio kommt, will die ganze Familie zuhören, was Selma wieder mal von sich geben wird. Sie erzählt von Ruthis Kanarienvögeln und wie sie das Vogelkind Buschi ausgebrütet haben. Ein anderes Mal von Heinrich, wie er mit einem dicken Pelikanpinsel von Blüte zu Blüte geht, um den Garten zu befruchten. Selma kann lustig erzählen und ist komisch, deshalb darf sie fünf Jahre beim Rundfunk bleiben und hat immer Geld für die Sparbüchse.

In der Vorweihnachtszeit basteln die Geschwister an einem langen Tisch, weil alle Verwandten ein Päckchen bekommen. Reingard macht besonders feine Scherenschnitte, Ruthi biegt Tiere aus Draht und umwickelt sie mit Bast, Anna Friederun häkelt bunte Topflappen, und Selma töpfert am liebsten mit Ton oder malt Bilder. In der dunklen Winterzeit stellt die Mutter Kerzen auf das äußere Fensterbrett; sie sollen den Vermissten und Spätheimkehrern aus dem Krieg den Weg in die Heimat weisen. Das zerbombte Haus ist nur notdürftig hergerichtet worden, damit die Familie ein Dach über dem Kopf hat. In die Ruine hatte es jahrelang hineingeregnet, deshalb ist es feucht. Die Fenster sind undicht und nur einfach verglast, sodass sich über Nacht, wenn der Ofen ausgeht, feine Eisblumen an den Scheiben bilden. Die Oma legt Stoffwürste an die Rahmen, um die Zugluft abzuhalten. Selbst mit drei Öfen wird das Haus im Winter nicht warm, die Kinder tragen mehrere dicke Wollsachen übereinander und die Mutter eine mottenzerfressene Kaninchenfelljacke.

Vor Weihnachten bringt der Postbote in braunes Papier verpackte Pakete von den Großeltern, von Tanten und Paten aus dem In- und Ausland, die im Flur aufgehäuft werden und die Vorfreude auf Weihnachten täglich erhöhen. Der Vater kommt all die Jahre am 23. Dezember angereist und verwandelt sich am Heiligen Abend in einen feinen Herrn. Er wäscht und parfümiert sich und zieht ein weißes Hemd mit steifer Brust an, dazu trägt er eine schwarze Fliege und einen Smoking aus seiner Studienzeit in Wien. Die ganze Ausstattung wird nur an Weihnachten hervorgeholt, das restliche Jahr bleibt sie im Schrank. Er schmückt den Christbaum mit silbernem Lametta und zündet die Kerzen an, dann klingelt er mit einem Glöckchen, für die Kinder das Signal, ins Wohnzimmer eintreten zu dürfen. Der schäbig eingerichtete Raum erstrahlt im Lichterglanz und duftet nach Tannennadeln, die Mutter spielt Klavier, und alle singen zusammen »Stille Nacht, heilige Nacht«. Dann werden die Pakete ausgepackt, was je nach Temperament endlos lange dauert oder ruckzuck erledigt ist. Von der Großmutter gibt es alljährlich für jedes Familienmitglied einen Geldschein, der unter das Cellophan einer Pralinenschachtel geschoben ist. Darauf freut man sich das ganze Jahr, weil es so viele unerfüllte Wünsche gibt.

Im Januar geht Elsa mit ihren Kindern zum Skifahren. Sie fahren mit dem Zug nach Mühltal und laufen bis zum Karlsberg über Leutstetten. Die Ski sind alt und zum Teil aus Fassbrettern angefertigt. Der

Berg ist lang genug, um mit den Skiern richtig in Schwung zu kommen, und die Mutter bringt ihren vier Töchtern den Schneepflug und den Stemmbogen bei. Mittags gehen alle durchgefroren in die Tafernwirtschaft Weber und Elsa bestellt eine Erbswurstsuppe für jedes Kind, dazu werden die mitgebrachten Hasenbrote verzehrt. Es gibt nur einen Gastraum, und der ist gut geheizt. An den Wänden hängen die Bilder der Königlichen Hoheiten von Bayern. Bei einem solchen Ausflug entdeckt Ruthi die Pferde, die auf der Koppel durch den Schnee galoppieren. Sie läuft hinunter und bis in den Stall, um ihre Hand auf die warmen Nüstern der Tiere zu legen. Ein alter Stallbursche entdeckt das Kind und fragt, ob es reiten möchte. Elsa entschuldigt sich für den Überfall ihrer 14-jährigen Tochter, kann aber Ruthis Begeisterung nur schwer bremsen. Bokor, der alte Rittmeister aus Ungarn, lädt das Mädchen ein, wiederzukommen um reiten zu lernen. Anfangs noch in Begleitung, später alleine, fährt es dann zweimal die Woche nach Mühltal und darf auf dem Gestüt zusammen mit anderen Kindern unentgeltlich reiten. Anna Friederun und Selma wollen auch reiten, worüber Ruthi nicht erfreut ist, sie will die Pferde für sich allein haben, die kleinen Schwestern sind lästig und peinlich.

An die hundert Pferde sind nach dem Krieg mit den königlichen Hoheiten, Prinz Ludwig und Prinz Rasso, aus dem ungarischen Sárvár nach Leutstetten gekommen. Die kleinen ungarischen Halbblüter werden hier gezüchtet, und die Kinder dürfen mit ihrem Leichtgewicht die jungen Tiere an den Sattel gewöhnen. Bokor bringt ihnen bei, die Pferde zu putzen, die Trense ins Maul zu stecken und dann den Sattel aufzulegen. Hintereinander in einer Reihe reiten sie in die Landschaft. Jedes Kind hat ein Büschel Mähne um den Finger gewickelt, um bei Bocksprüngen nicht abgeworfen zu werden. Anschließend wird ausgemistet und dann ausgiebig das warme, weiche Fell gestreichelt. Der Umgang mit Tieren beinhaltet aber immer auch eine schmerzliche Seite. So müssen Jungpferde getötet werden, wenn sie krank oder behindert sind. Dann kommt der Dorfmetzger mit einem Schussapparat, und eins der Kinder hält das Pferd am Strick, bis es, den Bolzen am Stirnwirbel, in sich zusammensackt. Erschreckend ist es, wenn die Stuten zum Decken geführt werden. Dann nimmt Bokor einen alten Hengst, um auszuprobieren, ob die Stute rossig ist. Für Selma ist es ein Schock zu sehen, wie der Hengst seinen riesigen Schlauch ausstreckt, um die Stute zu besteigen. Ist die Stute noch nicht willig, dann schlägt sie mit ihren Hufen, will sie sich bespringen lassen, wird der alte Deckhengst weggeführt und ein junger Hengst darf die Besamung ausführen, was mit furchteinflößendem Geschnaube und Gewiehere einhergeht. Der junge Zuchthengst bäumt sich auf und landet auf dem Rücken der Stute, während der lange Schlauch in ihrem Körper verschwindet. Es ist dann schnell vorbei, die Stute zerrt am Halfter und trabt davon.

Elsa bekommt nur selten Besuch. Unangemeldet erscheint eines Tages die Freundin Heta in der ärmlichen Behausung. Sie ist groß und blond, eine strahlende Erscheinung, hat die ganze Welt bereist und freut sich, Elsa lebend wiedergefunden zu haben. Selbstbewusst berichtet sie von ihrem ersten Mann, mit dem sie vor dem Krieg in Ägypten archäologische Ausgrabungen gemacht hat. Dann von ihrem zweiten Mann, der Konsul in New York war. Der dritte Mann war als Kommunist im Konzentrationslager, und Heta hat es geschafft, ihn dort herauszuholen, und ist anschließend mit ihm nach Moskau ins Hotel Lux geflüchtet. Von jedem dieser Männer hat sie einen Sohn. Die beiden Frauen erzählen von ihren Kriegserlebnissen, und die Kinder sitzen um sie herum und hören interessiert zu. Selma versteht, dass man mehrere Männer heiraten muss, wenn man ein aufregendes Leben haben will. Dann sagt Heta: »Und jetzt raus mit euch, ich will mit meiner Freundin alleine sprechen.«

Die vier Mädchen verlassen die Loggia und die Freundinnen gestatten sich, intime Details der jüngsten Vergangenheit auszutauschen. Selma schleicht sich in Indianerart an und sitzt gespannt hinter der Tür. Wenn die Kinder nicht zuhören dürfen, dann wird es erst richtig spannend. Sie hört, dass Hetas Mann durch die Zeit im Lager schwer krank, depressiv und impotent geworden ist. Die Mutter berichtet, dass ihr Mann Heinrich in Frankfurt lebt, die Firma

»Allchemie« leitet und sie glaubt, dass er eine Geliebte hat. »Es ist seine große Liebe aus der Studienzeit, die hat er jetzt als Sekretärin angestellt, weil ihr Mann gefallen ist.«

»Warum trennst du dich nicht von ihm und heiratest einen anderen Mann?«

»Mein Gott, was die zwei Großen alles mitgemacht haben, den Absturz ihres Vaters und die Flucht, sie hängen an Heinrich und ich kann allen vier Mädchen den Vater nicht wegnehmen. So viele Männer sind gefallen oder haben sich durch den Krieg verändert, wie du weißt. Heinrich sieht gut aus und ich liebe ihn. Er sagt, dass ihm die Familie am wichtigsten ist, und wenn wir das Haus wieder aufgebaut haben, kommt er mit der Firma nach München.«

»Und was macht er dann mit der Geliebten?«

»Die will er mitbringen.«

»Das kann doch nicht dein Ernst sein?«

Selma hat genug gehört, sie läuft schnell hinaus, um ihre Freunde zu suchen.

Aus den Fichten, die Heinrich im Garten gefällt hat, baut Selma mit Ludwig und Alexander ein Blockhaus. Nachdem das Dach mit Dachpappe gedeckt ist, wird der Innenraum mit alten Teppichen ausgelegt und mit Matratzen möbliert. Den Eingang verdeckt ein Vorhang, den man zuziehen kann, um ungestört zu sein. Selma verbringt die Nachmittage in ihrem Refugium und liest Karl May Bücher. Sie lebt so sehr in der Indianerwelt, dass ihr der Bezug zur Wirklichkeit und zu den Anforderungen der Schule entgleitet. In den warmen Sommernächten übernachtet das Kind im Garten, genießt den nächtlichen Sternenhimmel und die Vogelstimmen am Morgen. Weder Anna Friederuns nervige Übungen auf der Geige, noch die Forderung, das Geschirr abzuwaschen, können sie erreichen, bis Selma das Zeugnis der dritten Klasse mit nach Hause bringt. Als der Vater bei seinem nächsten Besuch die schlechten Noten sieht, geht er stillschweigend in den Garten und schlägt mit der langstieligen Axt so lange gegen das Blockhaus, bis es zu Brennholz zertrümmert ist. Selma versucht mit lautem Geschrei, ihn von seiner

Zerstörungswut abzuhalten, hat aber keinen Erfolg. Sogar die Karl May Bücher aus der Bücherei werden mit der Axt zerspalten und aus den aufgeplatzten Matratzen springen die Spiralfedern hervor. Der Vater droht dem Kind damit, es zu einem gestrengen Lehrherren zu geben, falls der Übergang ins Gymnasium nicht geschafft wird. Nach der Zerstörung des Blockhauses zieht sich Selma wieder vermehrt in den Bunker zurück, wo ihre Freunde anzutreffen sind.

In der Abenddämmerung hat sich die Gang eine Mutprobe ausgedacht. Man soll so nahe wie möglich vor einem herannahenden Auto über die Straße rennen. Ludwig fängt an und hält einen gehörigen Abstand. Beim nächsten Fahrzeug läuft Alexander so über die Straße, dass das Auto mit quietschenden Reifen zum Stehen kommt. Der Fahrer steigt aus und klingelt an der Gartentüre. Heinrich kommt heraus und lässt sich den Sachverhalt erklären. Mit lauter Stimme ruft er nach Selma, die sich unschuldig fühlt und aus der Dunkelheit auftaucht. Er schleift das Kind mit grober Hand die Kellertreppe hinunter und schlägt dann zu. Der Kopf fliegt gegen die Wand, während er brüllt: »Weißt du, dass ich dir das verboten habe oder nicht? Antworte!« Der zweite Schlag trifft die linke Wange.

»Ja aber – ich war's nicht!«

»Widerworte, na warte – die werde ich dir austreiben.« Die nächste Ohrfeige kracht gegen das Ohr, in dem sich der Schlag taub, wie aufquellende Watte anfühlt.

Die Mutter kommt die Kellertreppe herunter und sagt: »Schlag sie doch nicht ins Gesicht!«

Er schickt sie weg mit den Worten: »Die weint ja nicht mal, total verbockt.«

Dann packt er das Kind an den Kleidern und gerät sichtlich in Wut: »Du wirst mir jetzt sofort Rede und Antwort stehen!«

»Aber ich habe doch nichts getan. Ich hasse dich!«

Er antwortet kalt: »Du kannst mich ruhig hassen, das stört mich nicht.«

Das Kind weicht zurück, um zu entkommen, als es wieder getroffen gegen ein Regal prallt. Es hat einen metallischen Geschmack im

Mund, eine große Leere tut sich auf. Das wilde Kind weint nicht, es will auf keinen Fall weinen, und presst die Lippen fest zusammen, die Freunde könnten sie hören.

»Warum weinst du nicht?« Der nächste und übernächste Schlag wird wehrlos mit gesenktem Kopf hingenommen, taub vor Schmerz und Verzweiflung. Da endlich kommt die älteste Schwester Reingard, fällt dem Vater in den Arm und ruft: »Um Gottes willen hör auf, du bringst sie ja um!« Die geliebte Mutter steht dabei und tut nichts. Selma flieht ins Bett, zieht die Decke über den dröhnenden Kopf und beginnt leise zu weinen. Als die Mutter schließlich kommt, bricht der ganze Schmerz hervor. Von Weinkrämpfen geschüttelt und mit einem quälenden Schluckauf kann sie nur mühsam hervorwürgen: »Ich war's nicht, und er hat mir nicht geglaubt.«

Da macht der Vater die Tür auf und sagt: »Dann war's eben für all die anderen Male, bei denen ich dich nicht erwischt habe.«

Sie hasst den Vater und wünscht ihm den Tod. Warum ist er nicht verreckt im Krieg, warum musste ausgerechnet sie einen Vater haben, während so viele andere Kinder Halbwaisen waren?

Hermann 1914–1923

Am 10. September 1914 muss Hermann, der Vater von Heinrich und der Großvater von Selma, in den Krieg. Seine Frau Anna macht noch ein Abschiedsfoto, bei dem er – seine beiden Söhne im Arm – auf einer Korbbank sitzt, die Schirmmütze überschattet seine Augen. Er muss zum 3. Königlich Sächsischen Infanterieregiment, um an der Westfront gegen den Erzfeind Frankreich zu kämpfen. Anna weint jetzt viel, sie fragt nach dem Sinn des Krieges und findet keine Antwort. Ohne ihren Mann fühlt sie sich schutzlos und verlassen.

Heinrich, der ältere Sohn, ist gerade eingeschult worden. Zum Geburtstag hat er einen marineblauen Matrosenanzug bekommen, dazu eine Kappe, auf deren Rand in weißen Lettern »Hindenburg« eingestickt ist. Er ist ein zartes Kind mit wasserblauen Augen und blonden Haaren und wirkt auf den Kinderbildern immer ein wenig traurig. Der zwei Jahre jüngere Victor hat braune Augen und dunkelbraune Locken, man sieht sofort, dass er ein Schelm ist. Auf dem Abschiedsfoto trägt er einen weißen Anzug mit Matrosenkragen, und die Mutter hat ihm ein Fähnchen in die Hand gedrückt. Heinrich wächst schnell und ist bald der zweitgrößte in der Klasse von 45 Buben. Die Schule gefällt ihm nicht, er passt im Unterricht nicht auf und träumt mit offenen Augen. Seine Hausaufgaben macht der Erstklässler nur dann, wenn die Mutter mit äußerster Strenge, manchmal sogar mit dem Stock, dafür sorgt, dass sie erledigt werden. Derart gemaßregelt verspricht der Bub mit Tränen in den Augen, dass er sich bessern will. Es kommt vor, dass Heinrich schwindelt, um sich herauszureden, doch die Mutter bekommt meistens die Wahrheit aus ihm heraus.

Anna, die von den Kindern »Ma« genannt wird, entstammt einem reichen Elternhaus. Ihr Vater hat eine Fabrik für Getreidemühlen und bewohnt ein palastartiges Wohnhaus mit Butler und Dienstmädchen an der Leubnitzer Straße von Dresden. Mit gerade einmal 19 Jahren heiratet sie Hermann, der Architekt ist und den sie beim Bergsteigen im Elbsandsteingebirge kennengelernt hat. Er ist ein sportlicher Mann mit männlicher Ausstrahlung und einem großen Freundeskreis. Immer gut aufgelegt, kann er unglaubliche Geschichten erzählen und eroberte Annas Zuneigung mit seiner stürmischen Art. Annas Vater liebt seine einzige Tochter und verwöhnt sie sehr. Zu ihrer prunkvollen Hochzeit, bei der die beiden Dresdner Familien erstmals zusammenkommen, stattet er sie mit reichlich Geld aus. Es wird gemunkelt, dass er ihr 100.000 Goldmark und wertvollen Schmuck aus Familienbesitz in die Ehe mitgegeben hat. Hermann entstammt einer Dresdner Architektendynastie und baut gleich nach der Hochzeit mit dem Geld aus der Mitgift seiner Frau ein Haus im Stil der Jahrhundertwende, in das das junge Ehepaar einzieht.

Drei Jahre später wird ihm ein großes Grundstück angeboten, auf welchem er zusammen mit einem Partner eine große Wohnsiedlung bauen will. Mit dem restlichen Geld aus der Mitgift seiner Frau kauft Hermann das Grundstück, und darüber hinaus nehmen sie zur Finanzierung des Projektes noch einen Kredit bei der Bank auf. Plötzlich ist der Partner in die USA verschwunden, das Grundstück hat er hinterrücks weiterverkauft und das ganze Geld mitgenommen. Seitdem stehen regelmäßig die Gläubiger vor der Türe und wollen den Bankkredit eintreiben. Die junge Familie muss ihr schönes Jugendstilwohnhaus mit angebautem Atelier verkaufen und in eine Mietwohnung umziehen. Seit die Gläubiger hinter Hermann her sind, gibt Annas Vater seiner Tochter nur noch kleinere Geldbeträge und Naturalien aus seiner Jagd. Er ist ein passionierter Jäger und verbringt seine ganze Freizeit mit seinem Jagdkameraden Graf Luckner, und ab und zu nimmt er auch den Enkel Heinrich mit. Die Männer verbringen Stunden auf dem Hochsitz im Wald, und wenn der Großvater ein Reh oder ein Wildschwein erlegt hat, schleifen sie es gemeinsam in die Jagdhütte, wo es aufgehängt und ausgeweidet wird. Das blutige Geschäft erschreckt den Jungen nicht, eher fürchtet er sich vor den derben Scherzen des Grafen, der immer eine Flasche Wacholderschnaps bei sich hat, den er reichlich zu sich nimmt. Großpapa schenkt Heinrich das erste Luftgewehr, welches zur Sicherheit in der Jagdhütte für ihn aufbewahrt wird. Wenn sie zusammen auf die Jagd gehen, schultert der Junge sein Gewehr wie die beiden alten Herren, mit denen er durch den Wald streift.

Hinter dem Mietshaus, in dessen Hochparterre sie wohnen, befindet sich ein Hof mit Sandkasten, einigen Wäschestangen und einer Grünfläche mit dem Schild »Betreten verboten«. Die Nachbarskinder, die zum Teil viel älter sind als Heinrich, haben Spaß daran, Tiere zu quälen. Sie reißen den Spinnen und Fröschen die Beine aus, binden der Katze Blechdosen an den Schwanz oder schießen mit der Zwille auf Vögel. Weil Heinrich dazugehören will, macht er mit. Ma schimpft ihn einen »Mitläufer« und reagiert auf die hinterhältigen Quälereien mit Prügel. Nach einer solchen Bestrafung ist der Junge gefällig und hilft gerne, was aber nie lange anhält. Von den Spielkameraden übernimmt er den sächsischen Dialekt, was die Mutter ihm schnell wieder abgewöhnt. Heinrich singt gerne und bittet Ma darum, am Nachmittag in die Musikschule gehen zu dürfen. Sie verbietet es, weil er mit den Schularbeiten trödelt, sodass keine Zeit mehr für weiteren Unterricht und die dazugehörigen Übungsstunden bleibt. Auf dem Bahndamm am Ende der Straße warten überfüllte Züge, die die Soldaten an die Westfront bringen. Die Frauen werfen ihnen Blumensträuße, Süßigkeiten oder Zigaretten zu. Heinrich steht dabei und sehnt sich nach seinem Vater.

Hermann schickt Feldpostkarten, die er mit der geschulten Hand des Architekten mit Schlössern und Landschaften aus Frankreich bemalt. Die Söhne bevorzugen eine gedruckte Karte, auf der ein gefallener Soldat zu sehen ist, der an eine Kanone gelehnt – den Degen in der erkaltenden Hand – seinen letzten Traum träumt. Über ihm schwebt der Reichsadler mit rauschenden Schwingen und hält das Eiserne Kreuz im Schnabel. »Für Kaiser und Reich« ist da zu lesen.

Anna bekommt Gesangsstunden bei einer Kammersängerin und lässt bei den Großeltern den schwarzen Konzertflügel abholen, auf dem sie als Kind unterrichtet wurde. Manchmal, erst spät in der Nacht, schreibt die junge Mutter das Erlebte in ein Tagebuch. An einem Abend hört sie Heinrich schrecklich weinen, setzt sich an sein Bett und fragt nach dem Grund.

»Der Papi kriegt immer Pakete geschickt und ich nie, nie! Wann kommt denn endlich der liebe Papi wieder nach Hause?« Anna beruhigt den Sohn damit, dass der Vater einen Heimaturlaub angekündigt habe, und bald danach steht er tatsächlich vor der Tür. Heinrich stürzt auf den Heimkehrer zu, fliegt ihm um den Hals und weint: »Ich habe dich so lieb, mein Papi!« Dies wiederholt sich in den folgenden Tagen ständig, und was man anfangs noch hinreißend fand, wird lästig.

Der Urlaub des Vaters verläuft für alle Beteiligten anders als erwartet. Ma leidet darunter, dass sie ohne Personal, alleine mit den Buben in einem Mietshaus leben muss. Sie sehnt sich nach Zärtlichkeit und einem starken Mann, an den sie sich anlehnen kann. Die Buben vermissen den fröhlichen Vater, der mit ihnen hinaus in die Natur wandert und Schmetterlinge und Käfer fängt, doch Hermann hat sich verändert. Er war als Kradfahrer einer Infanterieeinheit eingezogen worden, kam aber bald zur Luftschiffabteilung und wurde dort als Fesselballonbeobachter eingesetzt. Vom Feldwebel war er zum Leutnant befördert worden. Sein Fesselballon wurde mehrmals abgeschossen, doch er konnte sich jedes Mal mit dem Fallschirm retten. Seine Einheit, in der viele Adelige dienen, ist als Säufereinheit berüchtigt. Hermann hat Anschluss an Offizierskreise gefunden und trifft sich mit diesen zu Hause, um zu trinken und zu spielen. Wenn er im Morgengrauen sturzbetrunken heimkehrt und mit wankenden Schritten die Treppe hinaufpoltert, fürchtet Ma, dass er in diesem Zustand mit ihr schlafen will. Diese Ausflüge kosten zudem Geld, und Geld hat die Familie nicht, da alles gepfändet wurde.

Anna beginnt ihrem Mann Vorwürfe zu machen, will ihn erziehen und ihm begreiflich machen, dass sie genug Sorgen hat in diesen Tagen und nicht weiß, wovon das Essen und die Kleidung bezahlt werden sollen, wenn er den ganzen Sold versäuft und verspielt. Um seine Ruhe zu haben, verspricht er ihr alles, was sie will. Kaum ruft einer seiner Freunde an, geht er fort mit dem Versprechen, rechtzeitig und nüchtern zum Abendbrot wieder zu Hause zu sein. Spät in der Nacht kommt er dann betrunken zurück. Bald muss Hermann wieder ins Feld nach Frankreich, wo aus der offenen Feldschlacht ein elender Stellungskrieg geworden ist. In den Zeitungen liest Anna schreckliche Berichte über die Westfront und erwartet täglich mit bangem Herzen die Post.

Während Hermann an der Front dient, bekommt Anna häufig Besuch von einem Freund, den er bei der Ausbildung zum Batterieführer kennengelernt hat. Die Buben nennen ihn Onkel Walther und schätzen ihn sehr, weil er Geschenke mitbringt. Er kommt regelmäßig zum Tee, und Ma musiziert für ihn auf dem schwarzen Konzertflügel. Sie hat mit der Kammersängerin Wagner-Arien einstudiert, zu denen sie sich selbst begleitet. Die junge Mutter fühlt sich mit ihren ganzen überfließenden Gefühlen alleingelassen und erinnert sich nur ungern an den letzten Urlaub ihres Mannes, deshalb verliebt sie sich in Walther, der sie mit Aufmerksamkeiten und Komplimenten überhäuft. Sie hat ein schlechtes Gewissen dabei und schämt sich der Gefühle, aber die Liebe bricht über beide herein, trotz oder gerade wegen ihrer Abwehr.

Anna ist eine attraktive Frau, der man nicht gleichgültig gegenüberstehen kann. Sie trägt das lange, kastanienbraune Haar mit Kämmen hochgesteckt, die Haut ist blass und ihre Augenbrauen haben einen kühnen Schwung nach oben. Wenn sie glücklich ist, wirken ihre grünen Augen strahlend und groß, ist sie zornig, dann sprühen sie Blitze. Die große schmale Nase verleiht ihrem Gesicht eine herb-rassige Note. Sie lächelt selten und wirkt oft abwesend, ihr Blick geht dann in eine Ferne, in die die Kinder ihr nicht folgen können. In ihrer ganzen Haltung lässt Anna keinen Zweifel daran, dass sie eine feine Dame ist. Die junge Mutter liebt es, weiße, feinbestickte Blusen zu bodenlangen Röcken zu tragen. Die Freizeit verbringt sie bevorzugt beim Wandern oder Klettern im Elbsandsteingebirge, und wegen ihrer Sportlichkeit erwartet sie von den Söhnen, dass diese sich ertüchtigen.

Anna und Walther wollen für ein paar Tage verreisen und lassen die Kinder bei der ungeliebten Großmutter. Anna ist sich bewusst, dass sie nichts tun darf, was als Ehebruch beweisbar ist, um nicht ihre und Walthers Existenz zu gefährden. Er ist Legationsrat im auswärtigen Dienst des sächsischen Ministeriums, und nach damaligen Ehrbegriffen gefährdet er als Störer einer Ehe seine Beamtenlaufbahn. Beide Familien gehören zur besseren Gesellschaft von Dresden und deren Name darf nicht beschmutzt werden. Die Reise verläuft friedlich und harmonisch und sie kehren erholt nach Dresden zurück. In der darauffolgenden Zeit schreibt Walther gefühlvolle Gedichte und kleine Musikstücke für seine Angebetete, die er regelmäßig in ihren Briefkasten steckt. Drei Monate lang genießen sie den Gleichklang der Gefühle und Gedanken, bis Legationsrat Walther Benndorf an die Front gerufen wird. Anna ist aufgelöst vor Schmerz, bewahrt aber Haltung vor den Kindern und der Außenwelt, obwohl ihr die Sehnsucht nach ihrem Traummann keine Ruhe lässt. Der Wunsch nach Trennung von ihrem Ehemann verdeutlicht ihr, wie rechtlos eine Frau in dieser Zeit ist und wie unzureichend sie dazu erzogen wurde, auf eigenen Beinen zu stehen. Als Hermann ein paar Tage Urlaub von der Front bekommt und deshalb zu seiner Schwester nach Wiesbaden fährt, entschließt sich Ma – trotz der überfüllten Züge – ihren Mann dort zu treffen. Die beiden Buben nimmt sie mit, und diese genießen die Bahnfahrt, die am Rhein entlang über Rüdesheim verläuft. Sie freuen sich sehr auf ihren Papi, und Ma wird die ewige Fragerei nach ihm allmählich zu viel, während ihre Gedanken ganz bei Walther sind.

Das Wiedersehen der Eheleute wirkt durch die Gegenwart der Verwandten und aufgrund von Annas Gefühlen steif. Schließlich kann sie nicht länger an sich halten und gesteht ihrem Mann, wie sehr sie sich zu Legationsrat Benndorf hingezogen fühlt. Hermann reagiert wütend und versichert ihr, dass er den untreuen Freund bei nächstpassender Gelegenheit erschießen werde.

»Walther ist unschuldig, ich kann nicht mehr mit dir zusammenleben, bitte gib mir meine Freiheit zurück. Du hast mit deinen Geschäften die Familie ins Unglück gestürzt, unsere Ehe ist aufgebraucht und inhaltslos.« Während sie am Rhein entlanggehen, skizziert Anna eine Zukunft ohne ihren Mann. Erst als er plötzlich stehenbleibt, bemerkt sie, wie tief getroffen er ist. Stürmisch umarmt und küsst er sie und beteuert, dass er sie über alles auf der Welt liebt und ohne die Kinder nicht leben will. Niemals würde er in eine Scheidung einwilligen oder auf seine Kinder verzichten! »So kannst du mich doch nicht zurück ins Feld schicken«, drängt er, und als Anna sieht, wie Hermann sich quält, kann sie sein Leid nicht länger mit ansehen und gibt schließlich nach. Er schwört, nie wieder zu trinken oder zu spielen, und sie verspricht, Walther nie wieder zu sehen. In der Nacht vor ihrer Abreise erleben Anna und die Buben den ersten Fliegerangriff. Auf dem anderen Rheinufer färbt sich der Himmel blutrot, sie hören Geschützdonner, und immer wieder wird die Luft von einem wilden Pfeifen und schweren Detonationen erschüttert. Sie fürchten sich sehr, obwohl der Schaden, wie sich am andern Morgen herausstellt, gering ist.

Wieder zu Hause in Dresden hat Anna schwer an ihrem Versprechen zu tragen. Sie trifft sich mit Walther im Gasthaus »Zum Weißen Hirsch« oberhalb der Stadt und eröffnet ihm, dass ihre Gefühle erkaltet seien und sie ihrem Mann die Treue geschworen habe. Um seine Erregung zu verbergen, küsst Walther still die Innenfläche ihrer Hände, dreht sich um und geht.

Anna ist gerade 25 Jahre alt geworden und hat große Sehnsucht nach ihrem Geliebten. Sie schickt ihm seitenlange Briefe, glaubt durch Gedankenübertragung mit ihm korrespondieren zu können und leidet schrecklich unter ihrer Einsamkeit. In ihr Tagebuch notiert sie: »Ich würde die Ruhe meines Herzens und meine innere Sicherheit willig geben, für das Glück einer Stunde mit ihm. Mir ist klar, was mir für den Rest des Lebens bliebe. Ich hoffe, dass meine bösen Ahnungen töricht sind und ihm nichts zugestoßen ist, ebenso weiß ich, wie unsäglich ich leiden müsste, fiele er wirklich und ich hätte ihm den letzten, vielleicht heißesten Wunsch seines Lebens nicht erfüllt. Was nutzen mir die anerkannten Begriffe von Recht und Moral? Die Natur zwingt zwei Menschen zueinander, die sich beide verzweifelt wehren gegen sich und den anderen und all das Übermächtige, gegen das man erfolglos ringt wie gegen ein Phantom. Fünf Monate schon dieser Kampf, bis die Nerven bloßzuliegen scheinen, man mürbe ist bis ins Innerste. Dies alles ohne die stolze Überzeugung, einen Sieg errungen zu haben, um am Ende vor der unbeantworteten Frage zu stehen: Was ist recht hier? Werde ich's ertragen?«

Von Legationsrat Walther Benndorf kommt kein einziger Feldpostbrief, keine Zeile des Trostes. In ihrer Verzweiflung sucht Anna eine Wahrsagerin auf. Diese streicht über die Linien ihrer Hand, blickt ihr tief in die Augen und senkt den Blick nach innen, dann fängt sie an zu sprechen: »Ich sehe zwei Söhne, der eine schlägt nach dem Vater und ist ein Lügner, der andere hat Ihre Gemütsart und Empfindlichkeit, beide haben die Statur des Vaters. Sie werden sich ohne großen Skandal bald scheiden lassen, nachdem Sie Dresden verlassen haben. In der Zukunft werden Sie ein kleines Mädchen haben und aufziehen.« Anna will Genaueres wissen und bedrängt das Medium, vor allem will sie erfahren, wann die Trennung von ihrem Mann zu erwarten ist. »Vor 1921 oder 1922 ist es unwahrscheinlich, sie werden immer mehr wegstreben von ihm. Die Trennung erfolgt schließlich nicht durch einen Willensakt von Ihnen, sondern durch äußere Umstände. Ihr Mann wird nicht alt, höchstens 56.«

Feldpost von Hermann: Er schreibt, dass er bei Nacht und Nebel mit dem Fesselballon über Walthers Einheit geflogen ist und es ihm eine Kleinigkeit gewesen wäre, dem untreuen Freund etwas auf den Kopf fallenzulassen, ja, es habe ihm in den Fingern gekribbelt, aber zur Strafe standrechtlich erschossen zu werden sei dann doch nicht nach seinem Geschmack.

»Bei der letzten Schlacht in der Champagne sind mir die Leichenteile um die Ohren geflogen, und viele Kameraden sind so erschöpft, dass wir sie im Straßengraben liegen lassen müssen. Tote Franzmänner, tote Pferde, erschossene Deserteure. Wir sind müde, dreckig, verlaust, eine stinkende Meute. Lasst schon mal das Badewasser ein, in zwei Wochen bin ich zu Hause, so Gott will.«

Mit einer Bonbonniere in der Hand und dem Tornister auf dem Rücken steigt er wenig später aus dem Zug. Anna steht mit den Kindern auf dem Bahnsteig und nimmt seine kratzigen Küsse in Empfang.

Zu Hause ist alles festlich hergerichtet für den Empfang des Heimkehrers. Den Kindern hat man die Haare kurz geschnitten und die Nägel gereinigt. Auf dem festlich gedeckten Esstisch steht ein Wiesenblumenstrauß und das mühsam zusammengebettelte Essen. Es gibt Suppe, danach eine Ente, die der Großvater geschossen hat, dazu Kartoffeln und Rüben. Als der Vater unüberhörbar die Suppe schlürft, sagt Klein-Victor: »Behave yourself, Papa!« Er wiederholt die Ermahnungen der Mutter, sich bei Tisch zu benehmen.

Der Vater ist häufig müde und liegt auf dem Kanapee, in der einen Hand die Zigarette, in der anderen die Zeitung. Abends geht er aus, entweder mit Anna in die Semper-Oper oder mit Freunden ins Kaffeehaus. In der Nacht, wenn die Kinder schlafen, tragen die Eltern ihre mehr oder weniger friedlichen Auseinandersetzungen aus. Ma hat Schmuck ins Pfandhaus getragen und Geld bekommen, welches sie für Essen dringend benötigt. Hermann hat Spielschulden und will dieses Geld von ihr haben. Sie muss es ihm schließlich aushändigen, weil der Mann das alleinige Recht hat, über Hab und Gut zu verfügen. Als er dann doch wieder betrunken nach Hause kommt, schließt sie das Schlafzimmer von innen zu, was dazu führt, dass er ihr den Schlüssel abnimmt und auf seinen ehelichen Rechten besteht. Nachdem Anna ihrem Mann vorwirft, kein Geld nach Hause zu bringen, verbringt er den Rest des Urlaubs mit diversen Anstrengungen, um Geld zu beschaffen. Ma vermutet, dass er Schwarzmarktgeschäfte tätigt. Hermann bemüht sich um mehr Kontakt zu den Kindern, um den möglichen Vorwand zu entkräften, ihr stünden die Kinder zu, weil er sich gar nicht um diese kümmere.

Hermann plant einen Besuch bei seiner Mutter, um den Söhnen zu zeigen, dass ihr Großvater ein bedeutender Architekt und Stadtrat von Dresden war, und sie allen Grund haben, stolz auf ihn zu sein.

Es ist sein Wunsch, die Buben für Architektur zu begeistern und dem allzu starken Einfluss der Mutter etwas entgegenzusetzen. Er nimmt den Weg durch die Innenstadt, um den Kindern die Augustusbrücke zu zeigen. Es ist ein sonniger Tag, und sie laufen über die Sandsteinbrücke bis zu dem Platz, an dem der Großvater gestorben ist.

»Euer Großvater war Stadtbaurat und Königlicher Oberbaurat von Dresden. Er war für den Tiefbau in Dresden zuständig, und was hat man in der Tiefe – na, die Scheiße. Er hat die erste Kanalisation in Dresden gebaut und die Augustusbrücke. Dafür hat er das Ritterkreuz 1. Klasse bekommen, und der sächsische König hat ihm ein Grundstück im Königlichen Weinberg geschenkt. Der alte Herr wurde mit einer Taucherkugel in die Elbe hinuntergelassen, weil er die Fundamente der Brücke überprüfen wollte. Als man die Kugel wieder hochgeholt hat, ging es ihm schlecht, und er starb an einer geplatzten Ader, hier an dieser Stelle auf der Brücke.« Hermann blickt zurück auf die wundervolle Silhouette von Dresden, die Frauenkirche und die Brühlschen Terrassen, und das Herz wird ihm schwer bei dem Gedanken, dass er diesen friedlichen Ort schon bald wieder verlassen muss, zurückmuss an die Front, in diesen bestialischen Krieg. Er ist so traurig, dass ihm die Tränen über die Wangen laufen und er die Kinder fest an sich drückt. Mit einer Kutsche fahren sie weiter nach Loschwitz und steigen vor der Hängebrücke aus, die im Volksmund das »Blaue Wunder« genannt wird. Er zeigt den Kindern die Fundamente, die der Großvater gebaut hat, und erklärt ihnen die herrliche Stahlkonstruktion. Zu Fuß gehen sie dann den Hügel hinauf zu Hermanns Elternhaus im Königlichen Weinberg, wo die Großmutter mit seiner Schwester wohnt. Das vom Großvater erbaute Jugendstilhaus hat einen spitzen Giebel und Erker, die von rotem Wein und einer Glyzinie fast gänzlich überwuchert sind. Victor drückt lang und heftig auf den Klingelknopf und Tante Elisabeth macht die Türe auf. Hermanns Mutter erwartet sie im Rollstuhl an einer gedeckten Kaffeetafel, sie weint, als der Sohn sie in die Arme schließt. Vom Wohnzimmer aus hat man einen herrlichen Fernblick hinunter auf die Elbe und die Stadt. Auf der Terrasse plätschert ein

Brunnen, am Beckenrand stehen Sandsteinputten. Die Kinder haben weiße Matrosenanzüge an, und während der Vater noch seine Mutter begrüßt, ist Victor schon ins Wasserbecken gestiegen und hat sich restlos beschmutzt, woraufhin Heinrich brüllt: »Mit diesem Schwein sollen wir nach Hause kommen, da kann man dann sein blaues Wunder erleben!« Die Erwachsenen müssen lachen, und die Tante hat schnell ein paar Lederhosen gefunden und die nassen Kleider aufgehängt. Der Frieden ist wiederhergestellt, und es gibt tatsächlich Kuchen zu essen, auf den sich Heinrich gierig stürzt, bis der Vater ihn ermahnt, sich sittlich zu benehmen. Der Abschied von der Mutter ist schwer, weil allen bewusst ist, dass der Sohn und Bruder wieder zurück in den Krieg muss.

Wenige Tage später hört man ihn vom Kanapee her schallend lachen. Ma kommt sofort herbeigeeilt, um zu erfahren was los ist. Da sieht sie, dass Hermann ihre Tagebücher und Walthers Briefe gefunden hat und gerade dabei ist, sie zu lesen.

»Diese Schmerzensäußerungen, dieses ganze Geschmuse und Gewimmere hätte ich dem alten Benndorf gar nicht zugetraut. Dass Frauen ständig in ihren Gefühlen herumrühren, mag ja noch angehen, aber ein Mannsbild, das so sentimental ist, kann ja nur ein Waschlappen sein. Von so einem Gefühlsgedusel lässt sich meine Frau einwickeln, auf so einen Mann kann man ja noch nicht einmal eifersüchtig sein!«

Die beiden Buben lachen mit dem Vater, endlich ist es lustig, endlich ist was los. Tief verletzt verlässt Anna wortlos das Zimmer und schreibt ihrem Mann einen Brief, denn sie weiß, dass sie seinem Hohn nicht gewachsen ist. Sie hat gelernt, dass eine Dame nicht herumschreit, deshalb will sie ihre Bedürfnisse schriftlich verdeutlichen. Den Brief legt sie wortlos auf sein Kopfkissen:

»Du vergewaltigst mich körperlich und geistig, ich wäre schon lange nicht mehr da ohne die Kinder. Du fühlst nicht meine Not, bist satt und schläfst, wenn du meinen Körper gehabt hast, du verhöhnst meine Gefühle. Lass mich endlich gehen, gib mir meine Freiheit zurück!«

Am letzten Tag von Papas Urlaub kommt der Gerichtsvollzieher und pfändet den Konzertflügel, danach packt Hermann seine Sachen und reist wieder ab ins Feld.

Heinrich soll in der Elbe schwimmen lernen. Dafür nimmt ihn der Schwimmlehrer an die Angel, die an einem um den Bauch geschnallten Korkgürtel befestigt ist. Zu Beginn der Stunde lässt er das Kind erst einmal untertauchen, bevor er an der Angel zieht, so schluckt der Junge jedes Mal viel Wasser und empfindet den ganzen Schwimmkurs als Tortur. Außerdem friert er in dem kalten Flusswasser und will nicht mehr in den Schwimmkurs gehen. Von Ma wird er deshalb als unsportlich bezeichnet. Der so Gescholtene macht daraufhin folgsam weiter, bis er das Schwimmen gelernt hat. Ma hat es sich zur Aufgabe gemacht, ihre Kinder zu Männern zu erziehen, die ohne zu jammern Strapazen ertragen, damit sie für den Militärdienst und die Härte des Lebens gerüstet sind. Im Winter geht Ma mit ihren Kindern zum Skifahren in die Berge bei Dresden. Die Schuhe drücken, und Heinrich jammert, woraufhin die Mutter ihn schlägt und als Waschlappen bezeichnet. Als er zu Hause endlich die grässlichen Stiefel ausziehen darf, sind seine Füße blau angelaufen und völlig gefühllos. Ma macht sich innerlich Vorwürfe, dass sie den Jungen zu hart anfasst, sie frottiert und erwärmt seine Zehen, um sie wieder zum Leben zu erwecken, nimmt aber ihre harten Worte nicht zurück, was den Sohn sehr traurig macht. Für ihn steht fest: Victor ist Mas Lieblingskind, und Papa ist nicht da, um ihm beizustehen.

An den Straßenrändern sitzen vermehrt hungernde und bettelnde Menschen in zerlumpten Kleidern, Soldaten in abgerissenen Uniformen lungern am Bahngeleis herum, und immer häufiger sieht man Kriegsversehrte mit nur einem Bein oder einem Arm. Manche Veteranen werden von einem anhaltenden Zittern geschüttelt und können nicht stillhalten. Besonders schrecklich sehen die von Splittern verunstalteten Gesichter aus. Heinrich sieht einen Mann, der statt der Nase nur zwei Löcher im Gesicht hat. Auch seine Oberlippe wurde entfernt, weshalb sein Oberkiefer und die Zähne zu sehen sind. Einem anderen hat man das halbe Gesicht weggeschnitten und mit groben Stichen die Haut zusammengenäht. »Was für Schmerzen müssen diese Menschen ertragen, wie sollen sie mit solchen Verletzungen weiterleben?« Das beschäftigt den Jungen. Immer mehr Soldaten kehren von der Front zurück; ausgehungert und niedergeschlagen fahren sie in offenen Güterwagen vorüber. Heinrich ist acht Jahre alt, und der Krieg ist verloren.

Ende November 1918 kommt Hermann als besiegter Held wieder nach Hause. Mürrischer denn je tritt er den Dienst bei der Bürgerwehr an. Die Kinder gehen ihm aus dem Weg, denn schon beim geringsten Anlass gerät er in Rage, brüllt und schlägt zu. An einem regnerischen Tag erwischt Heinrich den Vater alleine und stellt ihm die Frage, die er ihm schon lange stellen wollte:

»Hast du im Krieg Menschen erschossen?«

»Ja natürlich.«

»Viele?«

»Du kennst doch die Geschichte von Lohengrin, nie sollst du mich befragen. Weiber stellen Fragen über Fragen und schauen neugierig zurück, sie werden zu Stein wie Lots Weib. Schau du geradeaus in die Zukunft und nicht zurück, du hast noch das ganze Leben vor dir.«

»Bist du ein Verdammter, weil du getötet hast?«

»Ich weiß es nicht, mein Sohn. Im Leben eines jeden Mannes kommt einmal die Zeit, in der er gehorchen muss, wenn er überleben will. Im Krieg hat man keine Zeit sich mit der Frage zu beschäftigen, ob es einen Gott gibt oder ein Leben nach dem Tod, man betet zu Gott und übertritt gleichzeitig all seine Gesetze. Man wird abgestumpft und gleichgültig gegen Fragen, die für dich so dringlich sind.«

In vielen deutschen Städten, gehen die unzufriedenen Arbeiter und ehemaligen Soldaten auf die Straße und rufen: »Wir sind das Volk!« Nach dieser Novemberrevolution am 9. November 1918 wird Kaiser Wilhelm II. zur Abdankung gezwungen. Auch der sächsische König Friedrich August III. tritt zurück und entbindet die Offiziere und Beamten von ihrem Treueeid. Angeblich soll er ihnen zugerufen haben: »Nu da machd doch eiern Drägg alleene.« Im Januar 1919 finden die ersten Nachkriegswahlen statt. Die Nationalversammlung wählt Friedrich Ebert zum Reichspräsidenten und Philipp Scheidemann zum Ministerpräsidenten. Deutschland ist nun eine freiheitlich-demokratische Republik. Die Siegermächte beschließen die bedingungslose Unterwerfung Deutschlands, die Kriegsschuld wird im Versailler Vertrag allein Deutschland zugesprochen, das deshalb mit Reparationszahlungen für alle Schäden, die durch den Krieg den Siegern entstanden sind, aufkommen soll. Die Abgeordneten der deutsch-österreichischen Nationalversammlung wollen mit dem deutschen Mutterland vereinigt werden. Der Name Deutsch-Österreich sowie der Anschluss an das Deutsche Reich werden untersagt.

Nachdem Papa nun wieder bei der Familie wohnt, ist Ma gereizt und die Stimmung bis zum Zerreißen gespannt. Hinzu kommt, dass es sehr wenig Nahrungsmittel zu kaufen gibt und häufig Gerichte auf den Tisch kommen, die keiner essen will. Nicht selten sitzen alle schweigend um den gedeckten Tisch und rühren in ihrer Steckrübensuppe herum. Heinrich ist der einzige, der nicht am Essen herummäkelt und immer sofort seinen Teller leer gegessen hat. Er weiß, dass er der Mutter damit eine Freude macht, denn sie gibt sich große Mühe, aus den wenigen Lebensmitteln, die sie beschaffen kann, ein brauchbares Essen zu kochen. Anna nörgelt ständig am Vater herum, in ihrem Tagebuch beschreibt sie die Situation folgendermaßen: »Morgens, wenn die Kinder in die Schule gehen, müssen alle mucksmäuschenstill sein, weil Hermann bis elf Uhr schlafen will, danach soll ich ihm das Frühstück servieren. Hierbei gibt es den ersten Streit, weil er sich zu viel Marmelade nimmt, von der es nur wenig gibt. Nach dem späten Frühstück legte er sich auf die Chaiselongue, um die Zeitung zu lesen und zu rauchen. Gegen 12 Uhr, wenn die Kinder aus der Schule kommen, geht er in die Stadt, um seinen ominösen Geschäften nachzugehen. Gegen 18 Uhr taucht er wieder auf und verschwindet für eine Stunde auf dem Lokus, bevor er das Bad aufsucht, um sich zu waschen und zu salben. Nach dieser Erfrischung gibt er sich rauchend der Lektüre von Romanen hin, die ich nicht einmal mit spitzen Fingern anfassen würde. Er liest die Bücher nie zu Ende, weil er sich rechtzeitig wieder auf den Weg machen muss, um seine Freunde in der Bodega zu treffen, wo sie Skat, Billard oder dergleichen spielen. Spät in der Nacht kommt er dann angetrunken und laut polternd zurück.« Heinrich hatte sich so sehr nach dem Vater gesehnt, jetzt ist er da und der Sohn wünscht sich, dass er wieder verschwinden würde, damit der Streit zwischen den Eltern aufhört.

Am 16. Mai 1921 bekommt Annas Vater einen Schlaganfall. Anna eilt sofort in die Villa ihrer Eltern und an das Bett des Vaters. Er sieht sie mit glasigen Augen an und kann nicht mehr sprechen. Im Haus treffen nach und nach die Brüder ein, die sich nicht um den todkranken Vater kümmern, aber lautstark mit ihrer Mutter über seine Gewehre verhandeln. Einer der Brüder kommt aus Berlin und ruft in das Sterbezimmer: »Na, is er schon doot?«

Anna bleibt am Bett des Vaters, bis er beim Morgengrauen aufhört zu atmen. Sie hält seine erkaltende Hand und wird von Weinkrämpfen geschüttelt. Als das erste Licht des Morgens die Konturen der Bäume vor dem Fenster erkennen lässt, sieht sie, dass dort große schwarze Rabenvögel auf den Ästen sitzen. »Papa, die Totenvögel holen deine Seele ab«, flüstert sie.

Kaum ist der Vater tot, teilen die Brüder seine Habseligkeiten auf. Ma findet dieses Verhalten so skandalös, dass sie sich mit ihrer Trauer zurückzieht und das Elternhaus nicht mehr betritt.

Nach der Beerdigung wird das Testament eröffnet. Hier erfährt Anna, dass sie offiziell nichts erbt, ihr Anteil geht an ihre beiden Söhne. Bis zu deren Volljährigkeit sollen die Brüder über das Erbe von Heinrich und Victor bestimmen. Grundstücke, Häuser, Hafenanlagen, Wertpapiere und die Mühlenwerke gehen ausschließlich an die Brüder. Sie erhält den Pflichtteil, eine Summe Bargeld und

Schmuck, an den die Gläubiger ihres Mannes nicht herankönnen. In einem an sie adressierten Päckchen befinden sich Smaragde, Brillanten und ein großer Rubin aus altem Familienbesitz. Anna kann nicht nachvollziehen, warum ihr Vater sie enterbt hat.

Hermann arbeitet; mal sucht er nach Bauvorhaben in der Zeitung, mal beteiligt er sich an einer Ausschreibung, zum Beispiel für das Tannenberg-Denkmal. Dann verschachert er Waggonladungen mit Kohlen, Seife, Kartoffeln und anderen Waren, diese Geschäfte vermittelt ihm Legationsrat Walther Benndorf. Ja, er taucht ab und zu auf, hat eine wichtige Stelle erst in Berlin, dann in Wien und kann behilflich sein – und er ist es. Eines Tages holen Heinrich und Anna ihn mit einem geliehenen Auto von der Bahn ab. Er kommt aus Wien, ist elegant gekleidet und riecht nach einem teuren Rasierwasser, hat aber kein Haar mehr auf dem Kopf. Hermann chauffiert, und Anna sitzt mit Walther hinten im Wagen. Auf einmal spürt sie die Berührung seiner Knie, es durchzuckt sie wie ein Schlag, und sie rückt erschrocken von ihm ab. Für diesen Mann wollte sie alles geben, sie hatte gezittert vor Sehnsucht nach seiner Berührung, er war ihre große Liebe, und nun wirkt er fremd und ihre Gefühle sind erkaltet. Anna ist verwundert darüber, dass ihr körperliches Verlangen sie so blind gemacht hatte, und ihr Verstand machtlos gewesen war. Sie ballt die Fäuste, nie wieder möchte sie von Gefühlen überwältigt einem Mann folgen.

Anna besucht zu dieser Zeit regelmäßig das »Medium« und lernt einen spiritistischen Kreis kennen, dem sie sich anschließt. Das Medium Maria Freya ist verheiratet mit Abd-ru-shin, der mit bürgerlichem Namen Oskar Ernst Bernhardt heißt. Er hat die »Gralsbewegung« gegründet, um die Fragen nach dem Sinn des Lebens und der Aufgabe des Menschen in der Schöpfung zu beantworten. Dabei, so sagt er, sei in ihm der Wunsch erwacht, den Menschen den rechten Weg aus ihrer Not zu weisen. Er folgt einer inneren Stimme und nennt sich »Menschensohn und Vollender des Werkes Christi«. Abd-ru-shin (Herr des Lichts) sucht eine Schreibkraft, die seine Texte ins Reine schreibt. Anna übernimmt diese Aufgabe und tippt auf einer alten Reiseschreibmaschine mit drei Durchschlägen auf dünnem blauen Seidenpapier seine philosophischen Texte. Beim nächsten Zusammentreffen der Gralsgemeinde bittet Anna ihren Mann mitzukommen, sie möchte, dass er die neuen Freunde kennenlernt. Bei dieser Gelegenheit liest das Medium in ihrer Hand: »Im nächsten Jahr sehe ich mehrere Reisen. Im Oktober kaufen Sie ein Grundstück in einer landschaftlich reizvollen Gegend, und dieses Grundstück wird der Grundstein für Ihr künftiges Glück sein. Es liegt in einer wasserreichen Gegend mit weichem Boden, und die Umgebung entspricht ganz Ihrem Naturell. Als Talisman sollen Sie immer einen Aquamarin und einen Lapislazuli bei sich tragen. Über Ihrem Leben liegen vier Kreuze, das erste ist die Mutter, das zweite der Ehemann, das dritte eine unerfüllte Liebe und das vierte kommt noch und ist ein Kind.«

Dann nimmt sie Hermanns Hand und lächelt ihn an: »Welch ein Unterschied der Glückslage! Sie können anfangen, was sie wollen, Sie haben unbedingt Erfolg. Ich sehe in Ihrer Hand eine geschäftliche Beziehung mit zwei Herren, von der viel Geld, aber auch viel Ärger zu erwarten ist. Im Dezember erhalten Sie ein Angebot, welches Sie in Konflikt mit den Behörden bringen wird. Vom 39. bis zum 49. Jahr liegt der große Sonnenzeiger auf Ihrem Leben, Sie haben dann Ruhe und Ausgleich zu erwarten. Ich empfehle Ihnen, Ihre Glücksmöglichkeiten nicht leichtfertig zu verspielen. Im September haben Sie etwas getan, was in der Wirkung für Sie nachteilig war.«

Anna ruft dazwischen: »Das kann nur das Attentat auf mich gewesen sein, als er im Flur die Gänsebratenschüssel hinter mir hergeschmissen hat.«

»Sie sind träge und verschwenderisch, tun Sie was dagegen. Sonst sehe ich in Ihrer Hand viel Harmonie und eine Reise nach Süden.«

Die Antworten des Mediums sollen stets von Geistern oder befragten Verstorbenen kommen, die durch das Medium sprechen. Stellt sich später heraus, dass die Antworten auch nur annähernd richtig waren, ist der Glaube unerschütterlich.

Bei einer der nächsten Sitzungen teilt Abd-ru-shin seiner Gemeinde mit, dass er nach Bayern übersiedeln wird, um dort ein Haus zu kaufen, in dem das Medium seine magnetopathischen Heilkräfte in Anwendung bringen kann. Anna ist bereit, mit ihm umzuziehen und erhofft sich von dem Ortswechsel eine Verbesserung ihrer Ehe. Papa will sich nicht von der Familie trennen und glaubt, dass es mit seiner Ehe besser gehen wird, wenn er, von seinen Saufkumpanen getrennt, in einer großen Gemeinschaft auf dem Lande gesund leben wird. 1923 verlassen die Anhänger Abd-ru-shins Dresden und fahren mit der Bahn nach Bayern, wo man einen vom Medium genau beschriebenen Ort sucht. Sie interessieren sich für das Gut auf dem Hohen-Peißenberg, das zum Kauf angeboten ist. Der Kauf fällt in die Hochinflationszeit, in der die Reichsmark nichts mehr wert ist. Der Besitz soll nur gegen holländische Gulden oder US-Dollar verkauft werden. So entschließt sich Abd-ru-shin, vorübergehend eine Gärtnerei in Penzberg zu mieten, wo die Anhänger des Grals den Winter gemeinsam verbringen. Um Geld für den Hauskauf zu besorgen, fahren Anna und Hermann nach Holland, wo sie den wertvollen Schmuck aus Annas Erbe umtauschen.

Reingard 1940–1945

Als ich drei Jahre alt war, verunglückte mein Vater Wilhelm Lund. Er war Ingenieur in der Abteilung E2 der Flugerprobungsstelle in Rechlin am Müritzsee. Sie konstruierten dort die Tragflächen und das Höhenruder für das Sturzkampfflugzeug Ju 88. Mit diesem Flugzeug musste er Sturzflüge aus 8000 Meter Höhe durchführen. Bei einem dieser Testflüge im Februar 1940 raste er senkrecht in die Erde, vermutlich, weil das Höhenruder klemmte. Sie mussten den Vater drei Meter tief aus der Erde graben. Als die uniformierten Herren kamen, um meiner Mutter die schlimme Nachricht und den Ehering zu überbringen, war herrlicher Sonnenschein und bestes Flugwetter. Auf dem Totenschein stand: »Wilhelm Lund starb den Fliegertod in treuer Pflichterfüllung für Volk und Führer.« Meine Mutter wollte nicht weinen, sie war aber sehr traurig und hat den Vater schmerzlich vermisst. Sie wusste genau, dass er uns beschützt, er war immer bei uns in all den schlimmen Jahren. Mein Vater Wilhelm wurde nur 27 Jahre alt, und ich habe jeden Tag gebetet, dass er wiederkommt.

Nach einer Woche kam unsere Oma aus Hannover angereist und hat sich um alles gekümmert. Meine kleine Schwester Ruthilde war erst vier Monate alt und weinte in ihrem Waschkorb, als ob sie wüsste, dass ihr Vater gestorben war. Die Mutter von meinem Vater haben wir nicht gemocht, weil sie der Meinung war, dass meine Mutter die Rasse verdorben habe.

Mit einem Militärflugzeug, in dem Wilhelms Sarg stand, sind wir nach Bremen geflogen, wo er neben seinem Vater beerdigt wurde. Unser Großvater war mit dem Luftschiff L2 am 16. Oktober 1933 über Johannisthal den »Heldentod« für die große Luftfahrtidee und das Vaterland gestorben. Er war befreundet mit Graf Zeppelin, und

Wilhelm war dessen Patensohn. Bevor mein Vater für die Luftwaffe zu arbeiten anfing, war er in Buchschlag bei Frankfurt tätig, wo er als Navigator auf dem Luftschiff LZ129 »Hindenburg«, bei allen Fahrten nach Nord- und Südamerika eingesetzt wurde. Im Mai 1939 verbrannte dieses Luftschiff in Lakehurst, woraufhin die Luftschifffahrt eingestellt wurde. An der Unglücksfahrt hatte mein Vater deshalb nicht teilgenommen, weil er zu einer militärischen Übung einberufen war. Man hielt das schreckliche Ereignis für einen Sabotageakt, weil das Luftschiff das Hakenkreuz als Hoheitszeichen des Dritten Reiches am Seitensteuer zur Schau trug. Offiziell hieß es, der Absturz sei geschehen, weil bei einer ungünstigen Wetter- und Gewitterlage elektrische Entladungen den Wasserstoff in Brand gesetzt hätten. Meine Eltern kannten die meisten Opfer und waren zutiefst erschüttert darüber, wie die Überlebenden mit ihren Verbrennungen aussahen.

Mutti hatte ein zweisitziges Auto von BMW, bei dem man das Dach zurückschlagen konnte. Sie nannte es »mein Sechserle«, weil es die Nummer III Z 6666 als Kennzeichen hatte. Hinten gab es ein Gepäckfach, welches man aufklappen konnte. Manchmal durfte ich mit meiner Puppe Sabine in dieser Klappe sitzen, weil vorne nur zwei Sitzplätze waren. Wir bewohnten ein spitzgiebeliges Haus mit Garten. Die Häuser in der Siedlung sahen alle gleich aus und wurden von den Angestellten der Erprobungsstelle bewohnt. Viele Lehrer auf dem Luftwaffenstützpunkt Rechlin waren zum Militärdienst eingezogen, und deshalb konnte meine Mutter als Lehrerin dort arbeiten, um uns zu ernähren. Sie gab Unterricht in den Fächern Turnen, Singen und Zeichnen. Oma Julchen machte den Haushalt und spielte mit uns Kindern. Nachdem meine Mutter Witwe war, wurde sie von den Frauen der Erprobungsstelle zu Kaffee und Kuchen eingeladen, oder zum Eissegeln auf dem Müritzsee. Die Eissegler sahen aus wie Segelschiffe, hatten aber anstelle des Bootskörpers Schlittschuhkufen, mit denen sie über den zugefrorenen See rasten. Mutti hatte einen roten Schal, der im Fahrtwind flatterte, so konnte man in der Ferne sehen, auf welchem Segler sie war.

Einer von den Piloten war ein guter Klavierspieler und organisierte Hauskonzerte, bei denen er die Präludien und Fugen aus dem »wohltemperierten Klavier« von Bach vortrug. Zwei Jahre nach dem Tod meines Vaters wurden die Konzerte bei uns abgehalten, weil wir einen Konzertflügel im Wohnzimmer stehen hatten. Meine Mutter spielte Geige und Oma servierte den Gästen belegte Brote und Punsch. Der Kreis der Musikliebhaber wurde immer größer, weil zu den Musikern auch noch Zuhörer hinzukamen. Unser Wohnzimmer war immer voll besetzt mit Herren in Uniform, und eines Tages brachte der Pianist einen Physiker mit, der als Nachrichtenspezialist von der Front kam. Er war sehr groß und schlank, hatte die graue Uniform der Luftwaffe an und musste sich ducken, wenn er durch die Türe wollte. Als das Konzert anfing, nahm er mich auf den Schoß und schenkte mir einen Teddy.

Nachdem alle Besucher gegangen waren, blieb er noch länger sitzen und unterhielt sich mit Oma und Mutti. Wir hörten, dass seine Familie in Wien lebte, er von der russischen Front kam und zwischen Paris und Rechlin hin- und herpendelte. Er hieß Heinrich und erzählte uns, dass seine Eltern sich getrennt hatten und die Mutter wieder verheiratet war. Er zeigte Fotos von seinem Bruder Victor und der kleinen Schwester Verena. Sein Stiefvater Edwin brachte eine Fabrik und viel Geld mit in die Ehe, und seine Mutter Ma interessierte sich für Psychologie und schriftstellerte. Meine Mutter hat gelacht und gesagt: »Was für eine Übereinstimmung, das ist alles bei mir genauso. Meine Eltern haben sich ebenfalls getrennt, und mein Vater ist wieder verheiratet. Meine zwei Schwestern Mara und Erkengard entstammen der ersten Ehe meines Vaters und die zwei Halbbrüder Anton und Hans der zweiten Ehe. Seine Frau Inga ist eine reiche Fabrikerbin und mein Vater interessiert sich für Philosophie, komponiert und schriftstellert.«

Ich wollte von Mutti wissen: »Kann der Onkel Heinrich nicht unser Vater werden?«

Heinrich ist zum Großvater nach Hannover gefahren und hat um die Hand von Elsa angehalten. Der Großvater war einverstanden, dass seine verwitwete Tochter wieder heiratet. Um Heinrichs Familie kennenzulernen, reisten die Verlobten anschließend nach Wien, wo dann auch die standesamtliche Hochzeit im Mai 1943 stattfand. Unser neuer Vater hat zu meiner Mutter gesagt, dass wir den Krieg verlieren werden. Da sie nicht wollte, dass meine kleine Schwester Ruthilde und ich mitbekamen, was er an geheimen Informationen erzählte, wurden wir aus dem Zimmer geschickt und durften nicht zuhören. Zu mir und meiner Schwester war Heinrich sehr liebevoll, Ruthi hat er hoch in die Luft geworfen, und ich bekam immer ein kleines Mitbringsel.

Wegen der Erprobungsstelle waren immer Flugzeuge am Himmel, an den Flugzeuglärm hatten wir uns gewöhnt. Ab 1943 gab es schlechte Nachrichten von der Ostfront, und Rechlin war plötzlich von Fliegerangriffen der Feinde bedroht. Im Wald wurden Bunker gebaut und für die Häuser sogenannte Luftschutzmaßnahmen angeordnet. Ab der Dämmerung sollten wir zur Verdunkelung Decken vor die Fenster hängen, damit uns die Bomber von oben nicht sehen konnten. Immer wenn die Sirene losging, war ein Flugzeugangriff zu erwarten, und wir mussten das Haus verlassen. Meine Mutter hat dann Ruthi und mich in den Kinderwagen gepackt und jedem eine Aluminiumschüssel gegen die Splitterbomben auf den Kopf gesetzt. Über den Kinderwagen wurde eine dunkelgrüne Decke gelegt, damit man uns aus der Luft nicht mehr sehen konnte, das war unsere Tarnkappe. Wir dachten, die feindlichen Tiefflieger würden nur den Flugplatz angreifen, aber bald war klar, dass sie alles jagten, was sich bewegte. Die Oma hatte den Fluchtkoffer in der Hand, in dem Geld, die Pässe und die Sparbücher aufbewahrt wurden, dazu einige Nahrungsmittel und die Milchflasche für Ruthi. Es war der Koffer, mit dem mein Vater im Luftschiff um die ganze Welt geflogen war. Darauf waren Aufkleber aus Rio de Janeiro, Kapstadt, New York und Lakehurst, sowie von Davos und St. Moritz, wo er vor dem Krieg zum Skifahren gewesen war.

Heinrich wollte, dass wir Rechlin für immer verlassen und auf den Gutshof seiner Mutter in den Wienerwald umziehen, wo es genug zu essen und keine Tiefflieger gab. Wir sollten in Sicherheit gebracht werden, weil unsere Mutter schwanger war. Aus dem Haus konnten wir nur so viel mitnehmen, wie wir zu tragen imstande waren, alles andere musste dort bleiben. Mutti hat geweint, weil sie ihren BMW in der Garage lassen musste, es gab kein Benzin. Wegen der wertvollen Guarneri Geige, die der Großvater meiner Mutter zur Hochzeit geschenkt hatte, wurden viele Überlegungen angestellt, schließlich übergaben sie das Instrument einer Nachbarin, die versprach, die Geige bis Kriegsende aufzubewahren. Ruthi und ich erhielten jede einen Rucksack, in den wir unsere schönsten Spielsachen einpacken durften. Ich war fünf Jahre alt und Ruthi drei, als wir mit dem Zug in Richtung Wien auf die Reise gingen. Wir standen stundenlag auf den Bahnhöfen herum, weil die Züge keinen Anschluss hatten, dann fuhren wir in einem abgedunkelten Waggon durch finstere Städte, und manchmal ging es nur im Schritttempo voran. Die Frauen im Abteil unterhielten sich leise über ihre gefallenen Söhne und über die Bombenangriffe in ihrer Stadt. Von St. Pölten wollten wir nach Lilienfeld in den Wienerwald und kamen am nächsten Morgen weiter bis Schrambach. Von dort mussten wir dann zu Fuß das Tal hinaufsteigen. Der Weg war steil und steinig, und meine Mutter hatte Mühe, das Gepäck in einem Leiterwagen den Berg hinaufzuziehen. Schließlich wurde das Tal enger und dunkler, ein Bach rauschte neben dem Weg, und wir waren sehr froh, als wir die Lichter vom Oberhof sehen konnten.

Nach der langen Reise standen wir vor einem großen Bauernhof mit Kuhstall, der von einem Verwalter bewohnt wurde. Er zeigte uns den kleinen Weg hinauf zum Jagdhäusel, in das wir einziehen sollten. Es lag direkt vor dem dunklen Tannenwald, dahinter ging es steil bergab zum Bach. Das Häuschen hatte grüne Fensterläden und war mit Bauernmöbeln eingerichtet, es gab eine gemütliche Sofaecke mit Radio und einem Kachelofen, den die Oma gleich anheizte. Daneben lagen eine kleine Küche und zwei Schlafzimmer mit Betten, die für uns schon frisch bezogen waren. Weil nur drei Betten im Haus standen, mussten Ruthi und ich uns eins teilen. Wir waren müde von der Reise und sind sofort eingeschlafen. Am nächsten Tag hat die Oma mich in aller Herrgottsfrühe mit der Milchkanne hinunter zum Kuhstall geschickt. Im Stall waren Kriegsgefangene aus der Ukraine, die konnten mich nicht verstehen und durften mir keine Milch geben. Ich musste warten, bis der Verwalter mit dem österreichischen Dialekt Zeit hatte, die Milch in die Kanne zu füllen. Wir sollten unser Essen und das Brennholz vom Hof bekommen, aber der Verwalter wollte uns »Altreichsdeitschen« nichts geben, bis Ma, die Mutter von Heinrich, kam und ihn zurechtwies. Sie brachte auch Schinken und Würste mit, die auf dem Gutshof geräuchert wurden. Die Eier sollten Ruthi und ich täglich vom Hühnerhaus holen, für das Essen vom Gutshof mussten wir Lebensmittelmarken abgeben, die Milch war frei. Der Vati kam das Tal herauf, um nach uns zu sehen. Wegen der Bomben war seine Erprobungsstelle nach Vöslau verlegt worden, deshalb konnte er uns manchmal besuchen. Er hatte Jagdwaffen im Schuppen und ging in den Wald, um Wild zu erlegen. Mit einem toten Reh und einem Hasen kam er gegen Abend wieder und nagelte die Tiere mit dem Kopf nach unten an die Schuppentüre. Wir sollten nicht zusehen, als ihnen die Haut abgezogen wurde. Aus dem Hasen machte die Oma einen Braten und das Rehfleisch hat sie in Gläser eingemacht.

Der erste Winter war sehr still und der Schnee lag meterhoch. Morgens musste man die Haustüre freischaufeln und einen Weg hinunter zum Gutshof bahnen. Weil es so kalt und schneereich war, kamen die Rehe und Hasen bei der Futtersuche bis zum Jägerhäusel, und wir konnten sie durch das Fenster beobachten, das war wie im Märchen.

Anfang Dezember sollte unsere Mutter das Baby bekommen und wusste nicht, wie sie zur Entbindung ins Tal hinunterkommen konnte, weil es kein Fahrzeug gab. Ein paar Tage vor dem Geburtstermin ist sie dann, zusammen mit Oma, 18 Kilometer durch den Schnee ins Spital hinuntergegangen und hat sich dort ins Bett gelegt. Als die Oma wieder bei uns ankam, erzählte sie uns, dass es in dem Krankenhaus schmutzig war und viele verwundete Soldaten dort behandelt wurden. In einer dunklen Winternacht, am 8. Dezember

1943, wurde unsere Schwester geboren und alle waren enttäuscht, dass es kein Junge war.

Elsa wollte das Baby Hermine Friederun taufen, Hermine nach Hermann dem Großvater, und Friederun, weil sie sich nach Frieden sehnte. Heinrich wollte, dass sie nach seiner Mutter Anna und nach seiner ersten Freundin Charlotte heißt, die er als Patin erwählt hatte. In der Familie meiner Mutter haben alle Kinder Namen, die der Großvater sich ausgedacht hatte. Er fand die germanischen Namen in der Geschichts- und Sagenforschung und studierte ihre Entstehung und den Wortsinn. Nachdem die Erwachsenen uneins waren, wurde das Baby Anna Friederun getauft und alle waren zufrieden.

Die Sonne kam im Winter nur für eine halbe Stunde über den waldigen Berg, dann wurde es ein bisschen wärmer, die übrige Zeit war es dunkel und frostig. Für das Baby mussten viele Stoffwindeln und Strampelhosen gewaschen werden, die hingen dann über dem Kachelofen. Damit das Neugeborene nicht friert, wollten wir gut einheizen, aber der Verwalter hat uns nicht genug Holz gegeben, obwohl zu dem Gutshof ein bewaldetes Tal gehörte und täglich Baumstämme ins Tal befördert wurden. Der Kriegsgefangene Krischan hat dann jeden Tag einen Korb Holz hinter unser Haus gestellt. Einmal kam er wütend den Berg herauf, weil er gesehen hatte, dass der Verwalter Wasser in unsere Milchkanne gefüllt hatte und oben drauf die Milch. Von da an musste ich immer daneben stehenbleiben, wenn die Milch eingefüllt wurde. Der Vati brachte Skier mit, und wir lernten im Schneepflug den Berg hinunterzufahren. Das war sehr lustig, weil Ruthi und ich immer wieder in den tiefen Schnee gefallen sind. Mit den Skiern wollte ich die wertvolle Milch holen, bin aber mit den Kannen hingefallen und habe sie verschüttet, das war schlimm, und ich habe bitterlich geweint.

Für das elektrische Licht waren wir von einer Turbine abhängig. Mutti ließ mit einem Holzschieber tagsüber das Wasser vom Bach in einen Stausee fließen, und am Abend konnte man mit einem zweiten Schieber das Wasser durch die Turbine leiten, die dann zwei Stunden für Strom sorgte. In dieser Zeit wurde Radio gehört; die Oma wollte Musik und die Mutti vor allem Nachrichten hören. Die restliche Zeit saßen wir bei Kerzenlicht in unserem Jägerhäusel, deshalb sind wir immer früh zu Bett gegangen. Im Herbst und im Frühjahr gab es wilde Föhnstürme, die ganz warm waren und aus dem Süden über den Gebirgskamm bliesen. Bei Föhn rauschte der Tannenwald hinter dem Haus und die Blätter wurden von den Laubbäumen gerissen. Dann kam die Schneeschmelze und ins Traisental das Hochwasser. Es schwemmte Häuser, Vieh und Menschen weg, und man konnte noch Monate danach Stofffetzen und Fensterrahmen hoch über dem Talgrund in den Bäumen hängen sehen. Im zweiten Winter sollte ich nach Schrambach zur Grundschule gehen, das war ein Weg von acht Kilometern, und meine Mutter fand das zu weit und zu gefährlich für ein sechsjähriges Kind. Trotzdem wurde ich eingeschult. Die Kinder und der Lehrer sprachen wienerisch, das war schwer zu verstehen, und deshalb habe ich möglichst wenig gesagt, um nicht aufzufallen. Es gab immer wieder Ausreden, warum ich nicht in die Schule hinuntermusste.

Heinrichs Mutter kam manchmal aus Wien angereist, um auf ihrem Gutshof nach dem Rechten zu sehen. Sie brachte im Rucksack wertvolle Sachen wie Silberbesteck, Schmuck und Geschirr mit, die sie auf dem Dachboden des Jägerhäusels versteckte oder oben im Wald in der Erde vergrub. Für den Rückweg packte sie den Rucksack voll mit Fleisch, Geräuchertem und Eiern, und nahm alles mit nach Wien. Ma war eine strenge Frau mit kurzgeschnittenen kastanienbraunen Haaren, einer scharfen Nase und kalten Augen. Sie war nicht besonders freundlich zu uns. Meine Mutter erklärte es so: »Ma hätte lieber eine reiche Adelige für ihren Sohn gehabt und nicht eine Witwe mit zwei Kindern. Außerdem besetzen wir das Jägerhäusel und sie kann nicht mehr auf ihrem Hof übernachten.«

Unser Baby Anna Friederun, Mas erstes Enkelkind, konnte im Herbst 1944 gerade die ersten Schritte auf ihre Großmama zugehen, als diese hinter dem Haus in einer Bewässerungsrinne umknickte und sich den Fuß brach. Mutti und Oma hatten Mühe, sie mit dem Leiterwagen ins Lilienfelder Spital zu bringen. Dort wurde der Bruch genagelt und eingegipst. Nach einer Woche bekam Ma Fieber, und alle waren in höchster Aufregung, weil sie eine Blutvergiftung hatte. Heinrichs Mutter war von Beruf Psychoanalytikerin und glaubte fest daran, dass das, was man in der Nacht träumt, eine Bedeutung hat. Im Lilienfelder Spital träumte sie von weißen Vögeln, die aus ihrem Käfig herauswollten. Danach war sie überzeugt, bald sterben zu müssen und machte ihr Testament. Heinrichs Stiefvater Edwin kam mit einer Tragbahre nach Lilienfeld, und gemeinsam mit meiner Mutter haben sie die fieberkranke Frau auf einem Viehwagen nach Wien ins Spital transportiert. In dieser Nacht gab es den ersten Großangriff auf die Stadt, und im Krankenhaus mussten sie stundenlang warten, bevor Mas Bein amputiert werden konnte. Sie hatte schreckliche Schmerzen, die sie nicht ertragen konnte, deshalb blieb unsere Mutter an ihrem Bett, bis Heinrich aus Frankreich kommen konnte. Am darauffolgenden Morgen ist sie dann gestorben.

Heinrich suchte lange nach einem geeigneten Platz, um seine Mutter zu beerdigen. Er wollte, dass man vom Grab einen weiten Blick über das Tal auf den Hof hat und dazu ein wenig Abendsonne. Am Waldesrand über dem Jägerhäusel fand er eine geeignete Stelle und fing an, eine tiefe Grube auszuheben, dabei schwitzte er und weinte. Krischan half ihm, den Metallsarg in die Grube hineinzuheben. Edwin und die 14-jährige Verena, Heinrichs kleine Schwester, kamen aus Wien für einen Tag zur Beerdigung auf den Oberhof. Ein schlichtes Holzkreuz wurde auf dem Grabhügel aufgestellt, und wir Kinder legten mit der Oma einen Kranz aus Buchs, Hagebutten, Pfaffenhütchen und Zapfen auf den Erdhügel. Laut Testament war ein Drittel vom Oberhof an Heinrich vererbt worden, dazu diverse Schmuckstücke, die seit Generationen seiner Familie gehörten. Diese packte er in einen Stoffbeutel und gab sie der Mutter zur Aufbewahrung. Eine Smaragdnadel mit Brillanten wollte er als Talisman mit in den Krieg nehmen.

Der Vater berichtete im Frühjahr 1945 Schreckliches vom Zusammenbruch der Ostfront und dem Vormarsch der Russen auf Wien. Er wollte nicht, dass wir auf dem Oberhof wie in einer Mausefalle säßen, wenn die Russen den Berg heraufkämen, also sollten wir zu Fuß den Gutshof in Richtung Westen verlassen. Er schlich bei Nacht in den Wald und verscharrte all seine Jagdwaffen, dann musste er zurück zu seiner Dienststelle. Als ich am anderen Morgen die Milch holen wollte, brüllte der Verwalter: »In Köln sanses olle hi, Recht gschigts eich, gehtses hoam ins Reich, es Altreichsdeitschen!«

Ein paar Tage später wurde zum zweiten Mal das Fluchtgepäck zusammengestellt, diesmal mit drei Kindern und einem Kinderwagen. Wir bekamen einen Brustbeutel umgehängt und sollten uns einprägen, immer in der Nähe von Mutti oder Oma zu bleiben, weil schon Kinder auf der Flucht verlorengegangen waren. Meine Mutter fand es gut, das enge Tal zu verlassen, sie hatte sich dort nie wohlgefühlt, weil die Einheimischen uns nicht mochten. Oma war traurig, dass wir das eingemachte Fleisch nicht mitschleppen konnten und die Nahrungsmittel im Jägerhäusel zurückblieben. Zu Fuß ging es den Berg hinunter nach Lilienfeld, Ruthi mit ihren schwarzen Locken hüpfte lustig vorneweg, und Anna Friederun saß zwischen Windeln und Nahrungsmitteln im Kinderwagen. Oma Julchen sagte: »Wenn einer eine Reise macht, dann kann er was erleben.«

Ostern 1945 standen wir auf dem Bahnhof in St. Pölten und wollten mit dem Zug nach Westen fahren. Es war kalt und Mutti legte uns ihren Pelzmantel um die Schultern. Sie selbst schleppte einen schweren Rucksack vorne und einen auf dem Rücken. Im Arm hielt sie die Schlummerrolle, in der war unser Bettzeug zusammengerollt. Die Oma hatte auch einen großen Rucksack aufgesetzt und musste den Kinderwagen schieben, über dem der Pretiosen-Koffer mit Bindfaden festgebunden war. In dem Koffer waren die Pässe, Sparbücher, Impfausweise, Lebensmittelkarten und Schmuck, damit wir für Essen und Transport bezahlen konnten. Ruthi und ich hatten jede eine Wollmütze und Aluminiumschüssel als Helm auf dem Kopf und unsere Kinderrucksäcke mit Kleidung und Spielzeug auf dem Rücken, aus meinem schaute oben Sabines Puppenkopf heraus. Im Tal trafen wir auf einen langen Zug von Flüchtlingen, die alle nach Westen wollten. Da waren Menschen aus Ungarn in langen Mänteln mit Tressen, Verwirrte aus den Wiener Lazaretten, Leute in Bauerntrachten aus dem Osten und Flüchtlinge, die schon tagelang unterwegs waren und schreckliche Geschichten erzählten. Es gab viele Familien, die einen Leiterwagen oder Kinderwagen für das schwere Gepäck hinter sich herzogen. Immer wieder kamen Militärfahrzeuge an dem Zug vorbei, die hatten noch Benzin, und die Soldaten waren immer hilfsbereit und freundlich.

In Amstetten hatte es kurz zuvor einen Großangriff gegeben, und die Bahnlinie war bombardiert worden, sie sah verheerend aus. Die Eisenbahnschienen standen verbogen in die Luft, und die Oberleitungen hingen zerrissen herunter. Güterwagen waren umgekippt, und es bot sich ein grausiges Bild der Zerstörung. Hier bemerkte ich, dass meine Mutter und die Oma Angst hatten, das fanden wir Kinder unheimlich. In Linz sollten wir umsteigen, als die Sirenen losheulten und wir sofort in den Bunker mussten. Das Gepäck mit dem Kinderwagen blieb auf dem Bahnsteig stehen, weil wir es so schnell nicht die Treppen hinunterschleppen konnten. Es gab Gedränge auf der steilen Treppe in den Luftschutzkeller, der nur spärlich beleuchtet war. Hier saßen viele verängstige Menschen eng beieinander, es roch unangenehm nach Urin, und Anna Friederun fing an zu schreien. Wir sollten uns auf die Rucksäcke setzen, und ich hielt Ruthi fest an der Hand, weil wir solche Angst hatten. Um Anna Friederun zu beruhigen, gab Mutti ihr die Brust unter dem Pelzmantel. Die Oma schnaufte ganz komisch, als die schwere Betontüre geschlossen wurde, und dann ging es los. Man hörte im Bunker, wie die Flugzeuge immer näherkamen, dann gab es eine Explosion nach der anderen, und die Erde bebte.

Ein alter Mann sagte: »Heite ist Hitlers Geburtstag, wir bekommen Presente vom Himmel.«

Nach einiger Zeit ertönte wieder eine Sirene zur Entwarnung, die schweren Hebel der Türe wurden aufgemacht und wir durften hinauf ans Tageslicht steigen. Der ganze Bahnhof stand in Flammen, er war total zerstört und die Häuser rundherum auch. Es sah schrecklich aus, weil der Rauch alles vernebelte und in der Nase und den Augen brannte. Unser Gepäck befand sich immer noch am gleichen Ort auf dem Bahnsteig. Von Linz konnte kein Zug mehr abfahren, deshalb holten wir das Gepäck, und Mutti lief in den zerstörten Ort, um eine Fahrmöglichkeit zu organisieren. Sie hatte mit Heinrich einen Fluchtplan ausgearbeitet und Adressen ausgetauscht, bei denen wir unterkommen konnten. Wir wollten weiter nach Wegscheid bei Passau zu den Eltern eines Kameraden von Heinrich. Unsere Mutter gab Schmuck und Geld, um mit einem alten, klapprigen Laster dorthin zu kommen. Erst wurde die Oma auf die Ladefläche gehoben, dann Ruthi und ich. Plötzlich stürmten die Flüchtlinge, die mit uns im Bunker gesessen hatten, den Wagen und warfen ihre Gepäckstücke auf die Ladefläche. Bevor Mutti mit dem Kinderwagen hinaufklettern konnte, war er überfüllt und fuhr los.

Unsere Mutter lief schreiend hinterher, die Oma schlug mit der Faust auf das Dach des Führerhauses, und wir weinten. Nach 500 Metern wurde der Wagen angehalten, damit die Mutter mit dem Kinderwagen hinterherkommen konnte. Dann packten viele Arme den Wagen und stellten ihn auf den Kopf, sodass Baby Anna fast auf die Straße geplumpst wäre, aber Mutti konnte sie gerade noch auffangen. Dann fuhr der Laster ruckartig wieder los, und unsere Mutter sprang in letzter Sekunde noch auf das Trittbrett, weil auf der Ladefläche kein einziger Platz mehr frei war. Ich konnte sehen, dass sie weinte über so viel Gemeinheit gegen sie und das Baby. Die ganze Fahrt durch die brennende Stadt und über die Landstraße musste Mutti auf dem Trittbrett stehen und hatte Mühe sich festzuhalten, weil die Straßen zerstört waren und wir häufig durch den Acker fuhren. Ich wünschte mich zurück ins stille Tal. Zuletzt ging es dann noch ein ordentliches Stück zu Fuß, bis wir schließlich in Wegscheid ankamen. Von den Bauersleuten, die uns nicht kannten, wurden wir freundlich empfangen, es gab saubere Betten mit Strohsäcken und genug zu essen. Wir fühlten uns in Sicherheit, weil hier keine Bomben fielen.

Unsere Mutter wollte wissen, ob Heinrich mit seiner Dienststelle von Vöslau nach Ried im Innkreis verlegt worden war. Sie lieh sich von den Bauern ein Fahrrad und radelte die 50 Kilometer bis nach Ried, dort traf sie den Vater, der den Befehl hatte, nach Plön in Norddeutschland zu kommen, wohin sich der BdU mit Großadmiral Dönitz Ostern 1945 zurückgezogen hatte. Es blieb ihnen nur ein Tag, um sich zu verabschieden, dann kam unsere Mutter wieder zu uns nach Wegscheid auf den Hof.

Der Heilige Gral 1923–1927

Die Penzberger Gärtnerei war nur ein Übergangsquartier für den Winter. In Bad Heilbrunn finden die Anhänger des Grals schließlich ein geeignetes Objekt, welches Abd-ru-shin zusammen mit Anna und Hermann kauft. Im Frühjahr 1924 ziehen alle gemeinsam in das erste Gralshaus. Das sogenannte Badhaus liegt westlich der Kirche von Bad Heilbrunn und ist ein großes Gebäude mit grünen Fensterläden, welches im oberbayerischen Stil erbaut wurde. Im Hof stehen mehrere Bauten, die als Ställe, Heuschober, Gerätehaus und Hühnerhaus genutzt werden. Außerdem gibt es einen großen Teich, in dem die Enten und Gänse schwimmen können. Daran schließt sich der Obstgarten an mit vielen alten Apfelbäumen, die eine Laube überschatten, in der Lesungen abgehalten werden und manchmal auch die Schulstunden der Kinder. Zu dem Anwesen gehören zwölf Kühe, drei Pferde, sechs Schweine, einige Ziegen und ein Hühnerhaus, in dem eine wechselnd große Zahl von Hühnern gezüchtet wird. Die Hähnchen verschwinden im Suppentopf, die Legehennen werden behalten, um für die vielen Menschen im Haus ausreichend Eier zu bekommen. Hier beginnt für die beiden Kinder Heinrich und Victor eine unbeschwerte Zeit auf dem Lande. Abd-ru-shin, der mit dem Medium Maria Freia verheiratet ist, hat einen Sohn, Axel, der ein Jahr jünger ist als Heinrich und eine Tochter, Irmgard, die genauso alt ist wie Victor. Für die Kinder wird ein Hauslehrer angestellt, der Reinhold Ebertin heißt und der Sohn der Astrologin Kaiser Wilhelms II. ist. Die Buben nennen ihn Erbse, er befasst sich mit Astrologie und berechnet täglich sein Horoskop. Entscheidend ist, ob er gute oder schlechte Strömungen für den kommenden Tag vorausberechnet hat, ausschließlich sie bestimmen seinen Tagesablauf.

Der neue Hauslehrer gibt sich redlich Mühe, den Buben etwas beizubringen, um den regulären Unterricht zu ersetzen. Er ist immer korrekt gekleidet und trägt zum Anzug eine Weste, aus deren Brusttasche eine goldene Uhrenkette heraushängt. Er ist ein kleiner Mann und Heinrich ist ihm bereits über den Kopf gewachsen.

Der 14-jährige Heinrich hat eine sehr hohe Stirn und eine schmale Nase, er trägt die blonden Haare zur Seite gescheitelt, und seine Augen sind häufig entzündet, weil er allergisch ist auf die Baumblüte im Frühjahr und das Heu im Sommer. Dann plagt ihn der Schnupfen, und er bekommt so schlimmes Asthma, dass er im Zimmer liegen bleiben muss. Victor ist stämmig geworden, seine braunen Locken werden mit Wasser zur Seite geglättet, und er ist immer fröhlich und zu Streichen aufgelegt. Alle haben ihn gerne, weil er sehr charmant sein kann.

Ma besorgt für die Brüder schwarze Lederhosen und Hosenträger, auf denen blauer Enzian aufgestickt ist, dazu tragen sie weite weiße Hemden und weiße Socken in Haferlschuhen. Die Sonntagsjoppe ist aus Loden mit Hirschhornknöpfen und grüner Stickerei. Sie selbst kauft sich ein blau-weißes Dirndl und einen schwarzen Trachtenmantel mit Knöpfen aus Maria Theresia Talern. Zu dritt, Abd-ru-shins Sohn ist immer dabei, sollen die Jugendlichen in der Landwirtschaft mithelfen. Zu ihren Pflichten gehört es, die Tiere zu füttern, das Heu hereinzuholen, die Gemüsebeete zu hacken und von Unkraut zu befreien. Es gibt Obst zu ernten und Ställe auszumisten.

Allmählich kommen immer mehr Gäste in das Gralshaus. Es sind die Anhänger Abd-ru-shins, Erholungssuchende und unheilbar Kranke, die, von der Schulmedizin aufgegeben, sich Trost und Hilfe durch das Medium erhoffen. Dem Medium werden sogenannte magnetopathische Fähigkeiten nachgesagt, mit deren Hilfe es ihm angeblich gelingt, die körpereigenen Abwehrkräfte zu mobilisieren, nervöse Störungen zu beseitigen und den Kranken Mut zu machen. Die Behandlung erfolgt durch Auflegen der Hände des Mediums auf die erkrankten Stellen des Körpers. Es gibt drei Arten von hilfesuchenden Kranken: Die ersten sind solche, die jahrelang bei zahllosen Ärzten vergeblich Heilung suchten und nicht wirklich an den Magnetopathen glauben. Sie kommen aus Verzweiflung und bitten um Entschuldigung für diesen Schritt, der ihrer eigentlich nicht würdig ist. Wenn ihnen geholfen wird, dann sind es dankbare Patienten. Die zweiten glauben fest an den Heilmagnetismus und erwarten Wunder. Sind diese Patienten nicht nach ein bis zwei Wochen Behandlung von langjähriger Erkrankung geheilt, so sind sie persönlich beleidigt und sprechen von Schwindelmethoden. Die dritten Patienten sind der Überzeugung, dass die Natur sich selbst hilft. Sie erwarten eine Unterstützung ihrer eigenen Naturkräfte, um die Krankheit zu überwinden. Der Gesundungswille und die innere Einstellung spielen eine große Rolle. Jede Heilung braucht ihre Zeit und diese Zeit bekommen sie im Gralshaus, zudem werden die Kranken mit frischer Luft, gutem Essen und persönlicher Zuwendung verwöhnt. Viele Patienten haben psychische Störungen wegen irgendwelcher Kriegserlebnisse, die zu körperlichen Krankheiten und Schmerzen führten. Diesen Patienten kann meist geholfen werden. Man hört ihnen geduldig zu und ermuntert sie, oder das Medium versetzte sie in Tiefschlaf, aus dem sie gestärkt erwachen. Einer der ersten Gäste ist ein brasilianischer Großgrundbesitzer deutscher Abstammung, der vom Pferd gefallen ist und sich dabei den Kiefer gebrochen hat. In die offene Wunde gelangten Erreger aus dem Urwaldmorast und verursachten eine schleichende Sepsis, von der er durch das Medium geheilt werden wollte. Die Behandlung bleibt erfolglos, er ist der erste, der im Gralshaus stirbt. Im Laufe der Zeit kommen viele Schwerstkranke ins Gralshaus, von denen einige sterben. Für den Totenschein wird dann der Arzt aus dem Bad Heilbrunner Sanatorium geholt.

Anna hat sich innerhalb des ersten Jahres mit einigen Leuten aus der Umgebung angefreundet, unter anderem mit dem Grafen Thun. Der Graf hat aus Ostpreußen einen Wolf mitgebracht und mit seinem Schäferhund gekreuzt. Da er mehrere solcher Wolfshunde hat, bringt er einen als Geschenk mit. Im Gralshaus gibt es bereits einen Rauhaardackel, den die Buben Filou getauft haben. Für beide Hunde wird ein Zwinger gebaut, aus dem der Wolf sofort ausbricht, um im Wald zu wildern. Der Zaun wird daraufhin auf zwei Meter erhöht, aber Filou kann sich darunter durchgraben, und schon ist er um die Scheunenecke verschwunden. Heinrich will wissen, was der Hund vorhat und folgt ihm bis zu einer Bushaltestelle. Als der Bus kommt, springt Filou wie selbstverständlich in die geöffnete Türe, und Heinrich hat Mühe, hinterherzukommen. Der Busfahrer kennt den Dackel und weiß, wann er aussteigen will. Dann läuft der Hund schnurgerade in den nächsten Gasthof, um in der Küche ein leckeres Essen zu verzehren. Nach der Mahlzeit saust er mit fliegenden Ohren wieder zur Bushaltestelle und reist zurück ins Gralshaus. Zusammen mit dem Wolf rennt Filou hinter den flatternden Gänsen her und schnappt nach deren langem Hals. Der Wolf tut es ihm gleich, und die Gans ist sofort tot. Von da an kann man den Wolfshund nur noch mit Maulkorb und Leine aus dem Zwinger lassen.

Hermann nimmt die drei Buben mit auf die Jagd, um ihnen den Umgang mit dem Gewehr beizubringen. Er ist streng, und wenn einer die Waffe nicht richtig hält, stößt er dem Kind den Gewehrkolben in die Rippen. Er macht ihnen klar, dass jeder Fehler mit der Waffe für sie selbst oder einen anderen tödlich sein kann. Vor dem Reinigen und Ölen der Gewehre müssen sie sich vergewissern, dass keine Patrone mehr im Magazin ist und selbst dann dürfen sie den Lauf nur reinigen, wenn sie ihn gegen eine Wand richten. Nachdem sie ein Reh geschossen haben, sollen sie es waidmännisch aus der Decke schlagen und das Fell dem Fuchs überlassen. Im Herbst unterrichtet er sie, welche Pilze man essen kann und welche sie stehen lassen sollen. Die Pilze werden in dünne Scheiben geschnitten, auf Fäden gezogen und über dem Kachelofen gedörrt. Für die Patienten sammeln die Jugendlichen Heilpflanzen, die getrocknet in Form von Tees verabreicht werden. Sie fangen Käfer und Schmetterlinge mit dem Netz, bringen sie in einer Botanisiertrommel nach Hause und töten sie mit Chloroform. Mit einer Nadel werden die Prachtexemplare auf ein bezogenes Brettchen gespießt und im Treppenhaus aufgehängt. Besonders interessant sind die Experimente mit einem großen Waldameisenhaufen, in den sie den Kopf eines geschossenen Rehs hineinwerfen, um zu warten, bis er nach ein paar Tagen feinsäuberlich abgefressen ist. Dann wird das Geweih auf ein Holzbrett geschraubt und aufgehängt.

Die Jugendlichen werden zu Erntearbeiten geschickt, um Geld zu verdienen. Einmal sind sie für mehrere Tage auf einem herrschaftlichen Gutshof zur Arbeit eingeteilt und wenden den ganzen Tag das Heu, welches sie anschließend auf den Heuwagen werfen. Am Abend führt der Gutsbesitzer sie in einen großen Saal, an dessen Decke Freimaurerembleme eingeschnitzt sind.

Nach der schweren Arbeit in der Sommerhitze sind sie todmüde und schlafen schnell ein. In der Nacht wird Heinrich von einem Geräusch geweckt und sieht seinen Bruder am Fenster auf einem alten Eichentisch stehen. Durch das Fenster scheint der Vollmond und Victor steht, mit dem Bettzeug in der Hand, schlafend im Mondschein. Als Heinrich ihn berührt, steigt er vom Tisch und pinkelt in seinen Schuh, danach geht er wie von Geisterhand geführt zurück in sein Bett.

Als die Jugendlichen wieder im Gralshaus ankommen und Heinrich das verdiente Geld auf den Tisch legt, möchte Ma die Söhne alleine sprechen. Sie teilt ihnen mit, dass der Vater in der Nacht für immer fortgegangen sei und sie sich in aller Stille hätten scheiden lassen. Heinrich kann nicht glauben, dass sein Vater einfach weggeht, ohne sich von ihm zu verabschieden, ohne ein Wort oder eine Erklärung. Nachdem einige Tage vergangen sind und keiner weiß, wo Hermann sich aufhält oder wo man ihn erreichen kann, steigt in Heinrich bitterer Groll gegen ihn hoch. Nach weiteren Wochen ohne Nachricht glaubt er sich damit abfinden zu müssen, dass der Vater ihn nie wirklich geliebt hat. Papa ist für ihn endgültig gestorben.

Seit der Vater verschwunden ist, sind die Kinder dem Einfluss von Abd-ru-shin vermehrt ausgesetzt, er ist nun der unumschränkte

Herr im Gralshaus. Oskar Ernst Bernhardt ist eine eindrucksvolle Persönlichkeit, der man sich nicht so leicht entziehen kann, obwohl er klein und schmächtig ist. Er hat ein bartloses glattes Gesicht, kurz geschnittene Haare und eine hohe Stirn. Seine Nase ist schmal, sein Mund schmallippig und seine Ohren liegen eng am Kopf an. Am auffallendsten sind die dunklen Augen, was durch die Farblosigkeit der Augenbrauen noch hervorgehoben wird. Sein Blick hat etwas eindringlich Zwingendes, ist aber nicht unfreundlich. Die Anhänger der Gralsbewegung bewundern ihn sehr, er ist aber auch starken Anfeindungen ausgesetzt, weil Außenstehende ihm seine lauteren Absichten nicht abnehmen. Viele seiner Ansichten entsprechen dem Zeitgeist, das Gralssymbol ist seine Energiequelle.

Jeden Sonntag findet in einem geweihten Andachtsraum eine Lesung statt, zu der sich die Gralsgemeinde trifft. Auf dem Altar steht ein Kelch als Symbol des Heiligen Grals, über ihm hängt das gleichschenklige Kreuz der Gralsritter. An den Festtagen gibt es einen Initiationsritus, bei dem Kreuzträger in die Gralsgemeinde aufgenommen werden. Sie erhalten ein silbernes Gralskreuz, das er oder sie als Zeichen tragen darf, danach wird das Mahl in Form von Brot und Wein gereicht. Die Gralsritter tragen Umhänge, die Frauen weiße Kleider.

Abd-ru-shin beschließt, Heinrich zum Adjutant seiner Leibwache erziehen zu lassen, er soll endlich die Ausbildung zum Gralsritter erhalten. Ein Schneider misst dem hochgeschossenen Jungen eine Uniform an mit weißer Hose, weißer Jacke und einem weiten weißen Umhang. In diesem Kostüm wird er dann von einem Maler in Öl auf Leinwand gemalt und das fertige Bild im Speisesaal des Gralshauses aufgehängt. Ein pensionierter Oberst wird engagiert, um ihm eine militärische Ausbildung angedeihen zu lassen. Oberst Henkel war im Ersten Weltkrieg Kommandant der Festung Reva am Gardasee. Jetzt soll er mit fester Hand Heinrichs Erziehung übernehmen. Der Oberst hat einen hohen schmalen Kopf, an dem die grauen Haare bis über die Ohren ausrasiert sind. Seine Kleidung besteht aus einem englischen Tweed-Jackett, zu dem er weite Überfallhosen und schwarze Lederstiefel trägt. Wenn er Heinrich beim

Unterricht gegenübersitzt, zwirbelt er seine buschigen rotbraunen Augenbrauen wie andere ihren Bart. Er hat eine Reitgerte, mit der er gegen die Schaftstiefel schlägt. Oberst Henkel wirkt streng und Ehrfurcht gebietend. Als erstes ordnet er an, dass der Junge mit »Sie« anzureden ist. Sein Unterricht umfasst alle wichtigen Militärdisziplinen, vom Festungsbau bis zur Selbstverteidigung. Das Überlebenstraining findet im Gebirge statt, während Kartenlesen und Kartenzeichnen nebst Astronomie im Gralshaus unterrichtet werden. Der Oberst hat einen Araberhengst mitgebracht, auf dem er jeden Morgen ausreitet. Für Heinrich wird eine alte Haflingerstute gesattelt, mit der er Mühe hat, dem Oberst zu folgen, der auf seinem Ross Bäche durchquert und unverhofft über Baumstämme springt. Einen erklärenden Reitunterricht hält der Oberst für unnötig, man lernt reiten, indem man nicht vom Pferd fällt.

Den Unterschied zwischen Florett-, Säbel- und Degenfechten bringt er dem jungen Ritter nicht etwa im Fechtsaal bei, sondern zur körperlichen Ertüchtigung auf einer Moorwiese, auf der es schwierig ist, die Balance zu halten. Die Fechtstunde beginnt mit 40 Kniebeugen, egal ob die Sonne herabsticht, es regnet oder schneit. Mit befehlsgewohnter Stimme kommandiert der Oberst: »Ich lade in Sekond zum Stoß auf die oberen inneren Blößen ein, Sie führen den Stoß aus, ich pariere mit Quint und leite ihn am Brustbein vorbei ab. Sie laden in Sixt zum Stoß auf die inneren Blößen ein, ich greife auf die Brust an, dies wird mit Quart pariert. Die Florettspitze wird nach unten innen abgefälscht, und immer locker in den Knien.« Das Avisieren und Retirieren auf dem weichen Boden ist sehr anstrengend und wenn Heinrich die Hand nicht richtig gedeckt hat, dann schlägt ihm der Oberst mit dem Säbel auf die ungeschützte Hand. Am Ende jeder Fechtstunde gibt es wieder Kniebeugen und einen Muskelkater.

Der Oberst weiß seinen Unterricht höchst interessant zu gestalten. Er vermag Heinrichs Interesse für Geschichte zu wecken und verpackt den trockenen Stoff in lustige Anekdoten, die der Schüler sich gut merken kann. Geschichte ist die Passion des Oberst und eingeteilt in einen profanen und einen sakralen Teil. Der profane besteht aus Kriegen, bei denen man sich die Taktik des Siegers neben der Jahreszahl zu merken hat, der sakrale Teil besteht aus Religionsstiftern, Königen und Kaisern von Gottes Gnaden, bei denen neben der Taktik, sich an der Macht zu halten, das Genie, der göttliche Funke auszumachen ist. Genie, Ruhm und Größe sind für den Oberst mit der Suche nach etwas Absolutem verbunden.

Otto I., Deutscher Kaiser, König und Kaiser des Heiligen Römischen Reiches Deutscher Nation, wird zum zentralen Lehrbeispiel für Heinrich. Otto I. war der Anreger der um 1200 folgenden Hochblüte der ritterlichen Dichtkunst. Oberst Henkel hat die Aufgabe übernommen, Heinrich zum Gralsritter zu erziehen, also liest er mit dem Jungen Wolfram von Eschenbachs »Parzival«. Sie vergleichen ihn mit Wagners »Parzival« und Abd-ru-shins Auslegung der Sage. Der Oberst macht deutlich, wie sehr die Heldenlieder und Sagen der »guten alten Zeit« das deutsche Volk und dessen Geschichte beeinflusst haben. Nicht Siegfried gehört seine Sympathie, sondern Hagen, dem geraden Recken, nicht Parzival, sondern Lanzelot, dem treuen Gefolgsmann seines Königs.

Im Winter, wenn keine Erntearbeiten zu machen sind, sitzen die Jugendlichen der Gralsgemeinde im Speisesaal und nehmen am Unterricht teil. Der Oberst erzählt ihnen von den Kreuzzügen ins Heilige Land und dem Orden der Tempelritter. Bei den Kreuzzügen erwarben sich die Ritter den Ruf, fanatische Kämpfer von tollkühnem Mut und unglaublicher Überheblichkeit zu sein. Im Laufe der Jahrhunderte wurden sie zu einer einflussreichen Macht von internationalem Rang, bis König Philipp IV. der Schöne von Frankreich sie verfolgen und ermorden ließ.

»Sämtliche Aufzeichnungen und Dokumente des Ordens, nebst dem sagenhaften Schatz der Templer waren für immer verschwunden. Nach der Überlieferung«, sagt der Oberst, »waren die Tempelritter die Hüter des Heiligen Grals.« Abd-ru-shin hat für seine Gralsgemeinschaft von den Tempelrittern und den Freimaurern vieles übernommen, diese haben etwas Geheimnisumwittertes, während der Gral für Heinrich banale Wirklichkeit ist.

Die Gralsgemeinde stellt wegen der vielen Patienten ein Dienstmädchen ein, das unerwartet Drillinge zur Welt bringt. Die Babys sind kaum größer als Mäuse und können nicht am Leben erhalten werden. Ein paar Tage später hängt das Dienstmädchen tot am Fensterkreuz ihres Zimmers. Dies führt zu einer Überprüfung durch die Behörden. Die Polizei beunruhigt die Patienten, und die Befragung durch die Gesundheitsbehörde ist störend für die Kranken. Schließlich soll dem Gralshaus die Berechtigung entzogen werden, Patienten aufzunehmen und zu verköstigen. In dieser Zwangssituation entscheidet sich Abd-ru-shin, das Gralshaus in Bad Heilbrunn aufzugeben. Auf der Suche nach einem neuen Wohnsitz wird der Gral in Igls bei Innsbruck fündig. Wieder erwerben sie ein geräumiges Bauernhaus, und die Gralsgemeinde zieht zusammen mit den Patienten nach Österreich um, nur Erbse, der Hauslehrer, kommt nicht mit.

Igls liegt nördlich von Innsbruck, nicht weit vom Brenner vor dem Patscherkofel, ist also vom Gebirge umgeben. Die Mutter kauft für ihre Söhne Bergstiefel, Kletterseil und Pickel und zeigt ihnen an einer einfachen Felswand, wie man sich gegenseitig sichert. Heinrich und Victor finden hier zu einer besonderen Kameradschaft zusammen. Zu zweit klettern sie schwierig zu besteigende Felswände immer höher hinauf und stellen dabei fest, dass sie sich aufeinander verlassen können. Ma hat zwar Angst um ihre beiden Kinder und steht oft wartend vor dem Haus, bis sie wiederkommen, aber sie lässt ihnen die Freiheit, ihre Kräfte am Fels zu messen. Sie bringen der Mutter Edelweiß, Enzian und Almrausch mit, die Ma liebevoll zwischen Löschblättern presst und aufbewahrt.

In der Nähe von Igls liegt der Lanser See, eine Gletschermulde mit moorigem Ufer. Hierher gehen die Buben, um zu baden und in den Monaten ohne »r« fangen sie Krebse mit der bloßen Hand. Heinrich sitzt häufig am Rand des Sees und schaut den Libellen zu, die sich der Schwerkraft widersetzend in der Luft stehen bleiben können. Bei der Überlegung, welche Drehung der Flügel dies ermöglicht, wird er von Oberst Henkel aufgespürt. Er muss aufstehen, weil es ungehörig ist zu sitzen, wenn der Oberst steht, und dieser scheint keine Anstalten zu machen, sich ins feuchte Moor niederzulassen. Er tippt vielmehr mit seiner Reitgerte ins Wasser und erzeugt Kreise auf der spiegelnden Oberfläche. So stehen sie einige Zeit schweigend nebeneinander und blicken hinüber zum anderen Ufer, in dem sich die Berge spiegeln. Mit einer weitausholenden Bewegung deutet der Oberst auf den stillen See vor ihnen und sagt: »Dies ist eine wahrhaft arkadische Landschaft. Wie würden Sie Vergils ›Et in arcadia ego‹ übersetzen? ›Auch in Arkadien war ich‹, das wäre zumindest eine Version, dann bezöge sich das ›et‹ auf ›Arkadia‹. Bezieht man das ›et‹ auf ›ego‹, dann entsteht ein anderer Sinn, es müsste dann heißen: ›Auch ich war in Arkadien‹, ich war einmal glücklich, das ist aber unwiederbringlich vorbei. Denkt daran, dass auch Euer Glück ein Ende nimmt.«

Heinrich tritt zurück, was soll er dazu sagen, er hat keinen Lateinunterricht. Er mag es nicht, wenn die Erwachsenen beim Anblick einer Landschaft sentimental werden. Da packt ihn der Oberst an der Schulter und fährt fort: »In den Metamorphosen erzählt Ovid, dass in Arkadien auf dem Peleponnes der Fluss Alpheios entspringt. Er durchfließt das Mittelmeer und taucht bei der Quelle Arethusa in Syrakus auf Sizilien wieder auf. Der Lanser See ist ein Quellensee und erinnert mich stets an den Alpheios, dessen Name von Alpha kommt, welches, wie Sie wissen, Anfang und Quelle bedeutet. Sie müssen das symbolisch sehen, wie ein wunderbares Bild: Eine Sache oder ein Gedanke kann lange Zeit verschwunden sein, bis er an einer völlig anderen Stelle unerwartet wieder auftaucht. Der Alpheios symbolisiert ein hermetisches Denken und reales Wissen, eine Art Geheimlehre, die über die Jahrhunderte hinweg von Generation zu Generation weitergegeben wird, deshalb nennt man ihn den verborgenen Strom, können Sie mir folgen?« Heinrich sieht ihn an und nickt: »Sie wollen mir sagen, dass Abd-ru-shin altes Wissen neu erzählt hat und der Gral sowas wie die Quelle Arethusa ist«. »So ist es gemeint.« Und er fährt fort: »Können Sie sich vorstellen, dass hinter diesem Gebirge das Mittelmeer liegt? Können Sie sich weiter vorstellen und es vor Ihrem inneren geistigen Auge zum Bild werden lassen, dass Sie über dieses Gebirge fliegen und drüben am Ufer des Meeres landen?« Heinrich nickt. Und sagt: »Ich war noch nie am Meer, aber ich habe beim Klettern weit über die Berge gesehen und kann mir vorstellen, in Gedanken zu fliegen.«

»Dann kennen Sie Ihre Seele und anerkennen ihre getrennte Existenz von aller Leiblichkeit? Das seelische Ich ist etwas Selbstständiges, es untersteht weder den irdischen Gesetzen noch kann es sterben, es ist nicht zeitlich und nicht dimensional. Die irdische Wahrheit dagegen ist an Raum und Zeit und Kausalität gebunden. Deshalb ist es für das ungebundene seelische Ich eine Kleinigkeit, aus der Wahrheit auszusteigen und zu lügen. Dieser Stein lügt nicht, dieser Baum lügt nicht, die Materie ist immer wahrhaftig. Nur das seelische Ich kann über Berge fliegen und ebenso aus der Wahrheit aussteigen, um zu lügen: Die Wahrheit ist nur überprüfbar in einer Welt, in der es Raum-Zeit-Bezüge gibt. In dem Augenblick aber, in dem die Seele den Körper verlässt, verlässt sie auch die Überprüfbarkeit, und dann kann es keine Wahrheit mehr geben. Jenseits von Gut und Böse, von Wahr und Unwahr, jenseits der Vorstellungswelt kann nur unsere lautere Seele existieren. Dort, wo unsere Vorstellung aufhört, beginnt ein neuer Raum, nenn ihn Jenseits, nenn ihn Gral oder Gott.«

Heinrich fühlt sich an die Sagenfigur des Zauberers Merlin erinnert. Merlin war derjenige gewesen, der in dem alten Mythos die Rationalität verlassen hatte und dem Menschen vor Augen führen wollte, dass sie nur dann mit der Natur in Einklang leben können, wenn sie ebenso wahrhaftig werden wie ein Stein oder eine Ameise. Merlin hatte über das Ideal der Griechen nachgedacht, die im Körper den einzigen und edelsten Ausdruck der Seele sahen, oder über die Christen, denen der Körper ein teuflisches Gefäß der Lust und des Bösen wurde, gegen den man ein Leben lang kämpfen musste. Merlin hatte sich verabschiedet, und als man ihn fragte, wohin der Weise nun gehen würde, hatte er geantwortet: dahin, wo die Steine liegen und die Blätter hinkommen, wenn sie im Herbst von den Bäumen fallen. Dahin, wo der Sinn der Welt ruht, den wir nicht kennen.

Der Gral befasst sich zu dieser Zeit mit alchemistischen Experimenten. Man glaubte, dass das Medium nach Anweisung eines der Geister Gold herstellen kann. Zu diesem Zweck werden die Jugendlichen in die Berge geschickt, um die entsprechenden Steine zu suchen. Die Suche konzentriert sich auf die Umgebung der Hütte am Enziananger. Unter Anleitung eines Ingenieurs von Siemens sprengen sie Steine aus dem Felsen, anschließend wird das Gestein behauen und eingepackt. Dabei stoßen sie auf große Bergkristalle und entwickeln bald ein Gespür dafür, wo kristallines Gestein zu finden ist. Nach einem langen Tag sitzen sie alle zusammen in der Hütte und essen das mitgebrachte Abendbrot. Die Jugendlichen sind müde von der schweren Arbeit und dösen vor sich hin, während Ma sich mit dem Ingenieur über spiritistische Angelegenheiten unterhält. Über ihr hängt ein großes eisernes Kruzifix an der Wand. Mitten in der Unterhaltung springt der Ingenieur plötzlich auf und sagt zu Ma, sie solle ihren Platz augenblicklich verlassen. Das tut sie widerstrebend, und gleich darauf löst sich der Haken aus der Wand und das Kruzifix fällt herunter, genau auf den Platz, an dem sie eben noch gesessen hat. Die Buben erschrecken fürchterlich, und als sie das Kreuz aufheben, stellen sie fest, dass es schwer ist, so schwer, dass es die Mutter hätte erschlagen können. Am anderen Morgen schleppen sie die mit Steinen schwer beladenen Rucksäcke hinunter ins Gralshaus. Dort werden die Steine zerkleinert und in einer Gesteinsmühle zermahlen. Auf diese Weise erhält man ein feines Pulver, das zusammen mit Sprengpulver in einen Sprengtiegel gefüllt und dann gezündet wird. Das ist ein großer Spaß. Unter Einwirkung der Hitze und des Drucks entstehen reizvolle Gebilde von verklumptem Metall, welches im Steinmehl enthalten war. Die gewünschten Goldstücke sind es nicht.

Die Brüder haben sich bereits Gedanken gemacht über das Medium und den ganzen »Hokuspokus«. Sie beobachten alles sehr genau und werden immer kritischer gegenüber deren Vorhersagen. Sie finden heraus, dass die Weissagungen, wenn sie geschickt formuliert sind, zufällige Bestätigungen finden. Bei klaren Anweisungen dagegen, wie im Fall der alchemistischen Experimente, versagen die Prognosen. Beziehen sich die Vorhersagen auf menschliche Probleme oder die zu erwartende Zukunft, dann besteht die Gefahr, dass man von der Weissagung beeinflusst handelt und sie damit bestätigt. So hat es sich im Fall von Ma verhalten, der das Medium einen Umzug nach Süden prophezeit hatte und den Kauf eines Grundstücks. Der Umzug fand statt, weil sie mit der Prophetin zog, die nach Bayern wollte, das Grundstück wurde ebenfalls unter ihrem Einfluss erworben, und ob es der Grundstein zu Mas Glück werden würde, war noch fraglich. Die Trennung von Pa war auch für medial weniger Begabte vorhersehbar.

Während das Verhältnis der Jugendlichen zu Abd-ru-shin und dem Medium immer kritischer wird, wird Heinrichs Verhältnis zu seinem Lehrer Oberst Henkel enger. Er weiß, dass dieser ihn wirklich liebt und seine Zuneigung übt auf ihn, den oft Enttäuschten, eine starke Anziehungskraft aus und motiviert ihn dazu, erwachsen zu werden und Verantwortung zu übernehmen. Im Laufe der Zeit wird immer klarer, dass Abd-ru-shin sich für die Reinkarnation von Parzival hält, mit dem Auftrag, die Schöpfung zu reinigen. Die Mitglieder der Gralsgemeinde stellen ihr ganzes Vermögen in den Dienst des Grals, der einen unersättlichen Bedarf an Geld hat und neben den Einkünften aus dem Sanatorium auch das private Vermögen seiner Mitglieder verbraucht. Es gibt zunehmend Auseinandersetzungen zwischen Ma und Abd-ru-shin, weil sie ihn nicht für göttlich hält und mitverantwortlich ist für Praktiken des Grals, hinter denen sie nicht steht. Sie hat ihr ganzes Geld in das Gralshaus in Bad Heilbrunn gesteckt und sich von Abd-ru-shin abhängig gemacht. Dieser hat das Interesse an ihr verloren, weil sie inzwischen mittellos ist. Dann muss sie mit ansehen, wie immer neue Gläubige ihren ganzen Besitz dem heiligen Mann zu treuen Händen übergeben.

Der Aufenthalt in Igls geht nach zwei Jahren zu Ende, wieder gibt es Ärger mit den Behörden, deshalb ziehen sie um in ein Haus oberhalb der Bahnstation von Tutzing am Starnberger See. Das große alte Haus ist wunderbar gelegen, mit Blick auf den See und die Berge. Schon nach kurzer Zeit strömen die Todkranken ins Gralshaus, um sich vom Medium die Hände auflegen zu lassen. Gleich in den ersten Tagen kommt eine Baronin, die an schrecklichen Unterleibsschmerzen und Blähungen leidet. Sie läuft laut stöhnend durchs Haus, und gibt auch in der Nacht keine Ruhe, sodass sich alle gestört fühlen. Solange das Medium die Hände auf ihren Bauch legt, werden die Schmerzen merklich besser und die Patientin kommt zur Ruhe; sobald Maria Freya ihre Hände wegnimmt, quält sich die arme Frau erneut und beginnt umso lauter zu jammern und zu stöhnen. Nach einer Woche wird sie merklich schwächer und stirbt in den Armen des Mediums.

Einige Patienten haben derart schlimme Schmerzen, dass man ihnen Morphium geben muss, um die Qualen zu erleichtern. Ma findet es bedenklich, dass das Medium ohne ärztliche Überwachung praktiziert, weil dadurch die Gefahr besteht, dass auch Krankheiten, die durch eine Operation heilbar sind, nicht rechtzeitig erkannt werden und somit zum Tode führen. Ma, die sich seit Jahren aufopfernd um die Hilfesuchenden im Gralshaus kümmert, möchte herausfinden, ob sie selbst mediale Fähigkeiten besitzt. Sie sucht Hilfe in München und trifft einen Psychologen, der ihr beibringt, anhand der Schrift Rückschlüsse auf den Charakter eines Menschen zu ziehen. Daraufhin macht sie eine Ausbildung zur Graphologin. Daneben beginnt sie mit Exerzitien, um ihre medialen Fähigkeiten zu entwickeln. Im Gralshaus gibt es genügend Patienten, an denen sie ihre Fähigkeiten testen kann. Sie hört sich geduldig die Sorgen und Probleme der Kranken an und kann Bilder sehen, aus denen sich Lösungsansätze ergeben. Ein Medium wird sie aber nicht.

Eines Tages teilt Anna Abd-ru-shin mit, dass sie den Gral verlassen will und verlangt die Summe zurück, die sie für das Bad Heilbrunner Haus gegeben hat. Abd-ru-shin will darauf nicht eingehen und die beiden geraten in eine heftige Auseinandersetzung, bei der Abd-ru-shin sie zuletzt verflucht. Ma sagt danach zu ihren Söhnen: »Erst hatte ich das Geld und er die Erfahrung, jetzt hat er das Geld und ich die Erfahrung.«

Im Frühjahr 1927 packt Ma ihre Sachen und nimmt Victor mit nach München, Heinrich lässt sie im Gralshaus zurück. Für den 17-Jährigen ist unklar, ob Abd-ru-shin ihn nicht herausgibt, oder Victor der Mutter nähersteht. Oberst Henkel bekommt eine gut bezahlte Stelle in Italien angeboten und verabschiedet sich von Heinrich. Die unbeschwerten Jahre im Gralshaus sind schlagartig zu Ende, und der Jugendliche vermisst seinen alten Mentor. Er hat den Eindruck, dass Abd-ru-shins Fluch nicht Ma, sondern ihn getroffen hat. Das grausame Gefühl, immer wieder von den Menschen verlassen zu werden, die er am meisten liebt, verletzt ihn sehr. Er bekommt eine neue Gralsuniform angepasst, mit Hemd und Hose aus weißem Stoff, der Umhang ist dieses Mal lilafarben. In dieser Kostümierung wird er als Gralsritter in Öl auf Leinwand gemalt und das Bild wird wieder im Speisesaal aufgehängt. Abd-ru-shin ist genauso gekleidet, sein Umhang hat jedoch einen hochstehenden Kragen, der seinen Kopf wirkungsvoll umrahmt. Er kümmert sich nun vermehrt um Heinrich und versucht, ihm seine Berufung zum Gralsritter vor Augen zu führen. »Dein freier Wille soll entscheiden, ob du dich berufen fühlst, lichter und besser zu werden, oder es vorziehst, aus kindlicher Bezogenheit der Mutter zu folgen.«

Heinrich besucht einen Segelkurs und übt sich im Langstreckenschwimmen. Sein Ehrgeiz ist es, durch den Starnberger See zu schwimmen. Nachdem Victor und der Oberst ihn nicht mehr begleiten, streift er alleine durch die Wälder, in deren Schutz er Ruhe findet. Monatelang besucht er weder eine Schule noch bekommt er Privatunterricht und fühlt sich einsam und verlassen. Der Wunsch, seiner Mutter und seinem Bruder zu folgen, wird immer stärker, und Abd-dru-shin lässt ihn schließlich gehen.

Überstürzt und mit wenig Gepäck verlässt Heinrich das Gralshaus, fährt mit dem Zug nach München und in die Tengstraße, in der Ma und Victor eine Zweizimmer-Etagenwohnung gemietet haben. Seine Käfer-, Schmetterlings- und Geweihsammlungen bleiben im Gral zurück, ebenso die beiden Bilder, auf denen er als Gralsritter zu sehen ist.

Mutter Anna ist sehr verändert, das merkt er sofort. Am Abend seiner Ankunft sagt sie: »Du bist jetzt 17 Jahre alt und sehr selbstständig. Ich möchte, dass du dich um deinen Bruder Victor kümmerst, weil ich nicht mehr leben will. Ich habe endgültig genug und glaube, dass du ganz gut alleine zurechtkommst.«

»Wovon soll ich Victor ernähren? Selbst wenn ich keine Schule besuche und eine Arbeit finde, verdiene ich nicht genug, weil es so viele Arbeitslose gibt. Ich finde es rücksichtslos von dir, dass du dich auf diese Weise aus der Verantwortung stehlen willst, das mach ich nicht mit!«

Die Situation ist wirklich zum Verzweifeln. Die Miete muss bezahlt werden und sie müssen etwas zum Essen kaufen. Sie haben kein Geld und wissen nicht, wo sich der Vater aufhält. Heinrich geht in die Stadt, um eine Schule zu finden, die ihn aufnimmt und als er am Abend in die Wohnung zurückkommt, sieht er, dass die Mutter eine Menge Schlaftabletten geschluckt hat. Er stürzt auf sie zu, entreißt ihr die Packung und wirft sie zum Fenster hinaus. Nachdem Ma sich erbrochen hat, geht sie zu Bett und schläft sich aus. Am nächsten Tag ist sie deprimiert und gereizt, aber am Leben.

Anna schreibt an Heinrichs Patenonkel, der eine Edelsteinschleiferei in Idar-Oberstein hat und bittet um Edelsteine, die sie in München anbieten und verkaufen will. Auf diesem Weg erfährt Hermann, dass seine Söhne nicht mehr beim Heiligen Gral sind und kommt nach München. Das Wiedersehen ist befremdlich und distanziert. Alle drei nehmen ihm übel, dass er sich all die Zeit nicht gekümmert hat und halten ihn für den Urheber ihrer Misere. Hermann ist als Architekt tätig und baut Knappschaftshäuser im Saargebiet. Er hat wieder geheiratet, Maria, die Tochter von Heinrichs Patenonkel. Die neue Frau ist nur zwei Jahre älter als Heinrich, und die beiden Söhne wollen sie nicht kennenlernen. Für die Familie hat er geschliffene Turmaline, Granate und Aquamarine mitgebracht, und nach seiner Abreise kommen regelmäßig Päckchen mit Edelsteinketten und Halbedelsteinen an, die genug Geld zum Überleben einbringen. Der Vater schickt abgelegte Kleidung von Verwandten, die aber den hochgeschossenen Söhnen zu klein ist. Anna lässt keine

Gelegenheit aus, den Vater schlechtzumachen und zerstört systematisch das Verhältnis der Kinder zu ihrem Vater, der seinerseits kaum Anstalten macht, direkten Kontakt zu den Buben aufzunehmen.

Ma erholt sich nur langsam von ihrer Depression und macht wieder Schriftanalysen. Sie gibt eine Anzeige in der Zeitung auf und bekommt tatsächlich eine Antwort. Man verabredet sich, und so kommt eines Tages der Generaldirektor des Vereins der Deutschen Maschinenbauanstalten in ihre Wohnung. Er bringt Schriftproben mit und bittet um eine Schnellanalyse. Der Mann ist beeindruckt von Mas Fähigkeiten und schickt ihr daraufhin alle handschriftlichen Lebensläufe der Neubewerber, aber auch von Mitarbeitern, mit denen es Probleme gibt. Diese graphologischen Gutachten werden gut bezahlt, sodass Ma endlich Geld verdient. Sie lässt sich Briefpapier drucken mit ihrer Adresse und der Berufsbezeichnung »Charakterbeurteilungen«. Heinrich ist unendlich erleichtert zu sehen, dass es der Mutter besser geht.

Ruthi 1945–1949

Als wir von Österreich nach Bayern geflüchtet sind, war ich fünf, beim Umzug nach München neun Jahre alt. Ich kann mich an viele Dinge nicht mehr genau erinnern, aber ich weiß, dass es mir auf dem Hof von der Kolmer Marie mit all den Tieren sehr gut gefallen hat.

Nach dem schweren Bombardement in Linz sind wir auf dem Bauernhof in Wegscheid bei Passau gelandet. Wir sollten weiter nach Westen zu den Amerikanern fliehen und bekamen von Passau eine Fahrgelegenheit nach Braunau am Inn. In Passau trafen wir auf einen langen Flüchtlingszug. Die Menschen waren mit Leiterwagen, Pferdefuhrwerken oder zu Fuß unterwegs, alle hatten Angst vor den Russen und wollten nach Westen. In dem Menschenzug gab es viele Soldaten in ihren grauen Felduniformen, einige waren verwundet und hatten einen Kopfverband, andere nur ein Bein. Ich habe einen jungen Mann gesehen, der hatte keine Schuhe an und lief barfuß auf der Straße. Manche Flüchtlinge konnten nicht mehr weiter, sodass sie am Straßenrand auf einer Decke schliefen. Besonders schlimm fand ich die toten Pferde am Wegrand. Wir mussten sehr weit zu Fuß laufen, sodass ich manchmal zu weinen anfing, weil mir die Füße in den Skistiefeln so wehtaten. Anna hatte es gut, sie wurde im Kinderwagen geschoben. Von Braunau wollten wir weiter nach Mühldorf am Inn, aber das ging nicht, weil da gekämpft wurde, und man hörte in der Ferne das »tack-tack-tack« der Geschütze. Ein Bus brachte uns am Abend in Richtung Süden nach Burghausen. Wegen der Ausgangssperre durfte man in der Dunkelheit draußen nicht herumlaufen, sonst wurde man erschossen. In dem Bus war eine freundliche Frau, die uns für eine Nacht mit nach Hause nahm. Wir schliefen in ihren Betten und sie hat uns eine warme Suppe gekocht. Das war großzügig und unsere Mutter war zu Tränen gerührt.

Die hilfsbereite Frau sagte, dass es ein Wahnsinn sei, ohne ein genaues Ziel zwischen den Fronten herumzuirren. Wir sollten einen Bauernhof suchen, auf dem wir bis Kriegsende bleiben könnten. Die Amerikaner waren so nah, dass die Gefahr, von den Russen überrollt zu werden, relativ gering war. Wir bedankten uns und sind am nächsten Tag weiter nach Burghausen und von dort nach Tittmoning gekommen. Es fing an zu regnen und unsere Kleider wurden nass und schwer, deshalb suchten wir Schutz in einem Bushäuschen und sahen zu, wie der Regen in langen Schnüren vom Himmel fiel. Ein Soldat warnte uns, dass wir nicht nach Freilassing gehen sollten, weil dort gekämpft wurde. Die Lage war sehr verzweifelt, weil wir nicht wussten, wo wir die nächste Nacht bleiben konnten. Unsere Mutter legte die Landkarte über den Kinderwagen und entschied sich, weiter nach Trostberg zu gehen, weil sie weg von dem großen Flüchtlingsstrom wollte, um etwas Essbares für uns zu besorgen.

In Trostberg durften wir im Schulgebäude auf zusammengeschobenen Bänken übernachten, und der Lehrer war wirklich nett zu uns. Der Ofen wurde eingeheizt und die nassen Sachen konnten zum Trocknen aufgehängt werden, die Oma erwärmte Milch und der Lehrer brachte uns Brot und Äpfel. Die Militärfahrzeuge hatten Benzin und fuhren die ganze Nacht am Schulhaus vorbei, Panzer mit ihren rasselnden Ketten waren auch dabei. Es wurde in der Dunkelheit geschossen, und manchmal hörte man das tiefe Brummen von großen Propellermaschinen in der Luft.

Wir blieben drei Tage im Schulhaus, bis der Ortskommandant für uns eine Notunterkunft in Waldhausen nördlich von Schnaitsee gefunden hatte. Um dorthin zu gelangen, mussten wir mit einem Bus fahren und dann noch ein Stück zu Fuß laufen, bis wir schließlich auf dem Hof der Kolmer Marie ankamen. Das Hauptgebäude lag einsam zwischen Feldern quer zur Straße, und wenn man einen kleinen Bach überquert hatte, kam man zum Austragshäusel, das wir bewohnen sollten. Meine Mutter und meine Oma waren froh, dass wir hier vorläufig bleiben durften, sie dachten, es sei nur für kurze Zeit, es wurden aber vier Jahre daraus.

Das Häuschen war alt und verfallen, die Dachrinne hing herunter und war voller Moos. Neben dem Eingang war das Holz für den Ofen aufgestapelt, davor stand der Hackstock, auf dem die Frauen täglich Holz hackten. Durch eine morsche Tür betrat man einen Raum mit Gartengeräten und altem Gerümpel, in dem auch der Kochherd stand. Neben dem Herd führte eine steile Holztreppe ins Obergeschoss, wo sich der Schlafraum mit drei Betten befand. Im Haus gab es kein fließendes Wasser, wir schöpften es aus einer Regenwassertonne neben dem Eingang. Die Oma fing an, das Haus zu putzen, weil es sehr schmutzig war. In den Strohsäcken lebten Wanzen und Flöhe, die uns gleich in der ersten Nacht überfielen. Nachdem die Matratzen mit frischem Stroh gefüllt waren, wurde unser mitgebrachtes Bettzeug aufgezogen und Baby Anna mit einem Ledergeschirr festgebunden. Das Klo war ein Bretterverschlag über dem Misthaufen und Mutti lebte in ständiger Angst, dass eines der Kinder in die Jauchegruben fallen könnte. Von der Bäuerin bekamen wir jeden Tag vier Liter Milch, und sie verpachtete uns ein Feld, auf dem wir Gemüse anbauen konnten. Wir hatten wieder ein Dach über dem Kopf und die Flucht war zu Ende. Am 8. Mai 1945 war auch der Krieg verloren und vorbei, und niemand wusste, wo der Vater war und ob er noch lebte.

Um etwas Essbares zu besorgen, lief unsere Mutter zu den Bauernhöfen der Umgebung. Sie tauschte Hefe, die die Bauern zum Backen haben wollten, gegen Nahrungsmittel für die Familie. Auf einem Hof erhielt sie ein Ei, auf dem nächsten ein paar Kartoffeln und auf dem dritten ein Weckglas mit Birnen, in dem die toten Fliegen schwammen. Eine Bäuerin wollte ihr einen Löffel Butter geben, aber sie wusste nicht wohin damit. Die Höfe lagen weit auseinander, deshalb gab unsere Mutter ihren Fellmantel für ein altes schwarzes Fahrrad, auf dem sie über Land zum Hamstern fahren konnte.

Ich fand es schön auf dem Hof bei der Kolmer Marie. Im Kuhstall standen sechs Kühe, und wenn gemistet und das Stroh frisch eingestreut war, habe ich mich unter die Rosel gelegt und ihren weichen Euter gestreichelt. Die riesige Muttersau Trudel war bösartig, deshalb konnte man nur schwer eins von den rosa Ferkeln herausnehmen. In dem kleinen Bach vor unserem Haus schwammen weiße Enten, und die Gänse kamen fauchend hinter uns hergerannt. Die braun gesprenkelten Hühner pickten überall herum, und der Hühnerkot kam im Sommer ganz weich und warm zwischen den Zehen durch.

Der Hof war sehr alt und überall bröckelte der Putz ab. Wenn man zur Haustüre hereinkam, lag zur linken Hand die gute Stube. In der Ecke hing ein Christus am Kreuz, und unter dem Kreuz stand ein alter Volksempfänger. Am Abend nach dem Tagwerk durfte ich mit der Bäuerin Radio hören, sie schlief dann immer gleich ein, weil sie um fünf in der Frühe schon die Kühe gemolken hatte. Für die Marie war alles gottgewollt und sie akzeptierte ihr Schicksal mit Demut. Einmal im Jahr zog sie ihr Sonntagsgewand an und lief nach Altötting, um dort ihre Fürbitten in ein Kirchenbuch einzutragen. Von dort brachte sie Weihwasser mit, das neben der Haustüre in ein Gefäß an der Wand gegossen wurde. Wenn die Marie durch die Haustüre trat, tauchte sie den Finger ins Weihwasser und flüsterte: »Herr, sei meiner Seele gnädig, jetzt und in der Stunde meines Todes, Amen.« Wenn im Sommer ein schweres Gewitter nahte, betete die Bäuerin bei jedem Blitz: »Herr Jesus Christus, Gottes Sohn, sei mir armem Sünder gnädig.« Sie hatte keinen Blitzableiter auf dem Dach und Angst davor, dass der Hof vom Blitz getroffen und abbrennen würde.

Reingard und ich mussten in Waldhausen zur Schule gehen. Wir »Preißen« lernten schnell bayerisch, um den Lehrer und die Mitschüler besser zu verstehen. Es war eine willkommene Abwechslung für uns, in Lesen, Schreiben, Rechnen und Heimatkunde unterrichtet zu werden. Reingard war die Klassenbeste und wurde vom Lehrer für das Gymnasium vorgeschlagen.

Mutti wollte wissen, ob der Vati noch lebte, deshalb schickte sie einen Brief an ihre Freundin Gritli in der Schweiz, mit der Bitte, ihn über das Rote Kreuz suchen zu lassen. Die Bilder und Meldungen in der Zeitung über die Gräuel des Krieges, dazu die täglichen Entbehrungen, hatten unsere Mutter sehr verändert. An einem Sonntag saßen wir um den Frühstückstisch und sie sagte: »Meine Brüder sind tot und mein Mann ist verschwunden. Das Haus ist weg, das Auto ist weg, das Klavier ist weg, und auf meiner Geige spielen die Russen. Ohne die Kinder wäre dieses Leben sinnlos. Die Musik bedeutet mir so viel, ich vermisse den Klang, der den Raum ausfüllt und mich dieses Elend vergessen lässt. Wir sind schuldig, wir haben den Krieg angefangen und waren nicht im Widerstand gegen Hitler, das ist unverantwortlich, dafür werden wir jetzt bestraft.«

Nach einem halben Jahr kam Gritlis Antwort aus Zürich. Sie teilte uns mit, dass der Vater über das Rote Kreuz in französischer Gefangenschaft gefunden wurde und sie ihm Essenspakete zukommen ließ. Wenig später durfte er das Lager verlassen und kam auf eine Krankenstation, wo er auf Gritlis Kosten gepflegt wurde, obwohl ihr Mann der Meinung war, dass sie das nichts angehe.

Nachdem Elsa erfahren hatte, dass Heinrich lebte, war sie so erleichtert, dass sie anfing mit uns zu singen. Der Großvater wusste, dass wir auf einem Bauernhof wohnten und komponierte für uns Kinderlieder, die er per Post zuschickte. Der Refrain eines Liedes hieß:

Wir schauen in das Bilderbuch der weiten Welt,
und suchen uns ein Liedlein aus, das uns gefällt.

Die rosigen Schweinchen, die wälzen sich im Dreck,
sie haben kurze Beinchen und Borsten auf dem Speck.
Sie stecken zu dem Rüssel die Füßchen in die Schüssel,
und machen ruff und quiek, und das ist unsere Musik.
Der Spatz sitzt auf dem Dache, der Frosch hüpft durch das Gras,
und wenn ihr noch was wissen wollt, dann sag ich euch nur das:
Die Kühe haben Kälber, geht hin und seht es selber,
und alles was geschieht, reimt sich für uns zum Lied.

Wir haben dann gemeinsam auf die Melodie weitergedichtet und uns selbst Verse ausgedacht, und unsere Mutter konnte immer die zweite Stimme singen.

Die Familie lebte bereits zwei Jahre auf dem Hof, als eines Tages der Vater vor der Tür stand. Er sah verändert aus, hatte keine Zähne mehr und nur noch wenige Haare auf dem Kopf. Heinrich nahm Elsa in den Arm und wollte sie gar nicht mehr loslassen. Völlig ausgehungert von der Gefangenschaft konnte er kaum etwas essen, seine Augen waren eingefallen, und er wollte nicht sprechen. Die erste Zeit hat er viel geschlafen, und die Oma kochte Süppchen und Brei für ihn. Wir mussten leise sein und ihn in Ruhe lassen. Endlich war unser Vati wieder da, ich freute mich riesig, aber er hatte sich sehr verändert. Mutti ging liebevoll mit dem Kriegsheimkehrer um und sagte ihm aufmunternde Worte, sie strich Salbe auf seine seelischen Wunden. Weil der einzige Wohnraum für uns alle zu klein war, zog die Oma auf einen Hof in der Nähe, wo sie ein Zimmer bekommen konnte. Als der Vati wieder bei Kräften war und aufstehen konnte, hat er Anna Huckepack genommen und ist mit uns spazieren gegangen. Dabei zeigte er uns alle möglichen Würmer und Käfer.

Mit dem schwindenden Licht am Abend haben wir vielstimmig gesungen, bis es Nacht wurde. Wir saßen auf den Betten, Heinrich hielt Elsa im Arm, und wir haben im Kanon für ihn gesungen. Am liebsten mochten wir das Minnelied: »Ich armes welsches Teufli, bin müde vom Spazieren«, das konnten wir endlos wiederholen. Kaum, dass es ihm etwas besser ging, wollte der Vater nach Norddeutschland reisen, um die Frauen seiner Freunde zu besuchen, mit denen er in der Gefangenschaft gewesen war. Er hatte den Kameraden versprochen, ihre Familien in dem Glauben zu bestärken, dass die Männer lebend wiederkommen würden. Regelmäßig erhielten wir Post aus dem Gefangenenlager in Frankreich. Als Heinrich in einem der Briefe die Nachricht erhielt, dass sein Freund Walther Gottlieb in Frankreich umgekommen war, versank er in Schweigen.

Elsa kannte Gritli aus dem Studium, und unsere Mutter war die Trauzeugin gewesen, als Gritli vor dem Krieg ihren Hansruedi geheiratet hatte. Sie war Erbin einer großen Maschinenfabrik in der Nähe von Zürich. Die zwei Frauen waren eng befreundet, aber Hansruedi wollte nach dem Krieg mit Deutschen nichts mehr zu tun haben. Er sagte zu seiner Frau: »Auch wenn sie deine Freundin ist, wir verkehren nicht mit Nazis.« Gritli war sehr religiös und hatte ein großes Erbarmen für ihre Freundin und deren Schicksal, deshalb bot sie an, Reingard bei sich aufzunehmen, weil sie so dünn war und Asthma hatte. Tante Gritli mit ihren vier Söhnen wollte immer ein Mädchen haben, und so wurde unsere Große auf eine lange Reise geschickt. Mit einem Köfferchen, etwas Geld und der Adresse in der Schweiz brachten wir sie in Wasserburg an den Zug. Reingard mit ihren langen schwarzen Zöpfen sah aus wie Schneewittchen, als wir sie zum Abschied hinter dem Abteilfenster winken sahen. Als der Zug den Bahnhof verließ, fing unsere Mutter an zu weinen.

Nach einer Woche kam ein Brief, dass Reingard gut angekommen war, und dann schrieb sie fast jede Woche, wie gut es ihr ging und dass sie viel Birchermüsli mit Himbeeren und Sahne essen musste, um dicker zu werden. Sie besuchte in Zürich das Gymnasium und verstand sich gut mit den gleichaltrigen Söhnen der Tante, sogar Schweizerdeutsch konnte sie sprechen. Bei einem Pestalozzi-Preisausschreiben hat sie eine Schweizer Uhr gewonnen und schon bald ein Zeugnis mit guten Noten bekommen.

Nachdem der Vater ein halbes Jahr bei uns gewohnt hatte, war unsere Mutter wieder schwanger. Wir waren uns alle einig, es musste ein Junge werden, Mädchen hatten wir genug. Die Oma stöhnte: »Noch so ein unruhiges Kind, und wir haben keine Strampelhosen, Gummihosen, Puder, keine richtige Seife und noch nicht einmal eine Babyflasche. Sollen wir das Baby in der Salatschüssel waschen?« Mutti überlegte ernsthaft, ob wir zu sechst in einem Schlafraum mit Babygeschrei überhaupt noch Schlaf finden würden. Sie wollte unter diesen Umständen kein Kind mehr haben.

Ganz unerwartet kam ein befreundeter Arzt zu Besuch. Gustav Richard Heyer wohnte nicht weit von uns entfernt auf dem Lande. Er war von Beruf Psychoanalytiker und mit Heinrichs Mutter Anna befreundet gewesen. Er sah sehr gut aus und Elsa sagte: »Welch Glanz in unserer Hütte.« Sie knackten gemeinsam Nüsse, und Elsa erzählte ihm von unserem Problem, um seinen Rat einzuholen.

Dr. Heyer sah unsere Mutter sehr ernst an und sagte zu ihr: »Wo drei Kinder aufwachsen, wächst auch ein viertes auf, versündige dich nicht, dieses Kind wird im Alter der Sonnenschein deines Lebens sein.«

Der sogenannte Sonnenschein ließ Elsas Bauch anschwellen, und weil es zu wenig zu essen gab, musste die Mutter mindestens einen Liter Milch am Tag trinken. Gritli in der Schweiz erfuhr von Reingard, dass wir wieder ein Kind bekommen würden, und wenig später brachte der Postbote, der mit dem Rad über Land fuhr, ein großes Paket, in dem alles enthalten war, was ein Baby im ersten Jahr brauchte. Eine andere Freundin der Mutter schickte eine ganze Kiste Äpfel vom Bodensee, damit wir genug Vitamine bekamen. Die Äpfel lagen oben auf dem Schrank und haben wunderbar geduftet.

Unsere Mutter brachte ihr viertes Kind Anfang 1948 im Traunsteiner Lazarett zur Welt, und wieder war es ein Mädchen. Schon am nächsten Tag kam sie mit dem Baby nach Hause. Die Kolmer Marie begrüßte das Neugeborene auf dem Hof, tupfte Weihwasser auf die Stirn des Kindes und sagte: »Des Kind ist a bayrisches Bauernkind mit der Söl von am verstorbnen Einheimischen. Da wo ma geboren wird, da is ma dahoam.«

Von nun an schlief unsere Mutter mit dem Säugling in einem Bett. Immer, wenn das Kind wimmerte, bekam es Milch, so hatten wir unsere Ruhe. Das Baby war im ersten Halbjahr oft krank und die Oma sagte: »Die Kleine sieht aus wie das Christuskind von Dürer, weil sie so mager ist.« Solange Elsa stillte, erhielten wir mehr Essensmarken und konnten Grieß für Grießbrei kaufen. Die vierjährige Anna liebte ihre kleine Schwester, aber man durfte sie nicht mit ihr alleine lassen. Einmal holte sie das Baby aus dem Bett und schleppte es herum, was wegen der steilen Treppe sehr gefährlich war. Heinrich hatte sich einen Jungen gewünscht und war enttäuscht, dass es wieder ein Mädchen war. Die Taufe unserer Jüngsten fand in der katholischen Kirche von Waldhausen statt, weil es keine evangelische gab. Als Paten wurden Gritli, zur reformierten Kirche gehörig, und die Kolmer Marie als Katholikin genannt. Weil sich die Schweizer Tante immer eine Regina als Tochter gewünscht hatte, bekam das Kind den Namen Selma Regina.

Wegen der Tiere gab es im Sommer viele Fliegen und Mücken auf dem Hof. Von unserer Zimmerdecke hing so eine Stopsellocke herunter, an der die Insekten kleben blieben und so lange surrten, bis sie tot waren. Wegen der Mückenstiche konnten wir oft nicht einschlafen, weil sie so sehr juckten. Unsere Mutter rauchte dann eine Zigarette, um mit dem Qualm die Plagegeister zu vertreiben. Als das nichts nutzte, dachte sie sich ein Schlaflied für uns aus, das wir sehr lustig fanden:

Ei, ei, ei Frau Mücke, die Mücke ich zerdrücke,
wenn ich eine Mücke seh, dann bin ich voller Tücke,
sirrt die Mücke leis' bei Nacht,
dann geh ich gleich auf Mückenjagd,
du kleine Mücke gib mal acht, es kracht!
Geh ich abends an den See zum Baden,
sticht sie hinterlistig in die Waden.
Ach, das kann doch der Gesundheit schaden,
Sirre, sirre, sirre, sirre, sirre, sirre, bums!

Die Kolmer Marie hörte am 20. Juni 1948 im Radio von einer Währungsreform und dass die Reichsmark in Deutsche Mark umgetauscht werden sollte. Sie erzählte es dem Vater, und ein paar Tage später fuhr er nach Traunstein, um das Kopfgeld von 60 Mark pro Person einzutauschen, dafür musste er 600 Reichsmark pro Kopf hergeben. Die Sparbücher, die die Oma auf der Flucht sorgfältig gehütet hatte, wurden abgewertet, für 100 Reichsmark erhielt man nur noch sechs Mark fünfzig. Nach der Währungsreform standen plötzlich Waren im Schaufenster der Geschäfte und die Lebensmittelmarken waren verschwunden, aber unsere Oma, die vor dem Krieg Geld für ihr Alter gespart hatte, fühlte sich betrogen.

Am 6. Dezember 1948 kam der Nikolaus zu uns. Es war das erste Mal, und ich erinnere mich, dass unten an der Haustüre ein lautes Pochen zu hören war. Unser Vater ging hinunter und machte die Tür auf. Da stand ein heiliger Mann mit einem roten Mantel und einer Mitra auf dem Kopf. Er hatte einen langen weißen Bart und einen Sack dabei. Er wollte die steile Treppe nicht hinaufsteigen, wir Kinder sollten zu ihm herunterkommen. Anna und ich hatten Angst, deshalb nahm uns der Vati an der Hand, Selma blieb oben auf Mutters Schoß. Der Nikolaus schenkte uns Äpfel und Nüsse, und plötzlich kam der Teufel aus der Dunkelheit hervorgetreten und rasselte mit einer Eisenkette. Er hatte einen groben Rupfensack über die Schulter geworfen, der oben zugebunden war, und darin strampelte und schrie ein Bub. »So geht es mit bösen Buben«, sagte der Heilige, »aber ihr seid ja brave Mädchen und deshalb bekommt ihr etwas zu essen.« Wir Kinder waren starr vor Angst und Selma fing an zu schreien, wir wollten von diesen Gestalten keine Äpfel und Nüsse annehmen. Der Nikolaus legte die Gaben auf die Treppe und schlurfte in den Schnee hinaus. Hinter ihm lief der Teufel her, mit einem schwarzen Fellkleid und einer roten Zunge, die bis zum Boden reichte, und am Ende seines langen Schwanzes hatte er einen Puschel. Über der Schulter lag der zappelnde Sack, die rostige Eisenkette schleifte klirrend am Boden hinterher. Sie verschwanden beide jenseits der Straße im verschneiten Wald und dort hörte das grässliche Schreien auf. Der Vati meinte: »Jetzt haben sie den Buben freigelassen.« Dieses Erlebnis war so schrecklich für uns Kinder, dass wir noch Wochen danach weinend aus dem Schlaf hochschreckten.

Nach der Währungsreform schickte der Großvater Geld für seine geschiedene Frau, unsere Oma, und sie konnte ein Bauernmädchen als Haushaltshilfe anstellen. Als die Kolmer Marie im Hof auf unsere Pauli traf, war sie sehr erstaunt und sagte zu unserer Mutter: »Sog amoi, was brauchst jetzt du a Magd?«

Reingard konnte nicht ewig in der Schweiz bleiben und kam nach einem Jahr wieder angereist. Sie war dicker geworden, das Asthma hatte sich gebessert, und sie sprach Schweizerdeutsch. Ich war sehr froh, dass meine Schwester wieder bei uns war, und wir liefen gleich hinauf in die Tenne, von deren Giebelbalken ein Schaukelbrett herunterhing. Da konnte man hoch hinaufschaukeln und dann weit ins Heu hineinspringen. Anna Friederun hat uns zugeschaut und immerzu gerufen: »Anna was Schönes.«

Der Postbote brachte eines Tages einen Brief von Edwin aus Wien, in dem er uns einige Möbel und den Konzertflügel von Ma anbot. Unsere Mutter wollte den Flügel unbedingt haben und an einen Ort ziehen, an dem die Kinder ins Gymnasium gehen konnten. Sie hatte Sorge, dass wir langsam »verbauern«. Der Vater bevorzugte München, und als er von einem zerstörten Haus in München-Pasing hörte, fuhr er sofort dorthin, um sich das Trümmergrundstück anzusehen. Er blieb dann gleich dort und fing an zu arbeiten. Jeden Abend brachte ein Lastwagenfahrer sein leeres Fahrzeug zum Grundstück, und Heinrich schaufelte über Nacht den Bombenschutt auf die Ladefläche. Am nächsten Morgen wurde der Laster abgeholt, und der Schutt auf den Münchner Schuttberg gefahren. So ging das viele Nächte, bis die Räume leergeschaufelt waren.

Dann kam der Vater zu uns nach Waldhausen, um zu berichten, wie unser neues Zuhause sich entwickelte. Ohne Zuzugsgenehmigung und die Zuteilung von Wohnraum durch die Stadt konnte er nicht weitermachen. Mit vier Kindern und drei Erwachsenen galten wir als kinderreich und erhielten die Wohngenehmigung. Ein Statiker überprüfte die Stabilität der Ruine, und Heinrich kaufte in Waldhausen einen alten Dachstuhl, den er als Notdach auf den Wänden aufbaute. Er benagelte es mit Brettern und rollte Dachpappe darüber. Danach fachte er mit Ziegeln die Mauerlücken aus und setzte Glas in die zerborstenen Fenster ein. Anschließend musste das Haus beheizt werden, weil es jahrelang in die Ruine hineingeregnet hatte. Das Parkett war im Krieg von den Nachbarn verheizt worden, deshalb verlegte er Linoleum und verputzte die Wände. Bis auf die Haustüre waren alle Türen gestohlen und wurden in Waldhausen neu angefertigt. Es gab eine angeschlagene Badewanne, daneben den verbeulten Badeofen, sogar der Küchenherd erwies sich als funktionsfähig. Im Dezember 1949 war es so weit, wir konnten umziehen. Die Möbel aus Wien kamen in einem offenen Lastwagen in Waldhausen an, deshalb war der kostbare Flügel nass geworden. Zu den Möbeln wurde unsere spärliche Habe aufgeladen und weitertransportiert nach München. Oma Julchen blieb mit Selma in Waldhausen, unsere Mutter wollte sich das neue Haus erst mal ansehen, bevor die Großmutter und das Baby nachkommen sollten.

Als wir in der Nacht in die Stadt München kamen, wunderten wir uns, wie hell die Straßenbeleuchtung war. Bei uns in Waldhausen war es in der Nacht stockdunkel. Im Haus gab es nur Kerzenlicht, es war uns unheimlich, dort zu übernachten. Die Öfen erwärmten die Räume nicht und wir waren daran gewöhnt, wie die Tiere alle in einem Raum und zu zweit in einem Bett zu schlafen, jetzt erschienen uns die Zimmer riesig, leer, eisigkalt und feucht. Ich hatte Heimweh nach Waldhausen, den Tieren und der Kolmer Marie. Die Mutter sagte zu uns, dass alles ganz toll sei und wir uns freuen sollten, weil wir jetzt so viel Platz hatten.

Am nächsten Tag konnten wir das Haus von außen in Augenschein nehmen. An der Hauswand war ein roter Pfeil aufgemalt, er zeigte auf den Luftschutzkeller, in dem die Vorbesitzer verschüttet wurden. Der Bombenschutt lag bis zu den Parterrefenstern und zwei Gartenstühle hingen hoch oben in den Bäumen, wohin die Luftmine sie geschleudert hatte. Im Haus gab es vier Zimmer, eine Küche und ein Bad.

Nach einer Woche kam Oma mit Selma nachgereist. Unsere Mutter musste ständig husten, und der Arzt meinte, dass sie an einer Lungenentzündung erkrankt sei. Sie lag mit Fieber im Bett und keuchte, während die Oma für uns kochte und sich um Selma kümmerte, die zu ihrer Mutter wollte. In dieser kritischen Situation kam Inga, die zweite Frau von unserem Großvater aus Hannover, angereist, um uns beizustehen. Sie hatte ihre zwei Söhne im Krieg verloren, ließ sich ihren Schmerz aber nicht anmerken. Sie suchte mit Reingard und mir eine neue Schule, besorgte das Essen und kümmerte sich um unsere Wäsche. Die zwei Frauen des Großvaters lebten unter einem Dach und bewältigten gemeinsam den Haushalt, bis unsere Mutter so weit genesen war, dass sie sich selbst um ihre vier Kinder kümmern konnte.

Es wurde Weihnachten, und Heinrich fällte eine große Fichte hinten im Garten, dann schmückte er sie mit Kerzen. So gegen 19 Uhr kam der Postbote und brachte ein Telegramm aus Wien, in dem stand: ZURÜCK AUS RUSSLAND STOP FROHE WEIHNACHTEN STOP VICTOR.

Die Eltern umarmten sich und weinten vor Freude. Es gab keine Geschenke bei diesem Weihnachtsfest, nur ein mit Packpapier umhülltes Ungeheuer; es war ein großer Ofen, den Inga gekauft hatte, bevor sie zurückgereist war.

Wieder in Hannover erzählte sie dem Großvater, unter welch ärmlichen Umständen wir in München lebten. Großvaters Zahnarztpraxis war ausgebombt und er verkaufte das Grundstück. Jedem seiner drei Kinder, die den Krieg überlebt hatten, gab er dann ein Drittel des Geldes aus dem Verkauf. Von diesem Geld kauften die Eltern das Trümmergrundstück in München-Pasing.

Psychoanalyse 1927–1934

Heinrich hatte sieben Jahre lang keine öffentliche Schule besucht. Er konnte mit dem Kompass umgehen, Landkarten lesen und selbst zeichnen. Er wusste, wie man im Gebirge einige Tage überleben kann und sich an den Sternen orientiert. Er konnte skifahren, bergsteigen, lange Strecken schwimmen und fechten. Er hatte gelernt, wie man eine Festung baut und wie man sie einnimmt oder zerstört. Er hatte an historischen Beispielen Angriff und Rückzug studiert und verstanden, wie man die Taktik des Gegners vorhersagen und selbst Strategien entwickeln kann. Er war geschult darin, Zusammenhänge intuitiv zu erfassen und in Kampf- oder Fluchtreaktionen umzusetzen. Von klein auf konnte er mit dem Gewehr umgehen, Wild erlegen und zerlegen. Man hatte ihm Stolz, Durchhaltevermögen und Selbstüberwindung andressiert, nebst Geduld, Ausdauer und Härte gegen sich und andere.

Oberst Henkel hatte ihn in Geschichte und Philosophie unterrichtet, praktische Grundlagen in Pyrotechnik hatte er bei dem Ingenieur von Siemens gelernt. Er wusste eine Menge über Landwirtschaft und Viehzucht und hatte endlosen Ausführungen über Varianten der christlichen Religion beigewohnt. Das meiste hiervon konnte er für ein reguläres Gymnasium nicht gebrauchen. Victor ging in München auf das Elisabethgymnasium, wo man Heinrich nach einer Probezeit ablehnte. Ihm fehlten Kenntnisse in den Fächern Englisch, Französisch, Mathematik, Physik und Chemie. Er fand eine Privatschule, die bereit war, ihn auf das Abitur vorzubereiten. In dieser Schule waren vornehmlich Auslandsdeutsche, die daneben im Internat untergebracht waren. Hier traf er auf Kinder von indonesischen Pflanzern und Farmern aus dem ehemaligen Deutsch-Südwest-Afrika, dem heutigen Namibia. Innerhalb von einem Jahr hatte er den fehlenden Stoff notdürftig nachgeholt und wurde an der Luitpold-Oberrealschule für die Abiturklasse angenommen.

Im Gymnasium fand er nach wenigen Tagen einen Freund, der Max hieß und neben ihm in der Schulbank saß. Max hatte ein Motorrad von Steyr Puch, mit dem sie zum Segeln an den Chiemsee fuhren. Beide hatten weiße Stoffmützen, darüber wurde ein alter Stahlhelm aus dem Krieg getragen. Gegen Fahrtwind und Straßenstaub trugen die Jugendlichen Motorradbrillen. So fuhren sie eng aneinandergeschmiegt über die Schotterstraßen bis Prien. Das höchste war für die Freunde, mit voller Geschwindigkeit durch die Kurven zu jagen und sich wie ein Mann gegen die Fliehkraft zu stemmen.

Am Chiemsee durften sie das Segelschiff von Max' Vater benutzen. An einem Sonntag erlebten sie, wie ein Föhnsturm aus den Bergen einen ganzen Kindersegelkurs zum Kentern brachte. Sie fuhren sofort zu den umgekippten Booten und Heinrich, der ein hervorragender Schwimmer war, sprang ins Wasser, um eines der Schiffchen wieder aufzustellen. Unter dem Segel befand sich ein etwa sechsjähriges Mädchen, das offensichtlich ertrunken war. Sie nahmen das Boot in Schlepp und brachten das Kind an Land. Heinrich hielt den leblosen Kinderkörper im Arm und weinte.

Durch ihre Tätigkeit als Graphologin lernte Anna Gustav Richard Heyer, einen bekannten Münchner Psychotherapeuten, kennen. Er war der Typ des ewigen Jünglings, sah sehr gut aus, war schlank gewachsen und hatte einen romanischen Einschlag. Heinrich und Victor mochten ihn sehr gerne, weil man mit ihm interessante Gespräche führen konnte. Er stammte ursprünglich aus der freudschen Schule, wurde dann aber ein Anhänger von Professor Jung in Zürich, mit dem er eng zusammenarbeitete. Heyer zog Mutter Anna in manchen Fällen heran, um von Patienten eine Charakteranalyse zu bekommen, die ihm bei seiner tiefenpsychologischen Arbeit weiterhalf. Sie wurden gute Freunde.

Anna hatte sich im Gral jahrelang geduldig die Probleme der Patienten angehört und mit ihnen gemeinsam Lösungswege gesucht. In den Abendstunden las sie nun psychologische Fachliteratur und besuchte Vorlesungen an der Universität, um sich weiterzubilden. Auf Anraten von Heyer unterzog sie sich selbst einer Psychoanalyse, um ihre eigenen Probleme besser zu verstehen. Anna wollte Analytikerin werden. Während der Behandlung fing sie an, die Schriften von Sigmund Freud und Alfred Adler zu lesen. Es entstand ein reger Gedankenaustausch zwischen ihr und ihrem Analytiker. Unter der Aufsicht von Heyer behandelte sie ihren ersten Patienten und war danach berechtigt, Psychoanalysen selbstständig durchzuführen. Hierfür benötigte sie einen ruhigen Behandlungsraum mit einer Liege. Die Familie fand ein Reihenhaus in der Laimer Straße, direkt hinter dem Nymphenburger Park, und sie zogen um.

Die Ausbildung von Anna führte dazu, dass sie ihre Söhne unter therapeutischen Aspekten betrachtete und zu der Überzeugung kam, dass Heinrich Kontaktstörungen habe. Sie bat Heyer, sich um ihren Sohn zu kümmern. Daraus entwickelte sich ein Gespräch, bei dem Heyer ihm vom Ödipuskomplex erzählte und von der Kreuzbindung Vater-Tochter und Mutter-Sohn. Dabei erwähnte er einen Fall aus seiner Praxis, bei dem die Mutter-Sohn-Bindung so stark war, dass die Mutter vor Erregung starb, als ihr Sohn nach einer Analyse bei Heyer heiraten wollte.

Einer der ersten Patienten von Anna war ein junger Mann namens Edwin mit einer starken Mutterbindung, der kurz vor seinem Doktorexamen in Chemie Herzrasen und Weinanfälle bekommen hatte. Sein verworrenes Liebesleben, zusammen mit dem Leistungsdruck vor der Prüfung, hatte ihn krank gemacht, und bei Anna suchte er einen Ausweg aus dieser Situation. Er kam zwei- bis dreimal in der Woche zur Behandlung. Edwin hatte nach hinten gekämmte, dunkelbraune Haare mit tiefen Geheimratsecken, eine hohe Stirn, buschige Augenbrauen und braune Augen. Seine Nasenflügel waren groß, der Mund breit und weich aufgeworfen, dazwischen trug er einen dicken Schnurrbart. Im Kinn hatte er ein Grübchen, als hätte dort jemand seinen Fingerabdruck hinterlassen. Er wirkte freundlich und sprach mit einer schmeichelnden Stimme, sodass man den Eindruck bekam, dass er niemandem etwas abschlagen könnte und jedem gerne einen Gefallen tat. Die Kleidung war stets elegant aber lässig und jede seiner Bewegungen behutsam. Die Menschen, die er etwas länger kannte, nahm er in den Arm und küsste sie mit seinem weichen Mund. Edwin mochte körperlichen Kontakt und streichelte gern. Noblesse oblige umgab ihn wie ein Parfüm, man hätte ihn leicht für einen Sprössling aus altem Adel halten können. Armut schien ihm nicht in die Wiege gelegt zu sein, denn schon als Student fuhr er einen Mercedes 838.

Es kam vor, dass der Patient warten musste, bevor er in das Behandlungszimmer vorgelassen wurde. Bei einer solchen Gelegenheit traf er auf Heinrich, der größer war als er. Der wohlerzogene 18-Jährige grüßte den unbekannten Besucher mit einem Diener und stellte sich als Sohn des Hauses vor. Sie kamen ins Gespräch, und Heinrich erzählte Edwin von seinen Problemen mit einer Matheaufgabe, die er nicht lösen konnte. Schnell war dieser bereit, ihm zu helfen, und Ma fand sie beide in eine Rechenaufgabe vertieft vor. Über kurz oder lang war Edwin ein häufiger Gast im Haus und wegen seiner hilfsbereiten Art sehr beliebt. Nach einem halben Jahr der Behandlung verliebte sich der Patient in die Analytikerin und diese sich in ihn. Die Behandlung war erfolgreich, Edwin wollte Anna für immer um sich haben, löste die Bindungen zu seinen Liebhaberinnen, bestand sein Examen, und dann war er da.

Edwins Mutter war reich und Erbin der Firma Opti-Licht in Berlin, die alle Arten von Beleuchtungsanlagen herstellte, so etwa für Flughäfen, Straßen, Gebäude oder Fabriken. Edwins Vater war Geschäftsführer der Firma, die Edwin eines Tages übernehmen sollte. Im August 1928 fand die Hochzeit von Edwin und Anna in München statt. Zu diesem Anlass kam Edwins Familie in einem großen Maybach vorgefahren. Es kamen die Mutter, die Tante, der Bruder und noch einige andere Verwandte, die nach der standesamtlichen Trauung beim Feldhüter zum Essen gingen. Heinrich und Victor waren nicht eingeladen, worüber sie nicht gekränkt waren. Sie hatten die Vermutung, dass Edwins Mutter nicht begeistert war, dass ihr Sohn eine erheblich ältere Frau geheiratet hatte, die auch noch zwei erwachsene Söhne mit in die Ehe brachte, die den jungen Bräutigam um Kopfeslänge überragten. Am nächsten Tag fuhr das frisch vermählte Paar mit Edwins Verwandtschaft und ohne Annas Kinder auf Hochzeitsreise nach Rom.

Die Familie war jetzt plötzlich reich und verfügte über einen Mercedes. Ma machte einen sehr glücklichen und ausgeglichenen Eindruck in ihrer zweiten Ehe. Sie kleidete sich teuer und elegant und sah um Jahre verjüngt aus. Die Eigenschaften ihres zweiten Ehemannes unterschieden sich fundamental von denen ihres ersten. Ihre Söhne hatten wegen des geringen Altersunterschiedes ein brüderliches Verhältnis zum Stiefvater.

Nachdem es jetzt ein Automobil gab, wollten Heinrich und Vic jedes Wochenende in die Berge fahren, und Mutter Anna war glücklich darüber, dass sie sich so gut verstanden. Also wurde das Verdeck vom Mercedes zurückgeschlagen, alle bekamen Motorradmützen und Brillen aufgesetzt und so fuhren sie zu einem Ziel in den Bergen. Edwin hatte noch nie Bergtouren gemacht, er schwitzte, stöhnte und jammerte beim Aufstieg. Anna war meist schon vorausgegangen, und ihre Söhne versuchten Edwin mit guten Worten und den Verlockungen einer tollen Aussicht auf den Berg zu bringen. Wenn man ihn damit nicht mehr voranbrachte, folgten hämische Bemerkungen über seine Schwäche und Unsportlichkeit, die ihn meist in noch lauteres Stöhnen ausbrechen ließen. Schließlich zog Victor ihn an der Hand und Heinrich schob ihn vorwärts. Mit Schieben und Ziehen, Hängen und Würgen, brachten sie ihn so fast jeden Sonntag auf einen anderen Gipfel. Wenn er es schließlich geschafft hatte, strahlte er wegen seiner vollbrachten Leistung und fand blumige Worte für die ihn überwältigende Aussicht vom Gipfel. Beim Abstieg hatte er dann meist Blasen, die die Buben ihm hilfsbereit verklebten. Man musste ihn bei Laune halten, damit er wieder bereit war, mit ihnen in die Berge zu fahren. Sie trugen sein Gepäck und versicherten ihm jedes Mal aufs Neue, dass er, wenn er sich weiterhin so trainieren würde, bald wie sie diese Aufstiege ohne Anstrengung bewältigen würde. Zu Hause hatte er dann einen Muskelkater und stöhnte, doch sie ließen nicht locker, ihn zu loben und anzuspornen.

Es kam Anna so vor, als hätte sie nun drei Söhne und wäre zudem die Gouvernante ihres Mannes, den sie nach ihren Vorstellungen erziehen wollte. Sie stärkte sein Selbstbewusstsein und bekämpfte seine Bequemlichkeit, es wurde ihm schwer zugesetzt. Ma glaubte daran, dass sie Menschen für einen bestimmten Zweck oder ein Ziel formen könnte. Sie wollte Edwin dazu bringen, schon bald die Leitung der Fabrik seiner Eltern zu übernehmen. Vielleicht war es ein Größenwahn von ihr zu glauben, dass sie mit ihrer Kraft und ihrem Willen seine Tendenz zur Behäbigkeit und zum Herumsitzen beseitigen könnte. Edwin selbst blieb immer freundlich und liebenswürdig, machte höchstens in passiver Resistenz und bat charmant um Verständnis für seine Veranlagung. Sie liebten ihn alle drei, und Heinrich war froh, dass der Stiefvater die Rolle des Familienoberhauptes übernommen hatte.

1923 war aus Berlin die erste deutsche Rundfunksendung ausgestrahlt worden, und ein Jahr später gab es einen Sender in München. Edwin wollte das beste und neueste Radio, das auf dem Markt war besitzen, und ließ sich von der Firma R. Foigt aus Berlin einen Kondensator-Großflächenlautsprecher schicken. Dann baute er gemeinsam mit den Stiefsöhnen aus Gleichrichtern, Spulen, Verstärkern und Kondensatoren einen Radiokasten von einem Meter Länge, den sie Kindersarg tauften. Der Empfang war schlecht, und sie waren froh, wenn sie wenigstens die lokalen Sender empfangen konnten. Am 25. Oktober 1929 hörten sie im Radio von den Kurseinbrüchen an der New Yorker Börse und der zu erwartenden Weltwirtschaftskrise. Adolf Hitler sprach auf einer Massenveranstaltung in München: »Ich fordere die Regierung auf, einem Volksbegehren gegen den Youngplan zuzustimmen, damit die Versklavung des Deutschen Volkes durch die Alliierten endlich ein Ende findet!«

Heinrich machte mit durchschnittlichen Noten sein Abitur, und Edwin schenkte ihm zur Belohnung den Führerschein. Von da an durfte er den Wagen chauffieren, wenn sie an den Wocheneden in die Berge fuhren, und Victor platzte vor Neid. Er kommentierte den

Fahrstil des Bruders und erschreckte die Insassen mit Ausrufen wie: »Achtung!«, »Vorsicht!« Vom Rücksitz des Wagens griff er nach vorne ins Lenkrad oder gab den Befehl, vor dem Überholvorgang in einen niedrigeren Gang zu schalten. Nachdem ihm aus Sicherheitsgründen jegliche Einmischung verboten wurde, beschränkte er sich darauf, hörbar die Luft einzuziehen. Bei einem dieser Sonntagsausflüge gerieten die Buben verbal aneinander, und Ma verlangte, dass Heinrich den Wagen anhielt. Sie teilte ihren Söhnen mit, dass sie und Edwin ein Kind erwarteten, deshalb habe jegliche lautstarke Auseinandersetzung zum Schutz ihrer Nerven zu unterbleiben. Die Schwangerschaft war beschwerlich, Ma fühlte sich an die Vorhersage des Mediums erinnert, dass sie spät noch ein Mädchen gebären würde. Als sie hochschwanger Gallenbeschwerden bekam, waren die drei Männer zutiefst besorgt um die Gesundheit der Mutter. Edwin stellte ein Dienstmädchen ein und bestand darauf, dass sein Kind in der Münchner Frauenklinik zur Welt kommen sollte. Schließlich war es so weit: Mutter Anna hatte eine Tochter geboren, und Edwin teilte stolz allen mit, dass er Vater geworden war. Das Kind bekam den Namen Verena Marie.

Die Psychoanalytiker in München trafen sich turnusmäßig einmal im Monat. Von diesen Treffen brachte Ma regelmäßig Fachliteratur mit nach Hause, um ihre zwei Söhne in die Thematik einzuweihen und darüber zu diskutieren, inwieweit man den Ansichten Freuds folgen wollte. Es ging ihr um die Ablösung vom Gral. Die Söhne hatten jahrelang unter dem Einfluss von Abd-ru-shin gestanden, der die absolute Wahrheit für sich beansprucht hatte. Durch die Psychoanalyse war Anna zu einer eigenständigen Meinung bezüglich ihres Glaubens gekommen und wollte für ihre Söhne, dass diese losgelöst vom Vater und dem Einfluss des Grals ihren eigenen Standpunkt finden. Beide Söhne sollten »Das Unbehagen in der Kultur« studieren. In dieser Schrift vertritt Freud die These von der Vatersehnsucht als Grundlage aller Religion. Er definiert die Religion als infantiles Abwehrverhalten gegen die menschliche Unterlegenheit. Das ambivalente Verhältnis des Kindes gegenüber dem Vater, so schreibt er, setzt sich im Glauben des Erwachsenen fort. Er erkennt, dass er auch als solcher sich nicht völlig gegen fremde Übermächte wehren kann, weswegen er seinen Schutz im Gottglauben sucht. Gustav Richard Heyer brachte aus Wien neue Forschungsergebnisse von Freud mit, bei denen es um die Psychologie der Massen ging. Hitler mobilisierte Massen, und es war ein provokantes Postulat, dass Freud Kirche und Heer miteinander verglich. In der Kirche sei es Christus und im Heer der Feldherr, der die Massen seiner Anhänger durch die Illusion zusammenhielte, dass er sie alle gleichermaßen liebe. Der von seinen Anhängern mit einer Übermacht ausgestattete Führer behauptet, im Besitz einer geheimnisvollen Macht zu sein, die dem Einzelnen den eigenen Willen raubt. Neu für Heinrich war Freuds Behauptung, dass die Menschenmassen durch die Macht des Eros zusammengehalten würden. Mit Gustav Richard Heyer besuchten sie, anlässlich einer Hitlerrede, eine Menschenansammlung auf dem Odeonsplatz in München. Heyer regte an, dass die Buben den Zuhörern eine Nadel in den Hintern stechen sollten, um herauszufinden, ob die Faszination Hitlers die Zuhörer gefühllos macht. Heinrich und Victor fanden das lustig, holten Mas Stopfnadeln aus dem Nähkasten und waren sehr erstaunt, dass ihre zum Teil kräftigen Nadelstiche nicht zur Kenntnis genommen wurden. Zusammen mit Heyer diskutierte die Familie über schwierige philosophische Fragen, z.B. über Glauben und Unglauben, und diese Sinnsuche war für ihren weiteren Lebensweg entscheidend. Gibt es eine Instanz über der Vernunft? Heinrich hatte so viel glauben müssen in seiner Zeit im Gral, jetzt wollte er sich nur noch an nachprüfbare Fakten halten. Er trat deshalb aus der Kirche aus und Victor tat es ihm gleich.

Am 30. März 1930 wurde der Reichstag aufgelöst, und es wurden Neuwahlen für den 14. September ausgeschrieben. In Bayern gab es eine konservative Bewegung, die sich dem Anwachsen der Radikalen entgegenstellte und sich zur Konservativen Vereinigung zusammenschloss. Ihr Ideologe war der Jurist Dr. Edgar Jung, der mit der Liste 16 den Wahlkampf führte. Die Sympathie der ganzen Familie gehörte dieser Partei. Bei den Wahlen am 14. September 1930 errang die NSDAP 37,7 Prozent und 107 Mandate, stärkste Partei blieb die SPD mit 143 Sitzen. Die Liste 16 scheiterte, und Dr. Jung wurde nach der Machtübernahme der Nationalsozialisten 1933 der politische Berater und Redenschreiber des Vizekanzlers Franz von Papen.

Edwin erhielt bei der Generalversammlung der Firma Opti-Licht den Posten eines Vizedirektors der Wiener Filiale angeboten, und die Familie zog um nach Wien, wo sie die ersten Nächte in einem Hotel verbrachte. Der Portier blickte verunsichert von Edwin zu Heinrich und fragte: »Mit welchem der Herren wünschen die Dame zu nächtigen?« Daraufhin setzte ein peinliches Schweigen ein, denn Edwin war nur zehn Jahre älter als Heinrich und sah knabenhaft aus. Schließlich beendete Ma die Situation, indem sie ihren Mann unterhakte und der Treppe zustrebte.

Sie fanden ein standesgemäßes Haus in Mauer bei Wien. Heinrich war 1 Meter 96 groß und hatte sich einen rotblonden Schnauzbart wachsen lassen. Ma, die nun nicht mehr sparen musste, sorgte dafür, dass ihre beiden Söhne elegant ausstaffiert wurden. Bei einem renommierten Herrenausstatter gab sie elegante Hosen in Auftrag und Hemden, die mit einem Monogramm bestickt wurden. Für Heinrich ließ sie einen Smoking und einen Stresemann anfertigen, damit er auch für hochrangige gesellschaftliche Anlässe gewappnet war. Verena war ein fröhliches kleines Mädchen mit dem rotblonden Haar der Mutter und deren Sommersprossen. Vom Vater wurde das Kind sehr verwöhnt und mit Kleidchen und Spielzeug ausstaffiert. Heinrich hatte Edwins Leica die meiste Zeit in seinem Zimmer, weil er sie für sein Studium brauchen konnte, deshalb bat ihn Ma, Fotos von der kleinen Schwester zu machen. In Verenas Kinderzimmer entdeckte er, dass das Kindermädchen nicht nur reizend, sondern auch zugänglich war. Sie scherzten mit dem Kind und kamen sich näher, bis Ma sie dabei erwischte und lauthals schimpfte: »Jetzt interessiert sich mein Sohn schon fürs Dienstpersonal, das werde ich auf gar keinen Fall zulassen!«

Heinrich studierte Physikochemie am Polytechnikum und stellte bald fest, dass die Damen ihn charmant und anziehend fanden, und er gefiel sich in der Rolle des Kavaliers. Victor fing mit dem Architekturstudium an und war kaum noch zu Hause anzutreffen. Vor Beginn der Vorlesungen ging Heinrich zum Tennisspielen in den Club seines Studienkollegen Fritz. Jeden Mittwoch war Clubabend, zu dem der Freund ihn mitnahm, bis Heinrich sich um den Beitritt im Techniker-Cercle bewerben konnte, in dem sich Architekten, Ingenieure und Industrielle Wiens zusammengeschlossen hatten. Der Cercle veranstaltete jährlich den »Ball der Technik und Industrie«, der nach dem Opernball der zweitnobelste war. Heinrich bewarb sich in der ersten Saison um die Mitgliedschaft im Jugendkomitee, wodurch sich sein Freundeskreis enorm erweiterte. Den jungen Herren des Techniker-Cercles fiel die Aufgabe zu, vor dem Ball verschiedenen Prominenten, Industriellen und Diplomaten Einladungen zu überreichen. Dabei wurde jeder Eingeladene gebeten, für die weniger bemittelten Studenten der Technischen Hochschule zu spenden. Bei der Eröffnung des Balls wurden die Architekten- und Ingenieurstöchter in die Gesellschaft eingeführt. Für jede Debütantin sollte ein Herr gefunden werden. Bei den weniger ansehnlichen Damen war das schwierig, selbst wenn es sich um die Töchter von Ministern oder anderen hochgestellten Persönlichkeiten handelte. Da traf es oft die attraktivsten jungen Männer, sich als Kavaliere zu opfern.

In Wien konnte Anna die Herren, deren Bücher sie so intensiv studiert hatte, nun persönlich kennenlernen. Die Psychoanalytische Vereinigung Wiens WPV war aus Sigmund Freuds Mittwochsgesellschaft hervorgegangen, und dieser hatte von 1911 bis 1938 auch den Vorsitz. Zu Freud vorzudringen gelang ihr vorerst nicht, sie musste auf einen Besuch ihres Freundes Heyer aus München warten. Alfred Adler dagegen hielt Vorträge in Wien und war an der Klinik für Kinderpsychologie anzutreffen, deren Direktor er war. Er war der Begründer der Individualpsychologie und sah den Menschen nicht von Trieben bestimmt, sondern als freies Wesen, das die kulturellen

Aufgaben lösen muss, die ihm das Leben stellt. Er wollte eine lebensnahe Psychologie schaffen, die es Lehrern, Ärzten und Psychologen ermöglicht, den Mitmenschen zu helfen, indem sie deren Lebensgeschichte analysieren und verstehen. Anna war besonders angetan von seinen Schriften über die Kompensation und Überkompensation von Organminderwertigkeiten. Adler schreibt, dass Menschen mit einem Gebrechen versuchen, durch Kompensation dieses Gebrechen auszugleichen, also Körper und Psyche die Tendenz haben, das Minderwertigkeitsgefühl zu kompensieren. Dies gelänge besser bei Menschen, die in den ersten Lebensjahren eine gute Mutter-Kind-Beziehung hatten. Es war ihm aufgefallen, dass Menschen mit einer besonderen Begabung häufig ein körperliches Gebrechen haben, dieses durch besonderen Fleiß oder enorme Kraftanstrengung kompensieren und dadurch zu außergewöhnlichen Leistungen befähigt werden. Überkompensation von Minderwertigkeitskomplexen führt laut Adler zu krankhaftem Machtstreben und Geltungssucht. Die Begriffe Kompensation und Überkompensation gingen so sehr in den Wortschatz der Familie ein, dass ihnen gar nicht mehr bewusst war, woher sie ursprünglich stammten. (Leider hatten sich die beiden wichtigsten Psychiater Wiens entzweit, nachdem sie ursprünglich zusammengearbeitet hatten.)

Der Forster-Flügel aus Dresden hatte die Familie bei nahezu allen Umzügen begleitet, obwohl Ma in den letzten Jahren keine Zeit gehabt hatte, auf ihm zu spielen. In Wien erhielt sie wieder Gesangsunterricht und übte jeden Morgen zur Stimmbildung ihre Tonleitern. Anstelle von La-La-La-La sang sie nun Psy-cho-a-na-ly-se von oben nach unten und dann von unten nach oben, wobei man förmlich miterleben konnte, wie die geschundene Seele aus dem Urgrund emporgerissen wurde.

Eines Tages musste Edwin geschäftlich nach Berlin und bot Heinrich an mitzukommen. Heinrich war noch nie in Berlin gewesen und sehr neugierig auf die Reichshauptstadt. Sie konnten in Charlottenburg bei Edwins Mutter übernachten, die ein riesiges Haus mit Köchin und einem Diener bewohnte. Heinrich gehörte für sie zu den Lower-Classes, was sie ihn schon bei früheren Zusammentreffen hatte spüren lassen. Die alte Dame saß, behängt mit Colliers und kostbaren Armbändern, in ihrem Sessel wie eine Königin. Sie hatte an jedem Finger einen Ring, und ihre Hände ruhten majestätisch auf den mächtigen Armlehnen. Bei Edwins Ankunft reichte sie hoheitsvoll die Rechte zum Kuss, um seine Ovationen entgegenzunehmen, die ihn mit einem Schlag wieder zu dem kleinen Buben werden ließen, der seiner Mama zu Diensten war. Edwins Vater war ein halbes Jahr zuvor verstorben, und der Sohn hatte ein begehrliches Auge auf dessen Maybach geworfen, der nun unbenutzt in der Remise stand. Für den Anerkennungsbetrag von 100 Reichsmark konnte er den Wagen erwerben und strahlte wie ein kleiner Junge unter dem Weihnachtsbaum. Berlin war eine hektische Stadt, in der die Menschen sehr geschäftig wirkten. Die alten Prachtbauten waren renoviert, und selbst die Hinterhöfe sahen aufgeräumt und sauber aus.

Das Berliner Nachtleben bot ein sehr abwechslungsreiches Programm mit Oper, Theater, Kabarett, Kinos und Nachtbars, die bis zum Morgengrauen geöffnet waren. Edwin zeigte Heinrich einige Bars und Cafés, in denen Künstler auftraten und die neueste Musik gespielt wurde. Das kulturelle Angebot war unglaublich vielseitig, und die Museumsinsel mit den Gebäuden im griechischen Stil begeisterten Heinrich so, dass er unbedingt und bald wiederkommen wollte. Das preußische Berlin hatte er sich ganz anders vorgestellt.

Auf der Rückreise wurden sie an der deutsch-österreichischen Grenze von einigen Männern an den Straßenrand gewunken und gebeten, für sie zwei Pakete mit über die Grenze zu nehmen, die auf österreichischer Seite sofort wieder in Empfang genommen würden. Heinrich und Edwin dachten sich nichts dabei und nahmen die Pakete mit. An der Grenze herrschte Aufregung. Der abgesetzte König Alfons von Spanien war mit zwei großen Mercedes-Sportwagen vorgefahren. In einem saßen Damen des Hofstaates, in dem zweiten saß der König mit dem ganzen Gepäck. Als die Zollbeamten die Reserveräder auseinandergenommen und die Gummischläuche entfernt hatten, fanden sie große Mengen von Schmuck, Juwelen, Silber und Geld, das König Alfons in sein Exil schmuggeln wollte. Als die Zollbeamten darangingen, alles zu beschlagnahmen, gab es einen großen Tumult, der schließlich dazu führte, dass Edwins Carnet abgestempelt wurde, ohne dass ihr Wagen durchsucht wurde. Hinter der Grenze wurden sie bald von winkenden Männern angehalten, die die Pakete in Empfang nahmen. Als Heinrich sich erkundigte, was denn die schweren Pakete enthielten, rissen sie die Verpackung auf, und man konnte sehen, dass es nationalsozialistisches Propagandamaterial war, auf dessen Schmuggel Zuchthaus stand.

Der Maybach, der in einem Karosseriebetrieb in Wien umgebaut wurde, war eine Rarität. Er besaß einen Sechszylindermotor mit fünf Litern Hubraum und einem Flächenvergaser. Als Getriebe hatte er ein Planetengetriebe, bei dem zwei Gänge mit dem Pedal bedient und zwei Schnellgänge mit einem Hebel eingestellt wurden. Dies verlieh dem Fahrzeug eine große Anpassungsfähigkeit im Gebirge und auf Passstraßen. Der Maybach wog zweieinhalb Tonnen und musste wie ein Lastwagen gefahren werden. Wie bei Rolls Royce wurde dieses Auto nur an Leute abgegeben, die einen Chauffeur hatten, der im Werk in Friedrichshafen während einer vierwöchigen Lehre in die Besonderheiten des Fahrzeugs eingewiesen wurde. Da die Familie den Wagen selbst chauffieren wollte und Edwin ein ausgezeichnetere Fahrer war, machte Heinrich die Lehre bei Maybach, die ihm als Praktikum für sein Studium angerechnet wurde. In einem Karosseriebetrieb ließ Edwin den riesigen Aufbau durch ein Cabriolet ersetzen und im Innenraum einen großen aufklappbaren Kofferraum einbauen. In die Eichenarmstützen kamen Geheimfächer, die zum Schmuggeln von Waren vorgesehen waren. Am Heck des Wagens wurden Kofferbrücken angebracht, auf denen man Schiffskoffer festschnallen konnte. Nach dem Umbau standen oft bewundernde Menschen um den Maybach herum. Mit diesem Fahrzeug konnte die Familie weite Reisen unternehmen, weil genug Stauraum für Gepäck vorhanden war. Die erste Reise ging nach Italien und die Adriaküste entlang. Edwin und Ma schliefen im Wagen auf Liegesitzen, Heinrich und Victor im Zelt, Verena musste die ersten Jahre in Wien beim Dienstpersonal bleiben. Da man sich stets ein viel zu weit gestecktes Tagesziel gesetzt hatte, fuhren sie oft bis spät in die Nacht. Anschließend hielt man im Dunkeln nach einem geeigneten Platz Ausschau, um das Zelt aufzubauen. Es sollte ein Bergbach oder eine Quelle in der Nähe sein, weil sie nach der langen Reise mit zurückgeschlagenem Verdeck ganz eingestaubt waren.

Heinrich, der die Einsamkeit der Berge lieben gelernt hatte, wollte die Familie in möglichst entlegene Bergnester locken, in die kaum ein Autofahrer sich je verirrte. Meist streifte er alleine durch die unberührte Natur, die ihm trotz der Vergnügungen in Wien sehr abging. Anna hatte ähnliche Sehnsüchte, und so reifte in ihr der Plan, wieder einen ländlichen Gutshof zu erwerben wie damals in Bad Heilbrunn. In Heinrich entstand ein sonderbarer Zwiespalt. Auf der einen Seite hatte er gelernt, dass nicht der äußere Schein den wirklichen Menschen ausmacht, sondern seine Ideen, seine Gedanken und sein Lebenswandel. Nun stellte er fest, dass man mit Geld, einem schicken Auto und der entsprechenden Kleidung die Menschen stark beeindrucken konnte und sie einem ganz anders begegneten. Heinrich besaß kein eigenes Geld, er profitierte lediglich von Edwins ererbtem Wohlstand und dessen Einkommen. Er ertappte sich einige Male dabei, dass er sich, lässig an den Maybach gelehnt, unglaublich schick fand und die Blicke der Passanten ihn bewundernd wahrnahmen. Er war jung und gutaussehend, er wollte gefallen, und das gelang ihm auch.

In Österreich waren die Großdeutschen das, was die Deutschnationalen im Deutschen Reich waren. Zielstrebig betrieben sie den Anschluss, obwohl Österreich 1919 im Frieden von Saint Germain die Vereinigung mit dem Deutschen Reich untersagt worden war. Heinrich stand dem Großdeutschen Gedankengut nahe, deshalb war es ein Schock für ihn, als er erfuhr, dass Hitler, um sich mit Mussolini gut zu stellen, Südtiroler Deutschtums Führer wie die Grafen von Tirol und Meran, die gegen die Italiener kämpften, verraten hatte. Besiegelt wurde die Entwicklung schließlich, indem am

25. Mai 1939 feierlich in Berlin der Freundschafts- und Bündnisvertrag mit Italien, der sogenannte Stahlpakt, unterzeichnet wurde, in dem Südtirol offiziell als italienisches Territorium anerkannt wurde. Im Techniker-Cercle waren vor allem Großdeutsche vertreten, nur zwei Mitglieder vertraten nationalsozialistisches Gedankengut. Heinrichs Familie unterhielt Beziehungen zu Franz von Papen, der nach seiner Marburger Rede, bei der er die größten Ungereimtheiten der Nationalsozialisten angeprangert hatte, von Hitler als Botschafter nach Wien geschickt worden war. Sein Redenschreiber Dr. Jung, den die Familie 1930 gewählt hatte, wurde 1934 in der sogenannten »Schutzhaft« von der Gestapo ermordet.

Über von Papen lernte Heinrich den Zentrumsabgeordneten und persönlichen Adjutanten Fritz Günther von Tschirschky kennen, der ihn zu einem diplomatischen Essen mitnahm. Bei dieser Gelegenheit wurde er dem Militärattaché der Wiener Botschaft Generalleutnant Muff vorgestellt. Muff suchte für seine Auslandsreisen einen Begleiter, und Heinrich übernahm in der studienfreien Zeit gerne diese Aufgabe. Auf einer der Fahrten besuchten sie gemeinsam die alten Schauplätze des Stellungskrieges 1914–18, bei einer anderen die deutsch-schwäbischen Siedlungen im Banat. Bei ihrem nächsten Zusammentreffen animierte Muff Heinrich zu einer Reise nach Südtirol, um über die italienische Alpenfestung Informationen zu besorgen. Die Italiener hatten an der Grenze zu Österreich, vor allem am Tauernkamm und am Brenner, aber auch an den Ötztaler Alpen, Bunker und Geschützstellungen gebaut, um die Nordflanke gegen Österreich und Deutschland abzusichern.

Der Generalleutnant wollte Pläne über die Lage dieser Befestigungen haben, und Heinrich sollte sie auskundschaften. Er schrieb an seinen Freund Max in München, um mit ihm gemeinsam in den Semesterferien nach Südtirol zu fahren. Max teilte ihm mit, dass er die Marmorschleiferei seines Vaters in Vipiteno (Sterzing) auflösen müsse. Schließlich trafen sie sich in Sterzing und nahmen gemeinsam Quartier in dem alten Gebäude der Marmorschleiferei. Hier wurden ursprünglich Aschenbecher, Schalen, Kerzenhalter und Eier aus Marmor hergestellt, sogenannte Galanteriewaren. Heinrich half dem Freund bei der Betriebsauflösung, sie bauten die schweren Maschinen ab, die dann von einem anderen Betrieb übernommen wurden. Die Einheimischen kannten Max seit seiner Kindheit und wussten, dass man ihm vertrauen konnte. Die beiden Freunde waren jung, unerfahren und erlebnishungrig, deshalb beteiligten sie sich an Widerstandsaktionen der Südtiroler gegen die Italiener, indem sie Kurierdienste ausführten, bei denen von Innsbruck aus Unterlagen nach Südtirol geschmuggelt wurden. Wie in ihrer Gymnasialzeit in München waren sie auf der Steyr-Puch-Maschine unterwegs und erhielten von der Heimwehr Dynamit zur Sprengung von Licht- und Überlandleitungen. Die Italiener waren auf die Energieversorgung aus Südtirol angewiesen, sie hatten das ganze Etsch- und Eisacktal zur Elektrifizierung des Landes benutzt, und die Zerstörung der Überlandleitungen sollte ihnen entscheidenden Schaden zufügen. Heinrich wusste genau, wie man eine Sprengladung anbringt, um das Fundament der Leitung in die Luft zu jagen. Dabei mussten sie darauf achten, dass sie selbst nicht mit den Leitungen in Berührung kamen.

Zur Erholung von den Aufräumarbeiten in der Marmorschleiferei fuhr Heinrich mit seinem Begleiter hinauf in die Berge und suchte die Befestigungsanlagen der sogenannten Alpenfestung, um sie zu fotografieren und auf Messtischblätter einzuzeichnen. Die Ausbildung im Kartenzeichnen und im Festungsbau bei Oberst Henkel war hierbei sehr nützlich. Die Unterlagen wurden anschließend an eine Deckadresse in Wien geschickt. Max wollte noch in Tirol bleiben, aber zum Semesterantritt musste Heinrich nach Wien zurückfahren. Am Abend vor der Abreise rieten ihm Freunde aus dem Widerstand, nicht den Zug, sondern den Interzonenbus von Lienz nach Innsbruck zu nehmen, weil dieser an der Grenze nicht so lange aufgehalten würde. Um sechs Uhr früh bestieg er den Bus und konnte unbehelligt nach Innsbruck reisen. Wenige Tage später bekam er einen Brief von Max, in dem dieser ihn bat, nach Verona zu kommen, weil er seine Hilfe benötige. Unterschrieben war er mit Maximilian, was ungewöhnlich war. Heinrich konnte und wollte nicht reisen und erhielt kurz darauf einen Anruf vom Botschafter v. Papen, dass sein Freund verhaftet sei. Max saß in Verona wegen Spionage in Einzelhaft. Heinrich war zutiefst erschrocken und machte sich Sorgen und Vorwürfe, seinen Freund in diese schlimme Lage gebracht zu haben.

Er wandte sich an Generalleutnant Muff und Legationsrat Tschirschky, die ihn beauftragt hatten, und bat sie, sich für Max einzusetzen. Die Herren wollten damit nichts zu tun haben, vielmehr bezichtigte ihn die österreichische Regierung landesschädigender Spionage im Ausland, und drohte, ihn des Landes zu verweisen, wenn er die Sache nicht sofort in Ordnung brächte. Heinrich war verzweifelt, weil er nicht wusste, wie sein Freund behandelt wurde. Als dann auch noch Max' Mutter aus München anrief und ihm schwere Vorwürfe machte, war er nahe dran, nach Verona zu reisen. Um Rat gefragt, riet ihm das österreichische Außenministerium dringend von der Reise ab. Nach einigen Wochen erhielt er den Bescheid, dass er in Abwesenheit zu zwölf Jahren Haft verurteilt worden war. Max hatte alle Schuld auf ihn geschoben und wurde des Landes verwiesen. Er durfte italienischen Boden nicht mehr betreten, und Heinrich wusste, dass auch er nie mehr nach Italien reisen konnte.

An der Technischen Universität Wien gab es vermehrt Studenten mit nationalsozialistischer Einstellung, die sich mit Äußerungen gegen das Judentum hervortaten. Heinrich hatte den Eindruck, dass aus Deutschland SA- und SS-Leute an die Universität geschickt wurden, um Kader zu bilden. Es gab sogar Schlägereien, bei denen Juden angegriffen wurden. Die Polizei konnte nicht einschreiten, weil das Hochschulgelände exterritorial war und nicht in ihrem Machtbereich lag. Die Nazis, die etwa zehn Prozent der Studenten ausmachten, hatten den ASTA (Allgemeinen Studentenausschuss) fest in ihrer Hand und waren gut organisiert. Nachdem ein jüdischer Student die Freitreppe hinuntergestoßen worden war, fand man einen Weg, die jüdischen Kommilitonen über eine Hintertreppe ungesehen aus dem Gebäude zu schleusen, um ihnen die Konfrontation mit diesen Leuten zu ersparen.

Durch Annas Kontakt zu den Münchner Psychoanalytikern erhielt die Familie drei Einladungen zu den Eranos-Tagungen in Ascona. Die erste Tagung, die sie alle zusammen besuchten, fand im August 1933 statt. Heinrich war 23, Victor 21 und Verena drei Jahre alt. Sie wohnten zusammen mit den anderen Tagungsteilnehmern im Hotel auf dem Monte Verità, dem »Berg der Wahrheit«. Eranos nannte man im antiken Griechenland die Zusammenkunft zu einem improvisierten Mahl, zu dem jeder Teilnehmer einen essbaren oder einen geistig-künstlerischen Beitrag beizusteuern hatte. Initiatorin der Tagungen war Olga Fröbe-Kapteyn, die zur Förderung der Verständigung zwischen der Weisheit des Ostens und den psychologischen Fragestellungen des Westens etwas beitragen wollte. Zu den Eranos-Tagungen wurden bedeutende Psychiater und Philosophen aus ganz Europa eingeladen.

C. G. Jung referierte über die »Empirie des Individuationsprozesses«, Jungs Schüler und Freund Gustaf-Richard Heyer über »Sinn und Bedeutung östlicher Weisheit für die abendländische Seelenführung«, der Heidelberger Indologe Heinrich Zimmer über »Die Bedeutung des indischen Tantra-Yoga« und Moritz Carl von Cammerloher aus Wien über »Die Stellung der Kunst im psychologischen Weltbild«.

Viele der Vortragenden hatten ihre halbwüchsigen Kinder mitgebracht, die andächtig ihren Ausführungen lauschten, oder sich in der herrlichen Umgebung am Largo Maggiore vergnügten. Das große Haus hatte einen Speisesaal, in dem an einer langen Tafel gemeinsam gegessen wurde. Dort tafelte auch ein Prinz von Hohenzollern, der mit einer alpenländischen Tracht bekleidet war. Auf dem Bund seiner Rehlederhose war hinten ein Hirsch aufgestickt. Dies gab Anlass zu so manchem Scherz, bis eins der Kinder laut rief: »Schaut mal alle hin, Hoheit hat einen Hirsch am Arsch.«

Da man sich alljährlich wieder traf, entstanden Freundschaften unter den Jugendlichen. Gemeinsam ging sie zum Baden an den See, unternahmen Ausflüge in die herrliche Umgebung und besuchten Partys. Heinrich und Victor hatten bald zwei gleichaltrige Mädchen gefunden. Sie wollten den kritischen Blicken der Eltern entgehen und zu einem Picknick auf den Monte Bré aufbrechen. Edwin lieh ihnen großzügig den Maybach, weil noch zwei weitere Paare mitkommen wollten. Die vier Pärchen packten Rotwein und Essen ein, und Heinrich chauffierte, während Victor nur Augen für eine dunkle Schöne hatte. Sie kurvten die steile Bergstraße hinauf, über schmale Brücken und reißende Bäche, es herrschte Hochstimmung im Wagen, und Heinrich musste das schwere Gefährt auf Touren halten, um die Steigungen zu bewältigen. Bei einer dieser steilen Kurven streifte der Maybach das Brückengeländer, welches krachend in die Tiefe stürzte. Schließlich mussten sie einsehen, dass sie mit diesem Fahrzeug nicht weiter hinauffahren konnten und stiegen zu Fuß weiter zum Gipfel. Am höchsten Punkt wurden sie belohnt durch den überwältigenden Ausblick auf den tief unter ihnen liegenden Lago Maggiore und die umliegenden Berge. Sie blieben, bis es dunkel wurde, der Mond die Landschaft in ein traumhaftes blaues Licht tauchte und der See wie ein silberner Spiegel unter ihnen lag. Es war eine Sommernacht für Verliebte, und die Pärchen lagen eng umschlungen auf der nächtlichen Bergwiese. Lang nach Mitternacht kehrten sie leise ins Hotel zurück, glücklich und erfüllt von der Erinnerung an einen wunderschönen Ausflug. Nur Heinrich hatte ein schlechtes Gewissen, weil er Edwins Wagen beschädigt hatte und mit einem ziemlichen Donnerwetter zu rechnen war. Er hatte Probleme damit, dass er einerseits auf Edwins Großzügigkeit angewiesen war, um sich solche Vergnügungen leisten zu können, andererseits dabei häufig etwas schiefging, was jedes Mal einen bitteren Nachgeschmack hinterließ und ihn mit Schuldgefühlen belastete. Niemand anderem, nur seiner Fahrlässigkeit konnte er die Schuld geben und seinem Schicksal, das ihm nicht den nötigen Reichtum beschert hatte, mit eigenen Mitteln das zu erreichen, was ihm täglich vorgelebt wurde.

Die beiden erwachsenen Brüder kümmerten sich um die kleine Schwester Verena, die ein niedliches kleines Mädchen mit Zöpfen geworden war. Manchmal wurde Heinrich für den Vater gehalten. Oft fuhren sie mit ihr auf den See hinaus, versuchten ihr das

Schwimmen beizubringen und schleppten sie auf den Schultern auf so manchen Berg. Für Ma war es eine große Erleichterung, obwohl sie die beiden Großen ermahnte, keine allzu gefährlichen Ausflüge mit Verena zu machen. Sie sah es nicht gerne, wenn sie das Kind in die Luft warfen oder um sich herumschleuderten, wobei die Kleine jedes Mal in lautes Freudengeschrei ausbrach und nie genug davon bekommen konnte.

Anhand der Vorträge und Gespräche auf den Eranos-Tagungen und durch die persönliche Begegnung mit C. G. Jung fing Heinrich an, die Theorien von Freud, die ihm in der Münchner Zeit so einleuchtend erschienen waren, neu zu überdenken. Damals war er aus der Kirche ausgetreten, weil seine tiefgreifenden Zweifel an dieser Institution durch die Logik Freuds vertieft worden waren. Nicht zuletzt war sein Austritt auch eine Gegenreaktion auf die Zeit im Gral gewesen. Er wusste, dass man nicht alles erklären und beweisen konnte, trotzdem hatte er eine tiefe Abneigung gegen Spiritismus, Okkultismus und Parapsychologie. Aufgrund seiner Erfahrungen mit dem Gral lehnte er Menschen ab, die an irgendetwas glaubten, ohne wenigstens nach Beweisen zur Untermauerung ihres Glaubens zu suchen. Die Achtung und Liebe zu Ma machten ihn ihren Äußerungen gegenüber weniger kritisch. Sie sah Bilder und legte ihre Träume aus, wagte Zukunftsprognosen anhand der Bilder, die sie sah, und Heinrich widersprach ihr nie. Er hielt sie für fähig, durch ihre Erfahrung und ihren Weitblick, durch ihr langjähriges Studium und die Exerzitien, die sie gemacht hatte, Zusammenhänge zu erkennen, die er selbst noch nicht überblickte. Heinrich wollte unbedingt ein exaktes wissenschaftliches Fach studieren, deshalb hatte er sich für ein Physikstudium entschieden. An Freuds Schriften hatte ihm gefallen, dass dieser nach Beweisen suchte und die Psychologie zu einer Naturwissenschaft machen wollte. Freud hatte anhand kontrollierter Studien die Daten vieler Menschen verglichen, um Statistiken zu bekommen, in denen Regelhaftigkeiten zu erkennen waren, die Beweise lieferten für die Theorien der Psychoanalytiker. An Freuds logisch erscheinenden Ausführungen hatte ihn allerdings immer gestört, dass dieser vieles auf die Sexualität zurückführte. Nun las und hörte er C. G. Jungs Meinung zu diesem Komplex und übernahm dessen Ansichten. Jung erzählte von seinem Zusammentreffen mit Freud und seinen eigenen Zweifeln an Freuds Einstellung, dass alle Geistigkeit, die in Kunst und Kultur zutage träte, mit verdrängter Sexualität zu erklären sei. Freud habe zu ihm gesagt, aus der Sexualtheorie müsse man ein Dogma machen, als Bollwerk gegen die schwarze Schlammflut des Okkultismus. Mit Okkultismus meinte er Philosophie, Religion und Parapsychologie.

Jung vertrat die Ansicht, dass das Bewusstsein vom Rationalisten überschätzt würde, dem Unbewussten müsse man den ihm gebührenden Wert zuerkennen, doch solle es nicht höher bewertet werden als das Bewusstsein. Anna sprach lange mit Jung darüber, inwieweit die Mythen eines Volkes auf dessen Unterbewusstsein einwirken und im Tagesgeschehen wieder auftauchen. Der Held Siegfried stellte laut Jung das dar, was die Deutschen tun wollten, nämlich heldenhaft für die nationale Sache kämpfen; wo ein Wille ist, da ist auch ein Weg. Die Gralsmythologie war im kollektiven Unbewussten verankert, sie war mit einem Geheimnis verbunden, weil der Gral nur für den Suchenden sichtbar wurde, und spielte deshalb in der Traumdeutung eine wichtige Rolle. Heinrich akzeptierte, dass der, der einen hellen Kopf besitzt, seinen scharfen Intellekt auf Kosten des Gefühls entwickelt und der Realist die Visionen des Intuitiven entwertet. Er wollte Realist sein, für ihn war das Unterbewusste eine Rumpelkammer für verdrängtes Material und infantile Wünsche. Anna wollte, dass ihr Sohn Heinrich eine Psychotherapie bei Heyer macht. Er wehrte sich mit den Worten: »Mit mir nicht! Meine Probleme, Träume und mein frühkindliches Trauma werden nicht zu einem neurotischen oder psychosomatischen Problem. Der Pollen ist die einzige Ursache meines Asthmas, und dieser kann auch durch eine Analyse nicht davon abgehalten werden zu fliegen.«

Bei den Eranos-Tagungen lernte Heinrich auch das Yoga kennen und »the old living Buddha«, Alexandra David-Neel, eine alte Dame, die ihm mit ihrer Haltung imponierte. Er lernte seine Muskeln und Nerven zu entspannen, und diese praktische Anleitung, Ruhe zu finden, half ihm später über manch schlimme Situation hinweg. In Askona lebten viele Juden, die die Tagungen besuchten. Heinrich hatte Martin Bubers Vorträge gehört und war sehr beeindruckt von seiner bildhaften Sprache und den Ausführungen über die ewige Verfolgung der Juden. Hitlers Antisemitismus führte dazu, dass die allgemeine Stimmung bei den Tagungen antideutsch und antinationalsozialistisch wurde. Die Diskussionen befassten sich mit den Unterschieden der germanischen und jüdischen Psychologie, die Nazis hofierten Jung im Gegensatz zu Freud, dessen Schriften verbrannt wurden. Zuletzt hatten die Deutschen einen schweren Stand, und es wurde viel über Juden und über das Judentum gesprochen.

Martin Buber hielt Vorträge über »Sinnbildliche und sakramentale Existenz im Judentum« und über »Die Welt des Chassidismus«. Als er gefragt wurde, ob er an Gott glaubt, gab er zur Antwort: »Wenn an Gott zu glauben bedeutet, zu ihm im Leid beten und mit ihm reden zu können, sich also für das Du eines Gegenübers zu öffnen, dann glaube ich an Gott.«

Ein Beitrag Bubers, die Legende des Baalschem, war wie ein Menetekel für die nicht vorhersehbare Zukunft: »Er sah ihn eindringlich an, als wolle er hinter der hellen Stirn einen Geist aufrufen, der jetzt noch schlief und sprach: Mein Kind, er wird dir entgegentreten, der Widersacher, am Anfang, an der Wende, an der Vollbringung, im Schatten des Traums und im lebendigen Fleisch. Er ist der Abgrund, den du überfliegen sollst. Er ist der Rest von dir. Er schließt deinen Kreis und du schließest seinen Kreis. Es werden Zeiten sein, da du wie ein Blitz in seine letzte Verborgenheit niederfahren wirst, und er wird zerstieben vor deiner Gewalt wie eine dünne Wolke, und es werden Zeiten sein, da er dich umringen wird mit Fluten zäher Finsternis, und du wirst einsam auf deinem Riff stehen mitten im Meer deiner Nacht. Aber jene Zeiten werden zerreißen und diese Zeiten werden zerreißen und du wirst Sieger sein in deiner Seele.«

Vasallenjahre 1934–1939

Heinrich machte Examen in den Fächern Mathematik, Physik, Maschinenkunde und Chemie, die er alle mit Eins bestand. Nun konnte er mit seiner Diplomarbeit am Institut für Optik und Physik beginnen. Diese bestand in der Aufstellung und Vermessung eines Rowland Gitters. Das Gitter befand sich in der Mitte eines Halbkreises, der einen Durchmesser von drei Metern hatte. Die Anlage durfte keinen Erschütterungen ausgesetzt werden, weil diese zu großen Ausschlägen auf der Fotoplatte führten, auf der optisch scharfe Abbildungen der atomaren und molekularen Spektren, der Rowland Spektren, erzielt werden sollten. Die Gelder am Institut waren spärlich, da die Staatsmittel so gering waren, dass sie nur knapp zur Erhaltung der Infrastruktur reichten. Alle Diplomanden und Doktoranden mussten das Material, das sie benötigten, aus eigener Tasche bezahlen. Nachdem Heinrich die Diplomarbeit bei Professor Flam eingereicht hatte, bekam er eine Assistentenstelle und 300 Schilling Gehalt.

Im selben Raum wie Heinrich machte Mark Moskowitz seine Diplomarbeit, und beide Diplomanden waren bald eng befreundet. Mark hatte semmelblonde Haare und blaue Augen, sah sehr arisch aus, war aber Jude. Er pfiff während der Arbeit Mozarts Klavierkonzerte, die er alle auswendig konnte. Sie legten die zweite Staatsprüfung gemeinsam ab und Mark, dessen Vater ein namhafter Arzt in Wien war, emigrierte noch vor dem Einmarsch der Nationalsozialisten nach England, und Heinrich war froh, den Freund in Sicherheit zu wissen.

Am 12. Februar 1934 hatte die Familie in Mauer bei Wien eine Abendeinladung. Es waren Studienkollegen und Freunde aus dem

Techniker-Cercle und die passenden Damen dazu eingeladen. Ma hatte ein langes Buffet mit belegten Brötchen, Kuchen und Getränken aufgebaut, und die Gäste amüsierten sich prächtig, als eine der Damen den Wunsch äußerte, das Haus zu besichtigen. Die jungen Leute zogen lärmend und lästernd durchs Haus, und Lotte, Heinrichs Tanzpartnerin, fand eine Browning Pistole in seinem Nachtkäschen und wollte damit schießen. Die ganze Gesellschaft ging in den Keller, der in Stufen immer tiefer hinabführte, sodass man, wenn man im ersten Raum stand, vom letzten nur noch einen halbmondförmigen Bogen sehen konnte. Dort bauten sie die Schießscheibe auf, und Victor brachte stolz seinen Karabiner und eine 6 mm Longrifle herbei. Die Gäste stellten sich auf die Kellertreppe und schossen abwechselnd mit den verschiedenen Schießeisen, wobei jeder Treffer mit einem lauten »Hallo!« begleitet wurde. Plötzlich hörten sie heftiges Poltern an der Haustüre und als sie aufmachten, stand die Polizei davor. Die ganze Gesellschaft wurde umgehend verhaftet und auf das Revier gebracht, der Spaß war ihnen allen verdorben. Unter den Gästen war der Neffe des Innenministers, der vom Polizeirevier aus im Ministerium anrief und um Hilfe bat. Er hatte Erfolg, und die jungen Leute wurden am nächsten Morgen wieder freigelassen. Erst jetzt erfuhren sie, dass in jener Nacht der sozialistische Arbeiteraufstand tobte und ihre Schießübungen damit in Verbindung gebracht worden waren.

Die Sozialdemokraten hatten Gemeindebauten in Wien errichtet, die so gebaut waren, dass sie im Falle einer bewaffneten Auseinandersetzung als Widerstandszentren verteidigt werden konnten. Diese Häuser hatten Balkone, Erker und Schießscharten in Richtung der Einfall- und Ausfallstraßen. Die Arbeiter verschanzten sich in diesen burgähnlichen Bauten und schossen auf Polizei und Heer. Die Artillerie des Heeres beschoss im Gegenzug die Häuser der Arbeiter mit Granaten, die keine Sprengmunition enthielten. So entstanden zwar große Löcher in den Fassaden, aber die Häuser selbst blieben erhalten. Mehrere hundert Personen wurden bei der Auseinandersetzung getötet. Die vom Fürsten Starhemberg geführte Heimwehr konnte zusammen mit dem Heer den Aufstand niederschlagen. Alle Parteien außer der parteiüberreifenden Bewegung der »Vaterländischen Front« unter der Führung des Bundeskanzlers Engelbert Dollfuss wurden verboten. Damit war der Weg frei für einen antiparlamentarischen Staat Österreich.

Nach dem Wiener Aufstand der Sozialisten gab es im Techniker-Cercle lange Diskussionen, ob Dollfuss sich mit seinem Austrofaschismus halten und Mussolini ihn unterstützen würde. Heinrich interessierte sich zwar für die politischen Gespräche, aber die Damen, die er durch den Club kennengelernt hatte, fesselten ihn mehr. Er hatte sich in seine Tanzpartnerin Charlotte, genannt Lotte, verliebt und wollte einen sonnigen Frühlingstag mit ihr auf dem Lande verbringen. Edwin, Ma und Victor waren verreist, und der Maybach stand ungenutzt in der Remise. Heinrich wusste, dass er nur den kleinen Citroen benutzen durfte, wollte aber mit der Staatskarosse Eindruck bei Lotte machen. Also schraubte er das Tachometer am Maybach ab, damit Edwin nicht merken konnte, dass er sein Auto benutzt hatte. Im weißen Sommeranzug, einer modischen Brille und mit zurückgeschlagenem Verdeck fuhr er vor Lottes Elternhaus auf der Hohen Warte vor. Sie hatte ein blaues Sommerkleid mit weißen Punkten angezogen und einen vollgepackten Picknickkorb am Arm. Die Eltern winkten zum Abschied von der Terrasse, als der elegante junge Mann mit ihrer Tochter den Berg hinunter in Richtung Wienerwald entschwand. Heinrich fand einen Picknickplatz im weichen Moos am Waldrand vor einer Frühlingswiese mit blauen Szilla und gelben Schlüsselblumen. Er legte eine alte Militärplane auf den feuchten Boden und Lotte packte ihren Picknickkorb aus, in den sie Weißbrot mit Käse und einen leichten Weißwein mit Gläsern eingepackt hatte. Wegen der strahlenden Frühlingssonne hatte sie einen Strohhut aufgesetzt und machte freche Bemerkungen über Heinrichs schüchterne Annäherungsversuche. Lotte war eine gutaussehende junge Frau mit kurzgeschnittenem, kastanienbraunem Haar, blauen Augen und sportlichem Körperbau. Sie spielte Tennis und war eine ausgezeichnete Tänzerin. Im Winter war sie mit den Freunden am Arlberg gewesen und hatte Skitouren und Tiefschneeabfahrten locker gemeistert. Sie ergriff die Initiative und küsste den schüchternen Bewunderer. Heinrich erklärte ihr in umständlichen Worten seine Liebe und dass er sie heiraten wolle, nur leider müsse er zuvor sein Studium beenden und genug Geld verdienen, um ihr ein standesgemäßes Leben bieten zu können.

»Wirst du auf mich warten?« Lotte gab zur Antwort: »Wer weiß, was morgen ist, lass uns den Tag genießen.« Gegen Abend chauffierte er die Angebetete wieder nach Hause und merkte nicht, dass er im Überschwang der Gefühle schneller fuhr, als erlaubt war. Zu Hause angekommen schraubte er das Tachometer wieder an und wedelte den Staub von den Kotflügeln. Als er zwei Tage später aus der TU nach Hause kam, traf er bereits im Flur auf Edwin und Ma.

»Hast du während unserer Abwesenheit den Maybach zu Balzzwecken benutzt?«, wollte Ma wissen. »Natürlich nicht«, gab Heinrich zur Antwort. Daraufhin zog Edwin einen Strafbefehl aus der Tasche und erklärte, dass er sich bereits bei der Polizei erkundigt hatte, wer gefahren war. Heinrich schämte sich, dass er gelogen hatte und wusste genau, was Ma jetzt dachte: Er ist ein Lügner und schlägt nach dem Vater. Verfolgt von ihren zornigen Augen verkroch er sich auf seinem Zimmer. Ihn traf weniger, dass Edwin sauer war, doch Mas abschätzender und strafender Blick war vernichtend. Bei Lotte fand er Trost und Zuspruch gegen seine aufkeimenden Minderwertigkeitsgefühle. Er dachte Tag und Nacht an sie und telefonierte stundenlang mit ihr, bis er rote Ohren hatte, während Vic ihn mit ironischen Seitenhieben attackierte: »Mensch, muss Liebe schön sein! Du schmilzt ja wie ein Camembert in der Sonne. Entbiete deiner Angebeteten doch bitte Gruß und Kuss von Brüderchen Victor und hör endlich auf, das Telefon zu blockieren, ich will telefonieren!«

Die beiden Brüder wurden häufig gemeinsam eingeladen, sie waren beliebt und immer für einen Streich gut. Als sie mit ihren Freundinnen auf dem Cobenzl, einem Ausflugslokal waren, hatte Victor die Idee, den Citroen alleine fahren zu lassen. Mit ganz nach links eingeschlagenem Lenkrad ließen sie das Auto im niedrigsten Gang bei festgestelltem Handgas auf dem Parkplatz im Kreis fahren, ohne dass jemand im Wagen saß. Aus der Ferne beobachteten sie genüsslich die Reaktionen der Gäste, die parken wollten, sich aber nicht trauten, auf den Parkplatz zu fahren. Im Lokal wurde per Lautsprecher ausgerufen, dass derjenige, dessen Fahrzeug sich selbstständig gemacht habe, es doch bitte einfangen möge. Victor sprang in das Geisterauto und parkte zum Gaudium der Restaurantbesucher den Citroen ordnungsgemäß ein.

Nachdem Heinrich sein Staatsexamen in Wien bestanden hatte, legte ihm Generalleutnant Muff nahe, sich als deutscher Staatsbürger beim Ersatzwehrdienst zu melden, sonst würde sein Pass eingezogen, weil er weder in der NSDAP war noch dem Bund der Auslandsdeutschen angehörte. Er wollte sich in Österreich nationalisieren lassen, um der Wehrpflicht zu entgehen, dies wurde aber von den Behörden wegen seiner Südtirol-Affäre abgelehnt. So blieb ihm nichts anderes übrig, als den Wehrdienst zu leisten. Er nahm tränenreichen Abschied von Lotte, der er ein Treuegelübde abzuringen versuchte, jedoch ohne Erfolg.

Heinrich wurde in die Kaserne Neukuren an der samländischen Küste Ostpreußens beordert. Hier traf er auf viele Auslandsdeutsche, die wie er den Ersatzdienst abzuleisten hatten. Es waren Leute aus Ungarn, der Tschechoslowakei, Schweden und Dänemark. Sie hatten einen Vorteil gegenüber den Gleichaltrigen im Reich, weil sie den ein- bis zweijährigen Arbeitsdienst nicht zusätzlich machen mussten. Generalleutnant Muff hatte es geschafft, Heinrich seinem Wunsch entsprechend in einer fliegenden Einheit unterzubringen. Täglich mussten sie zunächst die Grundübungen in Robben, Kriechen, Gleiten und Schießen absolvieren. Anschließend erhielten die Schüler ihren ersten Flugunterricht in einer Klemm, mit der sie Start- und Landemanöver, gefolgt von einer Platzrunde übten. Der theoretische Unterricht und die Ausbildung am Flugsimulator fand in der Kaserne statt. Die nächsten praktischen Flugübungen machten sie im Doppelsitzer in Begleitung eines Fluglehrers. Die meisten Kameraden hatten Flugerfahrungen und durften bereits nach wenigen Tagen alleine starten. Nach 14 Tagen konnte auch Heinrich seinen ersten Zielflug absolvieren. Bei seinem zweiten war die Wolkendecke so dicht und niedrig, dass man die Klemm bald nach dem Start nicht mehr sehen konnte. Immer drei Flugzeuge gingen nacheinander an den Start, die beiden Flugschüler, die mit Heinrich in den Himmel stiegen, hatten schon Flugscheine und nutzten die Gelegenheit, um zu zeigen, was sie konnten. Sie machten Männchen und flogen Looping, dabei bemerkten sie nicht, dass der Kommandant mit seiner Dienstmaschine, aus Berlin kommend, einflog. Als sie wieder am Boden waren, verfügte dieser ihre sofortige Ablösung und Strafversetzung in die Luftnachrichtentruppe. Es hätte wenig genutzt, wenn Heinrich darauf hingewiesen hätte, dass er an den unerlaubten Flugübungen nicht teilgenommen hatte, sein Traum, endlich den Flugschein zu machen, war geplatzt. Nur widerwillig fügte er sich in sein Schicksal, das ihn von der Luft auf die Erde herunterholte.

Bei der Luftnachrichtentruppe lernte er im Telegrafenbau das Verlegen leichter und schwerer Feldkabel und den Umgang mit Fernsprechanlagen. Auch hier erhielten sie intensiven theoretischen Unterricht über die Vermittlung von Nachrichten, über Telefonapparatebau und viele andere funktechnische Einzelheiten. Da Heinrich als Physiker die meisten Grundlagen bereits mitbrachte, hatte er sich nach wenigen Tagen eingearbeitet. Die Ersatzeinheit war eine verschworene Gemeinschaft von Auslandsdeutschen, die dem Nationalsozialismus kritisch gegenüberstanden. In dieser Einheit war der Drill besonders stark, um die Rekruten gefügig zu machen, doch erreicht wurde das Gegenteil. Die Unteroffiziere und Feldwebel stießen bald auf einen harten kollektiven Widerstand. Die Truppe musste täglich im Dünensand an der Ostsee exerzieren, wobei sie in einer langen Reihe auf das Meer zumarschieren und am Wasser kehrtmachen sollten. Als ein Offizier zur Beobachtung gekommen war, sahen sie die Chance, ihrem Ausbilder einen Denkzettel zu verpassen. Als die Einheit auf das tosende Meer zumarschierte, rief Heinrich: »Wir hören nichts mehr«, und sie gingen unbeirrt ins Meer hinein, bis ihnen das Wasser bis zum Kinn stand. Sie konnten hören, wie der Offizier den Unteroffizier anbrüllte und ihm befahl in die Brandung zu gehen, um das Kommando zur Umkehr zu geben.

Bei einer Nachtübung sollten sie Telefonkabel durch das Moor verlegen. Der Pfad war in der Dunkelheit nicht zu sehen, und die Rekruten fielen in die offenen Wasserlöcher, aus denen sie mit den langen Verlegestangen herausgefischt werden mussten. Heinrich kam völlig durchnässt und durchgefroren auf dem Fliegerhorst an und holte sich kurz darauf eine Lungenentzündung, mit der er nach Hause geschickt wurde. Schwer krank kehrte er am 30. Oktober 1937 nach Beendigung seiner ersten Wehrübung nach Wien zurück.

Die ganze Familie war froh, ihn wieder bei sich zu haben. Ma verwöhnte ihn, bis er wieder gesund war und nicht mehr husten musste. Er hatte ein Wehrmachtsfotoalbum mitgebracht, auf dessen Deckblatt das Eiserne Kreuz eingeprägt war. Die ersten Seiten waren für eine Art Tagebuch reserviert mit der Überschrift: »Meine Erlebnisse und Erinnerungen«. Dort hatte Heinrich notiert, dass er den Lebensrettungsschein im 100-Meter-Tauchen, 100-Meter-Rettungsschwimmen und 200-Meter-Kleiderschwimmen bestanden hatte und nach dem Göring-Manöver zum Obergefreiten befördert worden war. Auf den Fotoseiten hatte er Bilder von seiner Vereidigung vor der wehenden Hakenkreuzfahne eingeklebt. Vor der Vereidigung wurde folgender Gesetzestext verlesen: »Jeder wird mit dem Tode bestraft, der es wagen sollte, den Fahneneid auf Adolf Hitler oder den Kriegsdienst zu verweigern.« Dann mussten die Rekruten antreten und folgende Eidesformel nachsprechen: »Ich schwöre bei Gott diesen heiligen Eid, dass ich dem Führer des Deutschen Reiches und Volkes, Adolf Hitler, dem Obersten Befehlshaber der Wehrmacht, unbedingten Gehorsam leisten und als tapferer Soldat bereit sein will, jederzeit für diesen Eid mein Leben einzusetzen.«

Zu Hause diskutierte man viel über die Veränderungen, die sich in der letzten Zeit in Deutschland unter dem Hitlerregime eingestellt hatten. Der Mann, den man für einen Schreihals gehalten hatte, hatte scheinbar einiges geleistet, denn die meisten Deutschen blickten zuversichtlich in die Zukunft. In Erinnerung an den letzten Krieg wollte niemand an eine feindliche Auseinandersetzung mit einem der Nachbarländer denken, und Hitler beteuerte, dass er eine solche auch nicht vorhabe. Da die Familie mit einigen Juden befreundet war, waren sie nicht damit einverstanden, dass die Bürgerrechte der Juden eingeschränkt wurden. Es entging ihnen nicht, dass im Zuge von Hitlers Germanisierung immer mehr jüdische Mitbürger ins Ausland verschwanden. Die Verbrechen, die zu dieser Zeit verübt wurden und von denen man in Wien durch Immigranten hörte, wurden von der Propaganda verharmlosend dargestellt. Man sprach von Querulanten und Gegnern des Regimes, die zusammen mit korrupten Juden in Konzentrationslagern zusammengefasst würden, um dort zu arbeiten. Die Österreicher wünschten sich einen ähnlichen Aufschwung für ihr Land, und so konnten die großdeutschen Ideen und der Wunsch nach dem Anschluss Österreichs an das Reich immer mehr Anhänger gewinnen.

Heinrich traf sich mit Lotte und teilte ihr mit, dass er sich entschieden hatte, seine Doktorarbeit in Berlin zu machen, weil er für seine wissenschaftliche Laufbahn dort bessere Chancen sah. Er bat sie, auf ihn zu warten, weil er ohne sie nicht leben könne. Wieder versuchte er ein Treueversprechen von ihr zu bekommen, doch sie wich ihm aus.

Als er Ma mitteilte, dass er wegziehen würde, wollte sie ihn nicht gehen lassen. Unter Tränen bat sie ihn, bei ihr zu bleiben und sie nicht alleine zu lassen. »Aber Ma, du bist doch nicht alleine, kannst du nicht verstehen, dass ich jetzt daran denken muss, mein eigenes Leben aufzubauen?« Zu seinem größten Leidwesen war er auch in Zukunft von Edwins finanzieller Unterstützung abhängig, weil er von dem, was er als Doktorand verdiente, nicht leben konnte. In Berlin widerstand er der Versuchung, bei Edwins Mutter wegen eines Zimmers anzufragen, obwohl sie ganz alleine eine Villa bewohnte. Er ging auf Wohnungssuche und fand eine Bleibe bei Frau Weidling »Unter den Eichen«, die ihn wie einen Sohn aufnahm. Jeden Morgen machte sie ihm das Frühstück, und ab und zu gab es auch ein Mittag- oder Abendessen. Heinrich revanchierte sich mit kleinen Aufmerksamkeiten und hörte ihr geduldig zu, wenn sie von ihren Söhnen und den Schwiegertöchtern sprach, die mit ihr nichts zu tun haben wollten. Ihr Mann war im Krieg gefallen und so war sie ziemlich alleine. Angenehm an ihr war, dass sie sehr diskret blieb und sich nie aufdrängte. Heinrich war mit zwei riesigen Schiffskoffern eingezogen, in denen er seine ganze Habe verstaut hatte. In Wien war praktisch nichts zurückgeblieben von dem, was ihm gehörte. Sein Auszug aus dem Elternhaus, mit immerhin 27 Jahren, war endgültig und radikal.

In ihrem ersten Brief schrieb Ma: »Mein lieber Heinrich! Ich kann zu dir nur sagen, armer irrer Sohn bist du denn total verdreht? Was hast du alles von hier mitgenommen? Wir haben ausdrücklich ausgemacht, dass du die Sommersachen hier in den Mottenbehältnissen belässt. Was glaubst du, was du vorfinden wirst, wenn du sie wirklich im Sommer brauchst? Deine guten Anzüge werden aussehen wie Archibald Douglas' Hemd, denn Motten gibt es auch in Berlin, und das meine ich nicht im übertragenen Sinn. Wozu musstest du die weißen Jacken herausreißen, die Edelsteine hervorkramen, die Apotheke plündern und Edwins Kleiderbügel mitnehmen? Er hat fast keine mehr! Sogar das Zahnputzglas ist weg! Ich wünsche dir, dass du verzweifelt nach Raum suchst, um den ganzen Klamuri unterzubringen in deiner neuen Bude. So, das musste ich dir vor allem sagen. Ich bin verärgert durch dein Verhalten. Stell dich doch bitte auf Berliner Zigaretten um, die sind bei Weitem besser und nicht so schwer wie die von hier, aber Butter werde ich dir jede Woche schicken. Schreib, ob sie gut ankommt. Edwin musste dich hier abmelden, da er mit Strafe bedroht wurde und die Kriminalpolizei schon hier war. Für heute viele Grüße und wütend bin ich heftig! Deine Ma.«

Die folgenden Briefe waren viel liebevoller, sie begannen mit »Liebes Buichen« und waren voller Sorge, ob es ihm gut gehe und er genug zu essen habe, aber auch voll von Ratschlägen der treusorgenden Mutter. Ma war nun, nachdem ihr Großer sich abzunabeln versuchte, zu der liebevollen Anrede der ersten Kinderjahre zurückgekehrt. Sie riet ihm, sich in Berlin anders zu benehmen als in Wien, er müsse vorsichtiger sein, was in Wien als Schmäh verstanden würde, könne ihm in Berlin schaden. Edwin schickte ihm Adressen von wichtigen Persönlichkeiten, die er besuchen sollte, um Grüße von ihm auszurichten, und die ihm helfen sollten, Anschluss zu finden. Ma schrieb dazu: »Sei zuverlässig und genau mit Angaben und Zahlen. Man muss bauen können auf das, was du einmal gesagt hast. Sag lieber gar nichts als etwas Ungenaues: Es wird dir nie vergessen von dieser guten Sorte gründlicher, deutscher Männer. Wenn man hier jemandem ein Schmettern noch verzeiht – dort bei den Preußen nie! Dein Freund Hubert hat einmal geäußert, er lerne auf Generaldirektor, das geht zu weit und hinterlässt einen bleibenden Eindruck, und wenn er hundert Jahre alt darüber wird.«

Heinrich erhielt eine Doktorarbeit am Kaiser-Wilhelm-Institut für Physikalische Chemie und Elektrochemie und sollte das Gebiet »Chemische Reaktionen in Gasentladungen« erforschen. Er arbeitete mit einem Generator, den er mit 10-, 20-, und 30.000 Volt fahren konnte. Die Entladungen fanden in einer Ozonröhre statt, in die verschiedene Gase eingeführt wurden. Seine Aufgabe war es, die optimalen Bedingungen für den Ladungsstrom, die Ionisierung, sowie die chemischen Reaktionen und Verbindungen festzustellen. Der physikalische Teil der Doktorarbeit interessierte ihn mehr als der chemische, weshalb er ihn für das Abschlussexamen vorzog. In Berlin herrschte ein ideales Arbeitsklima, und nachdem Heinrich etwas erreichen wollte und seine Ziele hochgesteckt waren, kam ihm dies sehr entgegen. Er sparte so gut es ging, bis er sich ein kleines Auto kaufen konnte. Es war ein Meisterklasse-Wagen, den die Berliner Kleistermasse nannten.

Nachdem er Wien verlassen hatte, fühlte sich Lotte einsam und entschied sich für einen Freund aus dem Techniker-Cercle, mit dem sie nur wenig später die Ehe einging. Die Hochzeitsanzeige war für Heinrich ein Schock. Er war monatelang zutiefst deprimiert und konnte nicht verstehen, warum seine Lotte nicht auf ihn warten wollte. Er versuchte sich abzulenken und fuhr mit Carmen, der Tochter des spanischen Botschafters, über die Pfingsttage an die märkischen Seen. Sie kamen bis Rheinsberg, dann setzte der Motor aus. Heinrich stellte fest, dass es an der Lichtmaschine lag und das Ritzel, das zum Motor führt, Zähne gelassen hatte. Carmen sah ihren Kavalier für den Rest der Tage nur noch unter dem Auto liegen. Schließlich schaffte er es, dass die Meisterklasse sie noch bis Berlin zurückbrachte, durch das Brandenburger Tor die Siegesallee hinunterfuhr, doch am Siegesspargel war es dann vorbei mit dem Traum vom eigenen Auto. Heinrich, der es sich wegen Mas Amourenschnüffelei abgewöhnt hatte, irgendwelche Einblicke in sein Liebesleben zu gestatten, teilte ihr nicht etwa mit, wer sich hinter dem romantischen Namen Carmen verbarg, dafür informierte er sie umso detaillierter über die Beschaffenheit des Ritzels.

Unmittelbar nach dem Abschluss des Examens in Physik wurde Heinrich zur zweiten Wehrübung einberufen. Mittlerweile kannte er die Schinderei schon und fand sich damit ab. Am Ende der Übung mussten Rekruten einen 72 Kilometer langen Marsch mit vollem Marschgepäck zurücklegen. Zusätzlich zu dem acht Kilo schweren Gepäck hatten sie noch ein etwa sieben Kilo schweres Gewehr zu schleppen. Bei den damaligen Armeestiefeln hatten sie alle nach 40 Kilometern Blasen an den Füßen. Heinrich sagte zu seinem Stubenkameraden: »Jetzt weiß ich, warum meine Mutter uns so hart rangenommen hat, es war die Vorbereitung auf die deutsche Armee.«

Die langen Sandstrände am Kurischen Haff boten viele Freizeitvergnügungen. Die Soldaten bauten Sandburgen wie die kleinen Buben und dekorierten sie mit Kieselsteinen und Muscheln. Drei Kameraden wurden so tief eingegraben, dass nur noch der Kopf zu sehen war. Anschließend gab es ein Heldenbegräbnis, bei dem der Pfarrer im Bademantel salbungsvolle Worte formulierte und mit einer Klobürste Weihwasser versprühte. Für den Grabschmuck hatten sie belaubte Äste in den Sand gesteckt. Auf all den Fotos aus dieser Zeit sieht Heinrich traurig aus. Er dachte an seinen Vater und wie er sich wohl gefühlt hatte, als er in den Krieg musste. Bei langen, einsamen Wanderungen am Meer entlang sammelte er Bernsteine.

Das war zwar verboten, doch Heinrich kümmerte sich nicht darum und nahm sie zur Erinnerung mit nach Hause. Nach einer Sturmflut fand er daumengroße Bernsteinstücke, in denen ab und zu eine Mücke oder Ameise eingeschlossen war. Versonnen hielt er sie gegen das Licht und erfreute sich an den fossilen Boten ferner Zeiten.

Als er wieder nach Berlin zurückkehrte, drängten ihn die Kollegen, der NSDAP beizutreten. Die meisten Doktoranden waren im NS-Dozentenbund zusammengeschlossen, denn für eine erfolgreiche akademische Laufbahn war die Mitgliedschaft unerlässlich. Heinrich mochte weder die SA- noch die SS-Mannschaften mit ihrem rabiaten Auftreten und der Hetze gegen die Juden. Er musste an die Deutschtumsführer in Südtirol denken, die Hitler zugunsten einer Großdeutschen Regelung in der Sudetenfrage an Mussolini verraten hatte. Verrat war in seinen Augen unentschuldbar und widersprach seiner innersten Überzeugung und der Erziehung zum Ritter. Er entschloss sich daher, der Partei nicht beizutreten, was ihm noch sehr schaden sollte.

Am 12. März 1938 erfuhr Heinrich, dass die deutschen Truppen in Österreich einmarschierten. Ma rief ihn sofort bei Frau Weidling an und war schrecklich aufgeregt am Telefon. Wenige Tage später erhielt er von ihr einen Brief, der den Einmarsch aus ihrer Sicht beschrieb.

Lieber Heinrich, *Wien 13. März 1938*

Ich bedauere es unendlich, dass du diese Tage nicht hier mit uns erlebt hast, weil du die vielen Jahre all den Rummel gegen die Deutschen mitgemacht hast. Es waren Stunden ärgster Angst und Sorge zwischen Donnerstag, wo Schuschnigg den Roten die Straßen freigab und Rempeleien altbekannter Weise begannen, bis zu dem Moment, wo er im Radio vom deutschen Ultimatum faselte und versuchte, die fremden Mächte aufzuputschen. Victor und ich sind doch jeder Sensation abhold, aber als Vic mittags zum Schutz der Botschaft in die Stadt beordert wurde, da wurde es uns verflucht mulmig! An abrücken war gar nicht zu denken, und ich machte mir schon Vorwürfe, dass ich Verena nicht nach München gebracht hatte. Wir saßen alle in unerträglicher Spannung um das Radio herum. Keiner wusste, wer obsiegen würde, da die Nazis dichthielten und es nur hieß, dass man sich bei der formlosen Abstimmung der Stimme enthalten sollte. Dann Freitag spätabends der Rücktritt von Schuschnigg, danach ging es Schlag auf Schlag. In einer Stunde war die Stadt zum Bersten voll von Menschen, und in Lainz umarmten sich Wildfremde. Gegen ein Uhr wurde Victor von der Botschaft endlich entlassen, da alles völlig ungestört blieb, nachdem die Roten, wie das Wasser im Abfluss, plötzlich vom Erdboden verschwunden waren. Bis gegen zwei Uhr lagen wir vor dem Radio, sie übertrugen vom Ballhausplatz und der Kärntnerstraße den Jubel. Es war einfach überwältigend. Man muss sich klarmachen, dass wir alle ein spanisches Schicksal befürchtet hatten.

Und gestern früh dann der Einflug von 400 Flugzeugen!!! Wie die Staffeln über den Lainzer Tiergarten herauskamen, das war überhaupt nicht zu beschreiben, ich werde diesen Eindruck nie vergessen können. Ich musste immer denken, wenn die nun in böser Absicht kämen. Victor rannte und holte dein Fernglas, da uns auf einmal Zweifel kamen, ob es wirklich deutsche Flugzeuge waren. Wer die Wiener so gesehen hat, in ihrer Freude über die »Revolution«, muss sie einfach lieben. Die Menschen auf den Straßen schlendern dahin, ohne jede Aggression, die Wachmannschaften gemütlich zwischendrin – bezaubernd! Victor sah, wie die ersten Tanks einrückten, da haben sie den Fahrern die Hände geküsst, als diese stehen bleiben mussten auf dem Ring. Ich hoffe, dass ich mir den Hitler-Einzug ansehen kann, denn das sind einmalige Erlebnisse. Es ist, als ob das Alte Jahre zurückläge, so desinteressiert am endgültig Erledigten sind sie hier in Wien, dass sogar die Plakate von Schuschnigg noch hängen und man sie lässt. Keiner beseitigt das »Ja« auf den beschmierten Straßen, das Volk lacht und ist selig. Die Deutschen kamen hier wirklich als die Retter in der Not! Ich begreife jetzt das Schlag-

wort vom »goldenen Wiener Herzen«, sie sind ganz heiser vom vielen Heil-Geschrei. Ich schließe, denn ich wollte dir nur schnell berichten, ehe die Eindrücke überdeckt sind.

Deine Ma.

Für die Juden bedeutete der Einmarsch der Deutschen ein bedrohliches Fanal. Egon Friedell stürzte sich am 16. März beim Einmarsch der Nazis aus dem Fenster seiner Wiener Wohnung. Der ebenfalls in Wien lebende Robert Musil emigrierte noch 1938 in die Schweiz. Stefan Zweig ging im selben Jahr nach England und beging 1942 zusammen mit seiner Frau Selbstmord. Der von Ma so verehrte Sigmund Freud verließ mit 82 Jahren Wien, um ins Exil nach London zu gehen, wo er ein Jahr später starb. Joseph Roth emigrierte nach Paris, wo er 1939 im Armenhospital starb. Im »Radetzkymarsch« schrieb er: »Damals war es noch nicht gleichgültig, ob ein Mensch lebte oder starb. Wenn einer aus der Schar der Irdischen ausgelöscht wurde, trat nicht sofort ein anderer an seine Stelle, um den Toten vergessen zu machen, sondern eine Lücke blieb, wo er fehlte, und die nahen wie die fernen Zeugen des Untergangs verstummten, sooft sie diese Lücke sahen. So war es damals! Alles was wuchs, brauchte viel Zeit zum Wachsen und alles was unterging, brauchte lange Zeit, um vergessen zu werden. Alles aber, was einmal vorhanden gewesen war, hatte seine Spuren hinterlassen, und man lebte dazumal von den Erinnerungen, wie man heutzutage lebt von der Fähigkeit, schnell und nachdrücklich zu vergessen.«

Acht Monate nach dem Anschluss Österreichs, am 9. und 10. November 1938, stürmten SA- und SS-Mannschaften jüdische Geschäfte und zündeten Synagogen an. Juden wurden aus ihren Wohnungen geholt und in Konzentrationslager verschleppt. Im Volksmund sprach man wegen der zerschmetterten Fensterscheiben von der Reichskristallnacht.

Jede Woche erhielt Heinrich einen Brief von Ma. Sie teilte ihm mit, dass die Leute in Wien Hamsterkäufe tätigten und es kein Leinen mehr gab, um ihren Männern Hemden schneidern zu lassen. Die fürsorgliche Mutter schickte Geld an seine Vermieterin, damit sie für den Sohn Obst und frisches Gemüse kaufen konnte.

Zur Zeit des Münchner Abkommens war Ma mit Edwin in München. Voller Begeisterung schrieb sie ihrem Sohn, dass sie das Abkommen unvergleichlich, epochemachend und wunderbar finde und damit nun endlich eine neue, friedliche Ära beginnen könne. Im Münchner Abkommen von 1938 verständigten sich England, Frankreich, Italien und das Deutsche Reich auf die Abtretung der sudetendeutschen Gebiete an Deutschland. In einem separaten Nichtangriffspakt zwischen England und Deutschland wurde besiegelt, nie wieder gegeneinander Krieg zu führen, und alle umstrittenen Fragen in wechselseitigen Konsultationen zu regeln. Mit Frankreich wurde ein ähnliches Abkommen geschlossen. Damit hatte Hitler erreicht, was vorher für unmöglich gehalten wurde: Ohne Krieg hatte er Österreich an das Reich angeschlossen und auch noch die sudetendeutschen Gebiete dem Reich angegliedert. Er stand auf dem Höhepunkt seiner Popularität. Die meisten Deutschen waren zu dieser Zeit Anhänger Hitlers, auch wenn sie nicht der Partei beigetreten waren.

In den Ferien fuhr Heinrich nach Wien. Hier hatte sich viel verändert. Victor hatte sein Examen als Architekt gemacht und suchte vergeblich Arbeit. Er fuhr jeden Morgen mit Edwin in die Firma, um dort auszuhelfen, was ihm nicht sonderlich behagte und ihn misslaunig stimmte. Nach jahrelanger Suche war es Ma gelungen, einen Gutsbesitz zu finden und zu kaufen. Sie brannte darauf, Heinrich ihren Gutshof zu zeigen. Gemeinsam fuhren sie über St. Pölten nach Lilienfeld, wo in einem Seitental der Oberhof lag. Er bestand aus einem Haupthaus, einem Nebenhaus und einem großen Stall, alle Gebäude waren in schlechtem Zustand und ziemlich verkommen. Auf dem Hof wohnte ein Ehepaar, welches das Vieh und die Wiesen bewirtschaftete. Zum Gut gehörte eine Jagd mit einem großen Forstgebiet, für das sie einen Waldarbeiter vom Vorbesitzer übernommen hatten. Etwas höher am Hang lag ein kleines, verwahrlostes Jagdhaus, das gerade umgebaut wurde, damit die Familie zukünftig die

Wochenenden und die Ferien dort verbringen konnte. Ma zeigte ihrem Sohn stolz den Bach, die Elektrizitätsanlage und die Talmulde, in der sie einen Badesee anlegen wollte. Heinrich sah, dass noch viel zu tun war und für die Verwirklichung der Wünsche Geld benötigt wurde. Deshalb verbrachte er den Rest der Ferien damit, Holz zu schlagen, das Ma verkaufen konnte.

Auf dem Rückweg traf er sich in Wien mit Freunden vom Techniker-Cercle, die ihm ihre neuesten Erfindungen zeigten. Es handelte sich um ein automatisches Planzeichnungsgerät, das, in einen Panzer montiert, alle Bewegungen genau aufzeichnen konnte. Die zweite Erfindung war eine Hohlmantelhaftladung, mit der man dicke Stahlplatten durchschlagen konnte. Da sie ihre Ideen in Österreich nicht verwerten konnten, nahm Heinrich sie mit nach Berlin, wo Generalleutnant Muff einen Termin im Heereswaffenamt vermittelte. Dort war man an den Erfindungen nicht interessiert. Am nächsten Tag wurde Heinrich in die Reichskanzlei bestellt, wo er von Bormann empfangen wurde. Dieser teilte ihm mit, dass man von den Erfindungen gehört hatte und der Führer die Unterlagen sehen wollte. Heinrich wurde mit seinen zwei Freunden in einen prachtvollen Raum geführt und war aufgeregt, weil er gleich dem Führer persönlich gegenüberstehen würde. Nachdem sich Hitler und sein Adjutant gesetzt hatten, beschrieben die Erfinder in kurzer konzentrierter Darstellung ihre Patentvorschläge. Hitler hörte sich alles schweigend an, erkundigte sich dann, ob das Hotel der Herren akzeptabel sei und bat sie, noch ein paar Tage in Berlin zu bleiben. Schon am nächsten Tag wurden sie wieder in die Reichskanzlei gebeten. Diesmal nahmen an der Besprechung auch Göring sowie einige ranghohe Generäle des Heeresamtes teil. Heinrich fand es unglaublich, was nun geschah. Obwohl am Tag zuvor die Erfindungen nur in äußerst knapper Form vorgestellt worden waren, schilderte Hitler der versammelten Runde die Zusammenhänge. Dabei rekapitulierte er technische Einzelheiten, von denen er nichts verstehen konnte, seine Ausführungen waren präzise bis ins Detail. Als er mit seinen Ausführungen fertig war, schlug er spontan auf den Tisch und sagte: »Meine Herren, sehen Sie denn nicht, was diese

Erfindungen für eine Bedeutung haben? Es ist ein Skandal, dass die Leute vom Heereswaffenamt dies nicht erkannt haben. Wir verpulvern so viel Geld mit Dingen, die nicht mal halb so wichtig sind, und bei Weitem nicht diese Bedeutung haben. Wir werden den Herren eine Chance geben und mit begrenzten Mitteln einen Versuch machen, dann werden wir weitersehen.«

Alle Vorschläge wurden angenommen, die panzerbrechenden Hohlmantelgeschosse wurden verwirklicht und im Russlandfeldzug erstmals eingesetzt. Der selbstschreibende Kartentisch wurde hergestellt und nicht nur in Panzern eingesetzt.

Das erste Zusammentreffen mit Hitler hatte Heinrich beeindruckt. Der Führer konnte Zusammenhänge ganz offensichtlich intuitiv erfassen und in eine verständliche Sprache umsetzen. Nicht lange danach hatte er Gelegenheit, Hitler bei zwei Versammlungen reden zu hören. In seiner ersten Rede sprach er auf dem Tempelhofer Feld vor Arbeitern und Angestellten, über die Intellektuellen, Industriellen und die Reichen. Die zweite Rede hielt er noch am selben Tag, anlässlich eines Empfangs für Industrielle und Wissenschaftler. Hier sagte Hitler genau das Gegenteil von dem, was er am Vormittag vor den Arbeitern gesagt hatte. Damit wurde Heinrich klar, dass Hitler sich mit populistischen Methoden die Sympathie der Menschen verschaffte. Er weckte das Nationalgefühl und schürte den latent vorhandenen Judenhass. Wie stark dieser Mann mit seinen Parolen die Massen zu bannen vermochte, konnte man bei den Nürnberger Parteitagen erleben, die Heinrich in der Wochenschau gesehen hatte.

Kriegsjahre 1939–1946

Heinrich war der erste Wissenschaftler im Institut, der eingezogen wurde, weil er kein Parteimitglied war. Er musste seine nahezu fertige Apparatur zurücklassen und bat seinen Freund Theo, gut darauf aufzupassen. Seine Versuchsanordnung war sehr fragil, und Heinrich hatte Angst, dass in seiner Abwesenheit andere daran weiterbauen und alles zerstören würden.

Am 1. September 1939 erhielt er den Marschbefehl nach Polen und wurde zum Nachrichtenregiment 7, welches in Berlin-Bernau stationiert war, eingeteilt. Bevor die Männer endgültig ausrückten, mussten sie mit scharfer Munition Schießübungen machen. Mit einem Mal wurde ihnen klar, dass es ernst wurde und sie auf Menschen schießen sollten, die zurückschießen würden. Die ganze Kompanie drehte durch, einige Soldaten warfen sich heulend auf den Boden und riefen, dass niemand sie dazu bringen würde, auf Menschen zu schießen. Da traten die Kämpfer aus dem Ersten Weltkrieg vor und sprachen beruhigend auf die jungen Leute ein. Sie sagten, dass nicht jede Kugel treffe und nicht jeder Treffer zum Tode führe und im Übrigen der ganze Feldzug schnell vorüber sei, weil die Polen ihnen nichts entgegenzusetzen hätten. Ein Davonlaufen sei vollkommen ausgeschlossen, die Soldaten sollten Vertrauen haben in ihre Vorgesetzten und zu Gott beten. Schließlich gelang es ihnen mit ihrer Ruhe und Erfahrung, die Moral der Truppe wiederherzustellen. Am anderen Morgen überschritten die Soldaten bei Schneidemühl die Grenze zu Polen. In Nakel wurden sie in Straßenkämpfe verwickelt und von Partisanen beschossen. Sie mussten in den Häusern Deckung suchen, während das reguläre Militär einen Gegenangriff unternahm. Zwei Landser nutzten die Gelegenheit und verzogen sich in ein Geschäft, um dort etwas in ihren Rucksack zu stecken. Der

Oberst ließ die Rucksäcke inspizieren und stellte fest, dass sie einige Stangen Kernseife gestohlen hatten. Für den Diebstahl der Kernseife stellte der Oberst die beiden Landser vor ein Kriegsgericht. Weil einer der beiden mehrere Stangen gestohlen hatte, wurde er an die Wand gestellt und erschossen, der zweite Delinquent wurde in eine Strafkompanie versetzt. Man wollte ein Exempel statuieren, um Plündereien von Anfang an zu verhindern.

Nach längerem Marsch ohne Feindberührung erreichten Heinrich und seine Kameraden ein zerschossenes Dorf, in dem von vielen Häusern nur noch die Kamine und ein Teil der Fassade erhalten waren. Tote Soldaten lagen mit ausgebreiteten Armen auf der Straße und erschossene Pferde angeschirrt vor ihrem Wagen. Eine Eisenbahnbrücke war so zerstört, dass sie in sich ganz verdreht war. Daneben hatte man schon eine provisorische Holzbrücke aufgebaut, über die die Telegrafeneinheit mit ihren Lkws fahren konnte. Über Nakel rückte die Truppe nach Bromberg vor, in dessen Schulhaus die Abteilung am 11. September Quartier nahm, während von den umliegenden Dächern geschossen wurde. Von dort ging es weiter nach Wloclawek, wo man ihnen einige Tage Ruhe gönnte. Auf dem Weg nach Kutno geriet Heinrichs Trupp unter längeren Beschuss. Sie suchten Schutz im Keller eines zerschossenen Hauses, in dem zwei Landser einen Raum entdeckten, in dem Tausende Eier in Kalk eingelegt waren, die wie frische Eier schmeckten. Die militärische Versorgung war einfach und bestand aus Kommissbrot, Rotwurst aus Dosen und Kunsthonig, dazu gab es kleine Mengen von Fleisch. Der Eiervorrat wurde offiziell der Küche zugeteilt und war eine erfreuliche Abwechslung. Häufig wurde die Feldküche von hungrigen polnischen Kindern belagert, für die immer etwas zu essen übrig war.

Kurz vor Warschau mussten die Männer von der Straße ins Feld hinuntersteigen, um Telegrafenmasten aufzustellen. Heinrich ging voraus, und völlig unerwartet gab der Boden unter ihm nach. Er sank bis zum Bauch ein, und plötzlich verbreitete sich ein bestialischer Gestank. Als die Kameraden ihn herauszogen, stellte man fest, dass er auf ein Massengrab für Volksdeutsche getreten war, die vor dem Einmarsch der Deutschen erschossen und notdürftig vergraben worden waren. Es mussten sehr viele Menschen gewesen sein, denn die Grube war etwa 100 Meter lang und 25 Meter breit und nur mit einer dünnen Schicht Erde überdeckt. Der Leichengeruch, der an Heinrich haften blieb, verging selbst nach intensiven Waschungen nicht, und er wurde immer wieder von heftigem Ekel gewürgt.

Vor Warschau gingen die Truppen in Stellung. Die Abteilung sollte eine Telefonleitung von der letzten Artilleriestellung bis nach Warschau bauen. Die Artillerie hatte den Auftrag, ihnen Deckung zu geben, doch das funktionierte nicht. Nachdem die Abteilung 50 Meter mit ihrem Material vorausgegangen war, geriet sie unter Maschinengewehr- und Granatwerferfeuer. Einige Kameraden wurden getroffen, andere konnten sich in eine Scheune retten. Ein Artilleriebeobachter rannte mit seiner Leuchtspurpistole in der Hand auf die Scheune zu, als er getroffen wurde und die Leuchtspurmunition an seinem Gürtel explodierte. Die Kameraden mussten mit ansehen, wie es ihm die Hose verbrannte, den Bauch aufriss und die Gedärme austraten, dabei brüllte er so bestialisch, dass Heinrich nicht mehr hinschauen konnte und sich die Ohren zuhielt. Der Mann stürzte nieder, niemand konnte ihm helfen, wenige Minuten später war er tot. Erst im Schutz der Nacht konnten die Soldaten die Scheune verlassen und zu ihren Fahrzeugen gehen. Heinrich chauffierte einen schweren Lkw, als sie erneut unter Beschuss gerieten. Eine Kugel drang durch die Windschutzscheibe und traf seinen rechten Zeigefinger. Er hatte keine Zeit, die Wunde zu verbinden, weil sie aus den Lkws springen mussten, um im Straßengraben Deckung zu nehmen. In der Aufregung stolperte Heinrich und fiel mit der verletzten Hand in die Jauche eines Pferdekadavers. Sobald sie aus dem Graben heraus konnten, wusch er die Wunde mit Trinkwasser aus, doch der Finger war bereits dick angeschwollen. Am nächsten Morgen musste die Wunde in der Sanitätsstation behandelt werden. Der einzige Sanitäter, der zur Verfügung stand, machte Heinrich darauf aufmerksam, dass sie leider keine Betäubungsmittel mehr hätten, weil das Sanitätslager verlegt worden war. Heinrich willigte trotzdem in die Operation ein, weil er wegen der Schmerzen den Arm kaum noch bewegen konnte. Der Finger wurde bis zum Knochen aufgeschnitten, mit Wasserstoffsuperoxyd gereinigt und zugenäht. Als der Sanitäter fertig war, hieß es: wegtreten, dienstfähig.

Die Kämpfe vor Warschau stagnierten drei Tage lang, weil am Stadtrand hohe Häuser standen, in denen sich die Polen verschanzt hatten und heftigen Widerstand leisteten. Heinrich erhielt Feldpost von Ma und las die Briefe immer wieder, bis sie ganz zerfleddert und schmutzig waren. So erfuhr er, dass Victor noch nicht eingezogen worden war. Ma hatte Angst, dass England und Frankreich in den Krieg eintreten würden und sich die Versorgungslage durch eine Blockade zuspitzen könnte. »Ich muss immer denken, wo du wohl bist. Hoffentlich hast du einen passablen Dienst und gute Kameraden und findest brauchbare Unterkommen. Ich bete, dass das Ärgste vorbei ist, wenn die Herbstregen kommen. Kann man dir etwas schicken? Du wirst ja wissen, wie knapp die Rationen geworden sind, aber schreib uns was du notwendig brauchst. Irgendwie erscheint mir das Ganze noch wie ein böser Traum, und ich will und kann es nicht glauben, dass wir wieder in eine Situation kommen wie 1914. Fabelhaft ist jedenfalls, was bisher geleistet wurde, vor allem scheint die Luftwaffe ihre Sache gut gemacht zu haben. Vielleicht geht die ganze Kriegsrasselei rasch vorbei, und du holst dir deinen Hirsch hier auf dem Gut, ich wüsste nicht, was ich mehr wünschte! Alles Liebe und viele Bussis und gute Gedanken von deiner Ma.«

Die Truppe kam nicht bis Warschau, am Nachmittag erhielt sie den Rückzugsbefehl nach Berlin. Auf dem Rückmarsch entdeckten zwei Soldaten am Ufer der Weichsel ein Fahrzeuglager mit schweren Lkws und Ausrüstungsgegenständen, die die Polen zurückgelassen hatten. Jeder, der fahren konnte, musste eines dieser Fahrzeuge chauffieren. Heinrich nahm einen großen englischen Lastwagen, dessen Kühlerhaube locker war. Um sie provisorisch zu befestigen, zurrte er sie mit Draht und einem Schweinebeckenknochen zwischen den Kotflügeln fest. Der Gashebel fehlte, um Gas zu geben, musste man an einer Schnur ziehen, die durch die Windschutzscheibe lief. Das Gefährt sah wirklich abenteuerlich aus, und zum ersten Mal kam Rückzugsstimmung auf, es ging nach Hause! In ihrer Erleichterung beschrieben die Soldaten die erbeuteten Lastwagen mit Sprüchen wie: »Zurück zur Mutti«, »Egons Express« oder »Berlin – London«. Auf dem Rückweg kamen ihnen Kolonnen von Reitern mit dem Nachschub entgegen. Die Straßenränder waren gesäumt von Lumpen, Kisten und toten Pferden, dazwischen stand hie und da ein rohgezimmertes Kreuz in der frisch aufgeworfenen Erde. In einem Lazarett wurde am 28. September Heinrichs Finger von einem Berliner Arzt erneut operiert. Mit einem hinderlichen Verband chauffierte er anschließend den Lkw. Nahe der deutschen Grenze wurde die Einheit gesammelt, um geschlossen in Berlin einzufahren, wo sie von winkenden Menschen begrüßt wurde. Die deutschen Verluste während dieses Blitzkrieges beliefen sich auf rund 11.000 Gefallene und 30.000 Verwundete. Heinrich erhielt nur zwei Tage Urlaub, den er bei Frau Weidling verbrachte. Als erstes wollte er baden, um all den Schmutz und die schrecklichen Erinnerungen der letzten vier Wochen von sich abzuwaschen. In der Nacht hatte er unheimliche Träume, an die er sich am nächsten Tag nur dunkel erinnern konnte. Um wieder einzuschlafen, trank er Wodka, den er aus Polen mitgebracht hatte. Jetzt wusste er, was Krieg bedeutete und wollte nie wieder an die Front.

Nach zwei Tagen Urlaub sollte sich Heinrich in Bernau zurückmelden, er war zum Obergefreiten befördert worden, jetzt war er Offiziersanwärter. Am 11. Oktober 1939 wurde seine Kompanie nach Zündorf bei Köln verlegt, wo für alle eine elende Wartezeit anfing. Sie standen unter der ständigen Spannung, ob sie gegen Frankreich eingesetzt würden oder nicht. Die politische Lage war unklar, Heinrich konnte weder zu seiner wissenschaftlichen Arbeit zurückkehren noch einen Heimaturlaub antreten. Eine willkommene Abwechslung waren Mas Briefe. Sie schrieb ihm, dass Victor immer noch nicht eingezogen worden sei und täglich mit dem Fahrrad zur Fabrik radele, weil es kein Benzin gebe und das Auto konfisziert worden sei. In Wien war die Ernährungslage problematisch, deshalb erhielt er keine Essenspakete mehr. Aber die Mutter hatte drei Schachteln *Jonny Zigaretten* für ihn eingepackt und schickte jeden

Witz, den sie hörte: »In die Wiener Straßenbahn steigt ein Steirer ein und sucht lange nach seinem Zehnerl, die Bahn kann nicht weiterfahren, bevor er das Geldstück in den Schnapparatismus gesteckt hat. Da tönt der Preuße: ›Na, das muss ja nun alles anders werden, mehr Tempo, mehr Ordnung!‹ Daraufhin sieht ihn der Steirer ruhig an und sagt im breitesten Niederösterreichisch: ›Etza habts uns gfressen, etza müasts uns a verdaun.‹«

Heinrich litt seit dem Polenfeldzug unter ständigen Magenbeschwerden. Ma bat ihn, einen Arzt aufzusuchen, um eine Magenschleimhautentzündung auszuschließen. Er solle seine Träume aufschreiben, um herauszufinden, ob der nervöse Magen von unverarbeiteten Kriegserlebnissen herrühre. Im Übrigen solle er auf die Frage, wie es ihm geht, mit einem zögerlichen »leidlich« antworten. »Gelobt sei, was da hart macht, und lerne leiden, ohne zu klagen!«

In der freien Zeit gingen die Soldaten nach Köln und sahen sich die Stadt an. In einer Gaststätte am Dom lernte Heinrich ein Mädchen kennen, das als Aushilfskellnerin dort bediente. Er war mit seinen Kameraden unterwegs, aber die Kellnerin hatte nur Augen für ihn. Sie scherzten herum und verabredeten sich für den nächsten Abend, um ins Kino zu gehen. Die junge Dame hieß Almut und machte eine Ausbildung als Schauspielerin. Sie war 18 Jahre alt, hatte schwarze Haare und grüne Augen, eine tolle Figur, und sie war anschmiegsam. Heinrich hatte in Wien gelernt, charmant zu sein, den Damen die Hand zu küssen, ihnen in den Mantel zu helfen und Komplimente zu machen. Seit dem Polenfeldzug war die Welt für ihn verändert, die Gegenwart war schnelllebig, morgen konnte alles vorbei sein. Er fühlte sich ungebunden und wusste nicht, wie lange er in der Stadt bleiben konnte. Er traf sich mit Almut und sie schlenderten durch die Straßen, während er von seiner Adsorptionsanlage und einer Zukunft als Wissenschaftler sprach. Sie gingen Arm in Arm und er hielt die kalte Mädchenhand fest in seiner Manteltasche. Durch das Hauptportal betraten sie den Kölner Dom, in dem viele Kerzen entzündet waren, in Fürbitte für die Soldaten an der Front und die Gefallenen. Es war kurz vor Weihnachten und eisig kalt in dem hohen sakralen Raum, der mit Tannenzweigen geschmückt war.

Einige Gläubige knieten in den vorderen Bänken und murmelten Gebete, während ein Priester im langen Gewand sich vor dem Altar verneigte. Heinrich zog seine Begleitung in die letzte Bank, und beide hingen ihren Gedanken nach, während vorne am Altar eine Wandlung stattfand und ein feines Glöckchen erklang. Der Priester entschwand durch einen Seitenaltar, gefolgt von einem Knaben, der das Weihrauchgefäß schwenkte, bis ihnen der würzige Harzgeruch in die Nase stieg. Heinrich zog das Mädchen zu sich und küsste es.

Wenig später wurde er zu einem Offizierslehrgang nach Halle berufen. Dort erhielten die Offiziersanwärter theoretischen Unterricht in Ballistik und Taktik und mussten aus allen erdenklichen Stellungen auf Pappkameraden schießen. Man brachte ihnen bei, ein Dorf anzugreifen, und anschließend wurden sie einem Härtetest unterzogen. Hierbei mussten die Soldaten mit Gasmasken exerzieren und bis zum Umfallen marschieren. Wer dabei nicht gut abschnitt, schied für die Offizierslaufbahn aus. Am 10. Mai 1940 wurde Heinrich mit seinen Kameraden nach Frankreich abkommandiert. In aller Frühe brach die Abteilung in Richtung der belgischen Grenze auf, die sie bei Vielsam überschritt. Bei Laroche gerieten die deutschen Verbände unter Beschuss und mussten in Stellung gehen, bis der Angriff von den Panzereinheiten abgewehrt wurde. Als Vortrupp gehörten sie zur Spitze des Nachrichtenregiments und mussten auf der Passhöhe im Keller eines Hauses Schutz suchen. Hier lagen in dem sandigen Boden eine Menge Weinflaschen. Während sie die Flaschen ausgruben und verpackten, erhielten sie Rückendeckung von den aus den Fenstern schießenden Kameraden. 48 Stunden später hatten die deutschen Truppen die Höhe von Dinant an der Maas erreicht. Dort kam der Vormarsch zum Stehen, weil die Infanterie mit Sturmbooten über die Maas übersetzen musste. Dies war relativ schwierig, weil der Feind von den westlichen Höhen herunter den besten Überblick über die Stadt und das Flussgelände hatte. Die übersetzenden Truppen empfing ein mörderisches Feuer. Beim zweiten Anlauf erreichten sie das westliche Ufer, zu dem sie einen Brückenkopf bildeten, damit später die Artillerie mit ihren Panzern und schweren Maschinengewehren übersetzen konnte. Danach versteckten sie die Fahrzeuge unter Bäumen und suchten Deckung in einem alten Hotel. Hier entdeckten Heinrichs Kameraden ein Lager mit Champagner, Wein und Sekt. Im Schutze der Dunkelheit gelang es ihnen, die Fahrzeuge aus der Deckung zu holen und den Wein einzuladen. In der Nacht wurde ihr Trupp in einen Gutshof eingewiesen, wo sie den Beutewein konsumieren konnten.

Als Heinrich am nächsten Morgen erwachte, stellte er fest, dass die Plane seines Lkws, auf dem er geschlafen hatte, total von Bombensplittern durchsiebt war. Er erfuhr, dass in der Nacht ein Bombenangriff englischer Flieger stattgefunden hatte, wovon er und seine Leute in ihrem Vollrausch nichts mitbekommen hatten. Er hatte überlebt, weil sein Laster nahe an die Mauer des Gehöftes geparkt war und er auf der Seite der Hauswand geschlafen hatte. War es Zufall oder Schicksal? Die Kompanie musste weiter. Viele Kameraden waren noch so benebelt von dem Besäufnis, dass sie fahruntauglich waren. Heinrich ließ einen volltrunkenen Fahrer festnehmen, und fuhr selbst mit brummendem Schädel die abschüssige Strecke nach Dinant hinunter, um über die Maas zu setzen. Am 25. Mai 1940 ging es über Philippeville weiter. Die Franzosen, Belgier und Engländer hatten sich in den Norden zurückgezogen. Nun wurden von Heinrich und seinen Kameraden außerordentliche Leistungen im Telegrafenbau erwartet. Für die Luftwaffe sollten sie, im Rahmen der vorgesehenen Offensive auf Paris, für die im Norden Frankreichs geplanten Flughäfen die Hauptlinie über die Ardennen legen.

In Beaumont überschritten sie die Maginot-Linie, wo sie auf einen Panzerfriedhof stießen. Diese Befestigungslinie der Franzosen bestand aus Bunkern, Festungen und Barrikaden, die als uneinnehmbar galten, aber dem Beschuss der 8,8 Zentimeter Flakgeschütze und den Bomben aus den Sturzkampfflugzeugen nicht standhielten. Von Beaumont ging es weiter nach Le Cateau. Dort brüllten die Kühe auf der Weide, weil sie nicht gemolken wurden. Ein Trupp wurde abgestellt, um die Kühe zu melken und Eier auf den Hühnerhöfen einzusammeln. Die Männer waren total erschöpft und brauchten die Milch und die Eier dringend zur Stärkung. Ein Trupp von zehn

Mann hatte bis zu fünf Kilometer Telegrafenlinie pro Tag zu bauen. Das ganze Regiment konnte 265 Kilometer am Tag schaffen. Alle drei Tage gab es einen halben Tag Ruhe. Wenn die Männer einen Abschnitt fertiggestellt hatten, musste der Trupp vorverlegt werden, was eine Marschleistung von hundert oder mehr Kilometern bedeutete. So blieb die Telegrafeneinheit hinter der Panzerspitze, um in eroberten Gebieten sofort Behelfsflugplätze installieren zu können. Dem Panzeroberkommando wurde schnellstmöglich die Nachrichtenverbindung nach rückwärts zur Verfügung gestellt.

Am 28. Mai 1940 erreichte Heinrich der Befehl, nach Halle zum Offizierslehrgang zu kommen. Mit einem Beute-Citroen kam er bis Köln, wo er sich mit Almut vor dem Dom verabredet hatte. Sie hielt einen weißen Fliederstrauß in der Hand und wollte ihren Kavalier mit nach Hause nehmen und ihren Eltern vorstellen. Er war nicht darauf vorbereitet, sich mit Almuts Eltern auseinanderzusetzen und hatte sich auf zwei unbeschwerte Tage gefreut. Sie suchten ein Restaurant und fanden einen ruhigen Tisch, an dem sie sich unterhalten konnten. Almut spürte die Anspannung bei Heinrich und wollte wissen, was er in Frankreich erlebt hatte. Er konnte nicht mit ihr über seine Kriegserlebnisse reden, er wollte sie nicht mit den Grausamkeiten des Krieges konfrontieren. Sie sollte frei und unbelastet sein, unschuldig im wahrsten Sinne des Wortes. Almut gab zu erkennen, dass sie ihn heiraten wollte, und er machte ihr klar, dass seine Ausbildung nicht beendet war, er an die Front zurückmusste und sich noch nicht reif für die Ehe fühlte.

Am nächsten Morgen fuhr er mit dem Schlafwagen weiter nach Berlin. Am 31. Mai exerzierte er bereits, die Hände an der Hosennaht, in Halle. Ein Kamerad fotografierte ihn beim Frühsport, mit einer Zigarette im Mund und heruntergezogener Trainingshose, zum Götz von Berlichingen-Gruß. Heinrich wurde zum Feldwebel befördert und musste nach acht Tagen Lehrgang zurück zu seiner Einheit, von der er nicht wusste, wo sie sich aufhielt. Auf dem Rückweg bekam er in Köln einen reparierten Lkw, mit dem er über die Ardennen nach Amiens fuhr. Nach langer Irrfahrt fand er seine Abteilung in Hecourt wieder. Der Vormarsch der Deutschen erfolgte jetzt bereits in Richtung Le Havre. Vorläufiges Ziel waren die Städte Deauville und Trouville an der Kanalküste, wo das Hauptquartier eingerichtet wurde und Flugplätze zur Abwehr der englischen Bomber entstanden. Von hier aus war der Einsatz gegen England geplant, bei dem Göring mit der Luftwaffe die Voraussetzungen zur Landung in England schaffen wollte. In Deauville hatte die Einheit einige Tage Ruhe und konnte das Meer und die französische Küche genießen. In Deutschland gab es schon vor dem Frankreichfeldzug wenig zu essen, hier aber wurde in jedem kleinen Lokal noch gut und reichlich gekocht. Das Klima am Meer wirkte sich positiv auf Heinrichs Heuschnupfen aus, unter dem er zu dieser Zeit besonders litt. Zur Zerstreuung der Soldaten gab es an den Abenden Konzertveranstaltungen und Theateraufführungen. Zu seiner größten Überraschung traf er hier an der Front auf Almut, die mit der Theatertruppe unterwegs war und gehofft hatte, ihn zu treffen. Heinrich fühlte sich zwar geschmeichelt, dass diese Frau so hinter ihm her war, trotzdem war ihr Verhalten seiner Zuneigung nicht förderlich. Er führte ein langes Gespräch mit ihr, in welchem er sie bat, nach Köln zurückzugehen um ihre Ausbildung zu beenden; eine gutausgebildete Theaterschauspielerin fände er interessanter als eine Frau, die hinter der Truppe hertingelt.

Von Deauville musste die Einheit zurück nach Amiens und von dort stieß sie südlich nach Paris vor. Sie hatten kaum noch Feindberührung, der ganze Norden Frankreichs war bereits in deutscher Hand. Während Paris am 14. Juni 1940 eingenommen wurde, bezog Heinrich mit seinen Leuten Quartier in einem Pfarrhaus, welches 20 Kilometer weiter westlich lag. Die ganze Atmosphäre war überaus friedfertig und ruhig. Nach den Strapazen der letzten Zeit genoss er die Spaziergänge in dem gepflegten Pfarrgarten und den Duft der Kräuter. Entlang der Friedhofsmauer erstreckten sich Gemüsebeete und Erdbeerstauden, deren Früchte er für das Abendessen sammelte. Er pflückte die reifen roten Beeren von Reihe zu Reihe, als er plötzlich den Pfarrer tot zwischen den Stauden liegen sah. Wie war das möglich? Der Mann war Zivilist, warum hatte man ihn erschossen? Er wandte sich zum Pfarrhaus zurück und ordnete an, den Pfarrer zu beerdigen, danach betrank er sich wie jeden Abend.

In der Stube des toten Pfarrers überfielen ihn düstere Gedanken. Er war bisher auf geradezu wundersame Weise dem Tode entgangen, oft nur um Haaresbreite. Schon manches Mal, vor allem in Momenten höchster Gefahr, hatte ihn der Gedanke überrascht, er könne unverwundbar sein. Entsprang dieser Gedanke einer Schutzfunktion seines Gehirns, um ihn in Gefahr angstfrei das Richtige tun zu lassen, oder hatte er geistige Beschützer, die ihn warnten? Was ist Intuition, eine selbstständige seelische Funktion oder ein Warnsignal aus dem Unbewussten? Seine Intuition war seine Tarnkappe. Er erinnerte sich an den Vorfall, bei dem das Eiserne Kreuz von der Wand heruntergefallen war und Ma rechtzeitig gewarnt wurde. Jeder Landser hatte ein Maskottchen, sei es ein Medaillon der Mutter Maria oder ein Familienfoto, das ihn stets begleitete und von dem er sich beschützt fühlte. Abergläubisch waren sie alle.

Am nächsten Morgen zog die ganze Kompanie in Paris ein. Auf der Fahrt durch die Stadt mit ihren Prachtbauten und Denkmälern waren überall Militärfahrzeuge mit deutschen Soldaten zu sehen und Partisanen, die mit erhobenen Händen abgeführt wurden. Die Stadt war wie ausgestorben, man sah kaum französische Zivilisten, hauptsächlich deutsches Militär. Heinrich dachte an seinen Vater, der im Ersten Weltkrieg ohne jeden Erfolg gegen die Franzosen gekämpft hatte. Söhne wollen ihre Väter übertreffen, und jetzt fuhren sie als Besatzer mitten durch Paris. Hitler hatte geschafft, was den Generälen im Ersten Weltkrieg nicht gelungen war, und die anfängliche Skepsis in Wehrmachtskreisen wich einer Welle der Begeisterung. Auch der spätere Hitler-Attentäter Stauffenberg schwärmte von Hitlers Siegen über Polen und Frankreich.

Heinrichs Abteilung hatte nur einen Tag für die Besichtigung der Stadt. Zum Pflichtprogramm gehörte ein Besuch von Versailles, weil der Versailler Vertrag als Begründung für diesen Feldzug diente. Die Franzosen unter Napoleon hatten 1806 Berlin erobert und die Quadriga vom Brandenburger Tor geholt, jetzt waren die Deutschen in

Paris und marschierten mit Marschmusik vor dem Arc de Triomphe. Die Geschichte wiederholte sich immer und immer wieder, Feldherren marschieren durch Triumphbögen, und Soldaten sterben auf dem »Feld der Ehre«.

Für den Fliegerführer des Bereichs Atlantik baute Heinrich eine Telefonleitung, die von Trouville nach Angers führen sollte. Von Angers aus wurden die Aufklärungsflugzeuge eingesetzt, die den weiten Atlantikbereich kontrollieren sollten. Sie suchten nach Schiffen und Flugzeugen, die Jagd auf deutsche U-Boote machten. Heinrich wurde Führer des Abstecktrupps der Kompanie und kam damit in den Genuss größerer Freizügigkeiten. Mit dem Sonderausweis für Anschluss und Vermittlung konnte er sich von der Truppe entfernen.

Eines Abends wurde die Telegrafeneinheit in einem kleinen auf einem Hügel gelegenen Schlösschen einquartiert. Am Fuß des Hügels hatte man den Bach zu einem See angestaut, in dem es Forellen gab. In Ermangelung einer Angel warfen sie eine Handgranate in den See und hatten auf einen Schlag Forellen für den ganzen Zug von hundert Mann. Im Schlösschen gab es einen geschmackvoll eingerichteten Wohnraum und eine erstaunliche Bibliothek. Nachdem Heinrich die Küche und den Herd mit den vielen Pfannen gesehen hatte, bekam er Lust, für die Kameraden zu kochen. Da er nicht alle einladen konnte, bat er die drei Leutnants der anderen Kompanien, seinen Feld- und Oberfeldwebel zu einem frühen Abendessen, was diese begeistert annahmen. Heinrichs Putzer, ein Wiener, der gut kochen konnte, kümmerte sich um die Fische und die Krebse. Heinrich ging auf die Suche nach Essbarem, in der Speisekammer und im Gemüsegarten wurde er fündig, und gemeinsam brachten sie ein dreigängiges Menü auf den Tisch. Jeder aufgetragene Gang wurde von lautem, erwartungsvollem »Hallo!« begleitet. Anschließend begaben sich die Herren auf den Balkon, von dem man einen herrlichen Blick über das weite Land hatte. Als es dämmerig wurde, legten sie Schellackplatten von Richard Tauber auf, dessen wunderbare Tenorstimme alle schwermütig stimmte.

Dein ist mein ganzes Herz! Wo du nicht bist, kann ich nicht sein.
So, wie die Blume welkt, wenn sie nicht küsst der Sonnenschein!
Dein ist mein schönstes Lied, weil es allein aus der Liebe erblüht.
Sag mir noch einmal, mein einzig Lieb, oh sag noch einmal mir:
Ich hab' dich lieb!

Die Männer saßen schweigend auf den zierlichen Metallstühlchen und rauchten Zigarren. Erst spät in der Nacht trennten sie sich, lobten den Gastgeber und sprachen die Hoffnung aus, dass er ihnen noch mehr solche Abende bescheren möge. Der Jude Richard Tauber musste 1938 nach London emigrieren, mit dieser Arie aus » Das Land des Lächelns« von Franz Lehár war er weltberühmt geworden.

Bis Alencon hatte die Einheit ihre Leitungen fertig gebaut, anschließend wurden sie in einen Ort nördlich von Le Mans verlegt. Diesmal bezogen sie ein großes Schloss über dem Fluss Sarthe. Das Hauptgebäude hatte eine Front von circa 300 Metern und eine Tiefe von 20 Metern. Als Heinrich dieses Märchenschloss durch das Hauptportal betrat, breitete er die Arme aus und rief begeistert: »Hier lässt es sich leben!«

Im Parterre kam man durch einen kleinen und einen großen Saal, der sich über die ganze Breite des Gebäudes erstreckte. Daneben lagen kleinere Gesellschaftsräume und eine Bibliothek, in der die Bücher bis zur Decke reichten. Die fürstliche Küche hatte einen großen schwarzen Eisenherd mit einem riesigen, drehbaren Bratspieß und einer überdimensionalen Abzugshaube, an der Kellen und Pfannen aufgehängt waren. Im Keller befand sich ein Weinkeller mit edlen Weinen, die Jahrgänge reichten zurück bis 1868. Im Obergeschoss lagen die Schlafräume mit modern eingerichteten Bädern, Ankleideräumen und Kleiderkammern, in denen noch die wertvollen Pelze der Besitzer hingen. Einige Unteroffiziere konnten nicht widerstehen und nahmen die Pelze an sich. Die meisten Kleidungsstücke waren für kleine grazile Französinnen zugeschnitten, ob sie den Offiziersgattinnen passen würden, schien eher zweifelhaft. Sie stopften die Pelze in Gasmaskenbehälter, um sie beim nächsten Heimaturlaub unbemerkt mitnehmen zu können, denn für Plünderung gab es hohe Strafen.

Unter dem Dach des Schlosses waren die Dienstboten- und Geräteräume untergebracht. Heinrich bekam einen Raum mit einem zwei Mal zwei Meter großen Bett zugewiesen. Im Schloss waren von den Offizieren der Hauptmann der Kompanie, vier Leutnants und ein Feldwebel einquartiert. Die Landser zogen es vor, in den Gesindebauten oder im Park in ihren Zelten zu übernachten, im Schloss fühlten sie sich nicht wohl. Im Park fanden sie auf der Westseite ein Warenlager, welches die Engländer zurückgelassen hatten. In den großen Kisten befanden sich Kartons mit Players-Zigaretten, Tabak, Dosen mit geschälten Kartoffeln, Orangenmarmelade, Tennisschläger nebst Bällen und Golfausrüstungen. Offenbar waren die Engländer der Meinung, dass hinten in der Etappe nichts passieren könnte und sie genug Zeit für die Ausübung ihres Sports finden würden. Um den Park wurden Wachen aufgestellt. Außer einem Gärtnerehepaar, das im Gartenhaus wohnte, hielten sich keine Franzosen mehr im Bereich des Schlosses auf. Der Hauptmann untersagte nochmals strikt jede Plünderung und drohte bei Zuwiderhandlung mit härtesten Strafen. Lediglich Gerät, das zur Erleichterung ihrer Arbeit oder für Kampfhandlungen eingesetzt werden konnte, durfte requiriert werden. Hierfür führte die Armee kleine zweirädrige Anhänger hinter den Lkws mit, in die Matratzen und Wolldecken gepackt wurden, weil die Wehrmachtsdecken schwer waren und nicht gut wärmten.

Bei einem Spaziergang um das Schloss fiel Heinrich auf, dass an einer Seite des Gebäudes drei übereinanderliegende Reihen von Fenstern zu sehen waren. Innen gab es jedoch nur das Parterre mit den hohen Bogenfenstern und im ersten Stock die Fenster der Schlafräume. Die Fenster der mittleren Reihe sahen aus wie Oberlichter, waren aber innen nirgends zu finden. So machte er sich auf die Suche nach den geheimnisvollen Oberlichtern. In der Bibliothek fand er tatsächlich eine Bücherwand, die sich drehen ließ und mit einer schmalen Treppe in ein niedriges Zwischengeschoss mit Zimmern führte. Der erste Raum enthielt Unmengen von pornografischen

Büchern, Heften und Bildern. Das zweite Zimmer war angefüllt mit deutscher Literatur, Autografen standen neben Bänden von Kant, Lessing, Goethe und Schiller. Der nächste Raum beherbergte eine lateinische Bibliothek und der letzte Landkarten und Vitrinen mit Kunstgegenständen wie Statuetten und Gemälden. Zwischen diesen Archiven lag eine Art Rauch- oder Herrenzimmer, in welches sich der Besitzer wohl zurückgezogen hatte, wenn er seine Ruhe haben wollte. Mit Vorliebe hielt sich Heinrich in diesen Räumen auf.

Eines Nachts saß er dort beim Schein einer Lampe und las, als es leise klopfte. Auf sein barsches »Herein!« betrat ein etwa 60-jähriger, grauhaariger Zivilist den Raum. Wie sich herausstellte, war es der Comte, der mit den Engländern geflohen war. Nun war er zurückgekehrt und hatte sich unbemerkt von den Wachen in sein Schloss eingeschlichen. Er sprach fließend Deutsch und die beiden unterhielten sich bis spät in die Nacht über Wien, Berlin, die Situation im besetzten Paris und den Deutsch-Französischen Krieg. Als er sich erhob, bedankte sich Heinrich für das interessante Gespräch und gab seiner Freude Ausdruck, ihn kennengelernt zu haben. Es sei ihm eine hohe Ehre, in diesem Schloss wohnen zu dürfen. Der Graf bedankte sich im Gegenzug dafür, dass es gelungen sei, sein Schloss vor Beschädigung und Plünderungen zu bewahren. Heinrich teilte ihm mit, dass die Pelze verschwunden waren, doch der Graf hielt das für unerheblich und nahm es als gegeben hin. Er wollte von Heinrich wissen, ob dieser an irgendetwas besonders interessiert sei, daraufhin zeigte er auf zwei kleine ägyptische Bronzeidole, die er in einer Vitrine bewundert hatte. Der Hausherr schloss die Vitrine auf und gab sie ihm. Während der deutsche Besatzungssoldat die beiden Figuren in seiner Hand betrachtete, verschwand der Comte so leise und unauffällig, wie er gekommen war. Die eine etwa sechs Zentimeter hohe Figur stellte einen Menschen mit flach an den Körper angelegten Armen und einer zapfenartigen Krone dar, die zweite eine kauernde Gestalt, halb Affe, halb Mensch. Diese Bronzen wurden Heinrichs ständige Begleiter und sein Talisman.

Nach zweieinhalb Monaten in Frankreich wurde Heinrich zu einem letzten Offizierslehrgang nach Halle berufen. Über Luxemburg fuhr er weiter nach Deutschland. Bei dieser mehrtägigen Bahnfahrt mit ihren unablässig vorbeifliegenden Landschaften dachte er darüber nach, wie verschieden Deutschland und Frankreich waren. Frankreich war viel weniger bevölkert, die Menschen lebenslustiger und sinnesfreudiger als die Deutschen, aber manche Orte sahen heruntergekommen aus. Nachdem er die strengen Grenzkontrollen passiert hatte, war er erleichtert, wieder in der Heimat zu sein. Es fiel ihm auf, dass zu Hause alles schneller und besser funktionierte, doch der Ton war unfreundlich, und die Eltern waren streng mit ihren Kindern. Mit geröteten und übermüdeten Augen sah er aus dem verrußten Abteilfenster. Der Zug fuhr durch gelbe Rapsfelder, sattgrüne Wiesen und Hügel mit Weinbergen. Müde sank sein Kopf auf den Mantel, den er am Haken über sich aufgehängt hatte, er schlief ein und erwachte erst wieder in der Nacht, als der Zug mit quietschenden Bremsen in den Bahnhof von Berlin einrollte. Um in den Zug nach Halle umzusteigen, durchquerte er bei drückender Hitze den Bahnhof, der trotz der späten Stunde voll drängender Menschen war. Wenig später saß er wieder in einem fahrenden Zug, die Landschaft flog in hastigen Nachtfetzen an seinem Abteilfenster vorbei, und er hatte nur noch einen Wunsch, endlich irgendwo anzukommen.

Seinen letzten Lehrgang musste er am 25. Juli 1940 antreten. Nach erfolgreichem Abschluss sollte ihm das Offizierspatent direkt vom Regiment verliehen werden. Sein Regiment war aber in der Zwischenzeit von Frankreich nach Ostpreußen verlegt worden, wohin er am 9. Oktober beordert wurde. Auf dem Weg dorthin blieb er in Berlin bei Frau Weidling, die sich riesig freute, ihn wiederzusehen. Im Kaiser-Wilhelm-Institut wollte er sich seine Adsorptionsanlage ansehen und die Institutsleitung bitten, einen Rückstellungsantrag an das Regiment zu richten, um endlich seine Doktorarbeit abschließen zu können. Die Rückstellungsbewilligung musste das Ministerium von Göring erteilen, der Vollmachten für die Forschung hatte und gleichzeitig Luftwaffenoberbefehlshaber war. Das Regiment reagierte mit einem Unabkömmlichkeitsantrag und wollte die Rückstellung verhindern.

Als Heinrich seine Versuchsanordnung wiedersah, kamen ihm die Tränen, denn sie war praktisch vollkommen zerstört. Es stellte sich heraus, dass während seiner Abwesenheit ein anderer Doktorand, der wegen seiner Parteizugehörigkeit nicht eingezogen worden war, an dem Gerät weitergeforscht hatte. Er hatte an allen Hähnen herumgedreht, ohne den Versuchsaufbau zu verstehen. In einem Teil der Anlage wurde ein Überdruck erzeugt und nach dem Öffnen weiterer Hähne verteilte sich das Quecksilber explosionsartig in der ganzen Anlage und zerstörte deren Funktion. In Frankreich und in Halle hatte Heinrich bereits den größeren Teil seiner Doktorarbeit zusammengeschrieben, es fehlten ihm jedoch noch Messdaten, die er mit seiner Versuchsanlage erhalten wollte. Starr vor Wut verließ er das Institut, um sich zu seiner Truppe nach Ostpreußen zu begeben. Dort blieb er bis kurz vor Weihnachten, als ihm drei Monate Arbeitsurlaub genehmigt wurden, um seine Doktorarbeit zu beenden.

Für die Weihnachtsferien reiste er zu seiner Familie nach Wien. Alle waren glücklich, ihn nach so langer Zeit wieder um sich zu haben. Ma schloss »ihren Langen« fest in die Arme, Edwin strahlte, und Victor versetzte ihm einen liebevollen Schlag auf den Oberarm. Die kleine Verena hing an seinem Hals und flüsterte: »Ich hab jeden Abend zu Gott gebetet, dass du bald nach Hause kommst.« Das Leben in Wien hatte sich sehr verändert. Lebensmittel erhielt man nur noch auf Karten und um Gemüse zu bekommen, musste man sich stundenlang anstellen. Kleider gab es auf Kleiderkarte, und Heinrich musste seine bei Ma abgeben, damit sie Wolle besorgen und ihm daraus einen Pullover stricken konnte. Nachts war Verdunkelung angeordnet, und nahezu alle Freunde von Heinrich waren eingezogen worden. Victor war noch einmal freigestellt, nachdem er eine Grundwehrübung absolviert hatte. Auch er musste täglich damit rechnen, an die Front geholt zu werden. Er hatte eine Anstellung als Architekt in Krakau gefunden und war ein rechter Schürzenjäger geworden. Edwin wollte sich, wenn er nicht eingezogen würde, freiwillig stellen, doch man hielt ihn in der Fabrik für unabkömmlich.

Gemeinsam fuhren sie hinaus auf ihren Gutshof, was ohne Auto im Winter ein mühsames Unterfangen war. Um vier Uhr früh mussten sie in Wien mit der Bahn abfahren, zweimal umsteigen, und ab Schrammbach gab es einen langen Fußmarsch mit schwerem Gepäck den Berg hinauf. Als sie gegen Mittag im Jagdhäusel ankamen, staunte Heinrich über das, was während seiner Abwesenheit geleistet worden war. Auf dem Hof lebten zehn ukrainische Kriegsgefangene, die tüchtig angepackt hatten. Die Straße war verbreitert und Rohre waren verlegt worden, die Felder sahen frisch geackert aus und die geschlagenen Baumstämme lagen gestapelt neben dem Weg. Das Jagdhäusel war von Ma im ländlichen Stil eingerichtet und mit karierten Gardinen, alten Bildern und Ampeln ausstaffiert worden. Um richtig Weihnachten feiern zu können, gingen die beiden Brüder in den Wald, um die schönste Edeltanne für den Wohnraum zu schlagen. Wie in alten Zeiten schlichen sie mit Axt und Säge durch den verschneiten Wald. Der Schnee knirschte unter den Sohlen der Nagelstiefel, ihr Atem bildete Wolken in der kalten Luft, und sie merkten sich die Standplätze des Rotwildes, weil Heinrich endlich seinen Hirsch schießen wollte. Mit einem gut gewachsenen Baum kamen sie zurück zur Hütte.

Heiligabend 1940 war für alle besonders feierlich. Die ganze Familie war nach langer Zeit vollständig versammelt, wie sie es sich gewünscht hatten, doch was die Zukunft bringen würde, war ungewiss. Die Geschenke waren den Umständen entsprechend bescheiden, doch jeder hatte sich etwas Besonderes ausgedacht. Heinrich hatte aus Frankreich Parfüm für Ma, Tee und Kaffee für alle mitgebracht. Ma hatte für ihre Söhne Pullover gestrickt und Fellhandschuhe nähen lassen. Edwin brachte einige Flaschen Wein mit, und Verena hatte für jeden ein selbstgemaltes Bild. An den Abenden saßen sie in der Stube eng beieinander und Heinrich musste immer wieder von seinen Kriegserlebnissen erzählen. Besonders beliebt waren die Schilderungen von dem Château sur Sarthe, der Stadt Paris und Versailles, wo sie alle noch nie gewesen waren. Zu später

Stunde, wenn er mit seiner Mutter alleine war, erzählte Heinrich von seinen Sorgen. Er glaubte nicht, dass der Krieg zu Ende war, befürchtete vielmehr, dass er sich ausweiten würde. Ma hatte ihrerseits von einem Flammenbogen im Osten Europas geträumt und hielt es für möglich, dass Hitler die Krim erobern wollte, um an die Kornkammer und das Öl heranzukommen. Vor einem Russlandfeldzug hatten sie beide Angst und waren sich einig, dass es unmöglich war, die bereits eroberten Gebiete besetzt zu halten, während man Krieg gegen Russland führte. In Militärkreisen war bekannt, dass der Führer den Einmarsch in die Sowjetunion als »Unternehmen Barbarossa« vorbereiten ließ, doch hoffte man immer noch, dass es bei den Vorbereitungen bliebe. Die italienischen Verbündeten hatten eigenmächtig Griechenland angegriffen, allerdings ohne Erfolg. Nun geriet der Balkan in Bewegung, und in Österreich rechnete man mit Luftangriffen von dieser Seite.

Ma bedauerte sehr, dass Alfred Adler und Sigmund Freud wegen Hitlers Judenverfolgung Wien verlassen hatten, und die Individualpsychologie mit Adler ihren wichtigsten Vordenker verloren hatte. Ihre Freunde von der Brauerei Pitz waren erst vor Kurzem in die USA emigriert und hatten ihr ganzes Vermögen zurücklassen müssen. Aus Edwins Fabrik waren die meisten Juden abgeholt worden, wohin man sie brachte, wusste er nicht. Victor fand es schlicht unmenschlich, dass man die Juden verfolgte, es fehlte ihm jegliches Verständnis für Hitlers Vorgehen und er wetterte derart, dass Ma ihn ermahnte, solche Äußerungen in der Öffentlichkeit besser zu unterlassen. Er hatte als Restaurator eine Stelle in Krakau gefunden, und seine besten Stuckateure waren Juden. »Wenn sie mir die Leute wegnehmen, kann ich den Laden dichtmachen. Meine Freunde Mirli und Imre leben in ständiger Angst, abgeholt zu werden, das ist doch unerträglich.«

Heinrich wurde von seiner besorgten Mutter gedrängt, unbedingt seine Promotion abzuschließen, er habe seinen Kopf schon lange genug hingehalten, während die anderen in der Heimat an ihren zivilen Karrieren arbeiten konnten. »Da darfst du ruhig mal Egoist sein.« Die drei Monate Arbeitsurlaub waren zu knapp, um die Adsorptionsanlage wieder aufzubauen, für die Prüfung zu lernen und die Dissertation zu beenden. Nachdem ein Verlängerungsantrag nicht genehmigt wurde, blieb Heinrich nichts anderes übrig, als vorzeitig zur Prüfung anzutreten. Er wurde über chemische Reaktionen und über Gasentladungen geprüft, anschließend über die Spektren. Der erste Teil der Prüfung ging gut, als er jedoch über die Spektren reden sollte, fielen ihm vor lauter Prüfungsangst die Massenspektren nicht mehr ein, dennoch bestand er die Prüfung mit »cum laude«. Die Familie war begeistert, als er ihnen mitteilte, dass er den Doktor geschafft hatte. Ma schickte ihm eine große Schachtel Pralinen und schrieb: »Nun ist der Examensdruck, den du seit Paris mit dir herumgeschleppt hast, endlich von dir genommen. Mögest du die Früchte der ganzen Plackerei auch ernten können, mit produktiver Arbeit. Komm bald Heim vom Militär! Die Österreicher haben sich den Anschluss ans Reich ganz anders vorgestellt, sie wollten an dem Wohlstand Deutschlands teilhaben. Die augenblickliche Situation behagt ihnen gar nicht, und es geht der Witz um, dass man in Österreich nicht mehr mit ›Heil Hitler‹ grüßt, sondern mit ›Weidmannsheil‹, weil man weiß, dass man mit dem Anschluss einen großen Bock geschossen hat.«

Während der Vorbereitung auf sein Examen traf Heinrich sich regelmäßig mit Almut, die seinen Rat befolgt hatte und an der Schauspielschule in Berlin angenommen worden war. Er nahm sie mit in sein Zimmer bei Frau Weidling, die wie selbstverständlich ein Frühstück für zwei Personen hinstellte. Almut war rührend in ihrer Fürsorge, beruhigte den nervösen Freund und machte immer wieder Andeutungen, dass sie heiraten sollten. Heinrich fühlte sich noch nicht reif für die Ehe und wollte zuerst seine Berufsausbildung abschließen. Sie gingen zusammen ins Kino, um sich Filme wie »Sieg im Westen«, »Kampfgeschwader Lützow« oder den Leni-Riefenstahl-Film »Das blaue Licht« anzusehen, der den Nürnberger Parteitag der NSDAP verherrlichte. Vor den Hauptfilmen lief immer die Wochenschau, in der Reichspropagandaminister Goebbels die Erfolge des deutschen Heeres pries. Es wurde allerdings auch viel Informatives gezeigt, woran Heinrich sehr interessiert war. Dank seiner eigenen Felderfahrung konnte er ziemlich genau die Grenzlinie zwischen Kriegsverherrlichung und der Wirklichkeit draußen im Felde ziehen.

Eines Abends holte ihn ein Feldwebel aus seinem Regiment zum Essen ab. In ihrer Wiedersehensfreude tranken sie erst Wein, dann Kognak und zuletzt noch zwei Gläser Kaffeelikör. Sie trennten sich und Heinrich schwankte zur S-Bahn, in der er sofort einschlief, bis ihn ein Mann am Ärmel zupfte: »Das geht aber nicht in Uniform!« Er war völlig benommen und bemerkte, dass er sich im Schlaf übergeben hatte. Bei der nächsten Station stieg er aus und reinigte sich so gut es ging, dann fuhr er mit dem Bus nach Hause. Seinem Freund erging es nicht besser, er war ebenfalls in der S-Bahn eingeschlafen und erst im Depot von den Reinigungsfrauen geweckt worden. Viele Soldaten spülten ihre Ängste und den dauernden Druck, der auf ihnen lastete, mit Alkohol hinunter, wobei sie versuchten, ihre lästigen Gedanken durch den höchstmöglichen Betäubungsgrad zur Ruhe zu bringen. Man schloss sehr enge Freundschaften, weil man im Feld aufeinander angewiesen war und Freundschaft über Leben und Tod entscheiden konnte. Die Frontkämpfer sahen mit einer gewissen Verachtung auf die gleichaltrigen Zivilisten herunter, jedoch auch mit Neid, denn die in der Heimat Gebliebenen kamen vorwärts, und wenn es tatsächlich Frieden geben würde, dann hätten diese ihnen viel voraus. Sie selbst wurden zu Fachleuten im Kriegshandwerk ausgebildet, welches in Friedenszeiten nicht benötigt würde, und setzten dabei ihr Leben aufs Spiel. Ihnen gehörte die Sympathie des Volkes, sie waren geachtete Helden, und die Gedanken der Nation waren bei ihnen, wenn sie an der Front kämpften. Warum mussten immer dieselben Männer hinaus? Das lag sicher an der Tatsache, dass sie schon erprobt waren und wertvolle Erfahrungen mitbrachten. Die Krux hatte schon damals begonnen, als man Heinrich zur ersten Wehrersatzübung eingezogen hatte und in den

Krieg gegen Polen schickte, weil er nicht zur Partei gehörte. Er hatte sich bewährt, und nun war er unabkömmlich für die Armee geworden und für die Wissenschaft entbehrlich, obwohl er vor allem letzterer dienen wollte. Er warf noch einen letzten Abschiedsblick auf das Gebäude der Technischen Universität. Die Vorderfront des Hauptgebäudes zierte der Reichsadler, auf der Brust ein Schild mit Hakenkreuz, in der rechten Klaue ein Schwert und in der Linken zuckende Blitze. Zu Häupten des Aars ein Spruchband: »Gott mit uns.«

Seine Einheit lag in der Nähe von Tilsit in Ostpreußen und wartete auf den geplanten Russlandfeldzug. Heinrich, der bei Beginn des Polenfeldzugs, beim Einmarsch in Belgien und beim Frankreichfeldzug noch einigermaßen die Nerven behalten hatte, ergriff die nackte Angst vor dem Kampf gegen den russischen Koloss. Am Tag vor dem Abmarsch wurde er zum Leutnant befördert und schrieb an Ma: »Ich sehne mich nach einem Gebirgsfrühling und Autotouren im offenen Wagen, durch eine bergige Landschaft, in der die Obstbäume in Blüte stehen. Ich möchte zelten und schwimmen, aber das gehört ja nun alles einer versunkenen Welt an, die nie wiederkommt. Ich bin schrecklich nervös und kann nicht schlafen. Der Führer befielt und wir müssen gehorchen.«

Mas Glückwunsch zum Leutnant erreichte ihn erst in Litauen. Auf der Karte zugunsten des Winterhilfswerks sind zwei kantige Deutsche abgebildet. Der eine trägt den Stahlhelm auf dem Kopf und hält das Gewehr mit aufgepflanztem Bajonett in der Hand, der zweite einen schweren Eisenhammer. Davor steht in eckigen Lettern: KÄMPFEN ARBEITEN OPFERN. Auf die Rückseite hatte sie geschrieben: »Haben sich deine Nerven ein bissel beruhigt, mein Sohn? Wir sagen uns immer wieder, wie froh wir sind, dass es dir doch noch gelungen ist, den Doktor zu machen und nun auch noch den Leutnant dazu! Was kannst du mehr verlangen? Ich weiß es, du willst gesund und froh heimkommen, in einen siegreichen Frieden!«

Heinrich war der Überzeugung, dass sie den Feldzug zu spät begonnen hatten. Es war bereits Ende Juni 1941. Man hatte wertvolle

Zeit in Wartestellung gelegen, immer in der Hoffnung, letzten Endes doch nicht nach Russland zu müssen. Nun waren bereits drei schneefreie Monate verstrichen, und sie erinnerten sich alle an Napoleon, der mit seiner Armee dem russischen Winter zum Opfer gefallen war. Sollte es wieder ein Blitzkrieg werden? Dagegen sprach allerdings die unermessliche Weite dieses Landes.

In Luga stießen sie auf starken russischen Widerstand, der von der Waffen-SS unter schwersten Verlusten der Leibstandarte gebrochen werden konnte. Die SS blieb der ständige Begleiter des Nachrichtenregiments. Die Abteilung war bereits 700 Kilometer in russisches Gebiet vorgedrungen, das nur wenig landschaftliche Abwechslung bot. Sie schlief in kleinen Zelten, die aus vier Zeltplanen zusammengeknöpft, mit einem Stock gestützt wurden. Die Zeltplanen waren in den üblichen Tarnfarben Grün und Braun gefleckt, und wann immer sie anhielten, wurden die Fahrzeuge zur Tarnung mit abgehackten Bäumen umstellt. Es war heiß, und wenn sie Ruhe hatten, liefen die Männer in Badehosen herum, und jeder hatte an einer Kette die Erkennungsmarke um den Hals. Sie sahen ziemlich wild aus, wie das Heerlager eines fahrenden Volkes. Überall lagen Decken herum und hingen Kleidungsstücke in den Bäumen. Einmal bat Heinrich seine Kameraden, sich für ein Erinnerungsfoto aufzustellen. Es wurde ein albernes Foto, bei dem der eine ein Büschel Zwiebeln in der Hand hielt, während zwei andere Äxte über ihren Köpfen schwangen, der Rest bedeckte sich entweder mit Weinflaschen oder Blumensträußen und grinste dabei, als ob sie auf einer lustigen Urlaubsreise wären.

Als sie Luga endlich passieren konnten, war es ziemlich zerstört. Heinrich erhielt ein Paket und war erstaunt, dass es von seinem Vater kam.

Lieber Heinrich,

Mit besonderer Freude habe ich gehört, dass du als Leutnant im Felde bist, und schicke dir etwas zum Rauchen. Ich kenne deine Wünsche nicht und schicke deshalb aufs Geratewohl. Goutierst du es nicht, dann verteil es bitte an deine Kameraden. Ich würde mich freuen, etwas von dir zu hören, und vor allem, ob du etwas gebrauchen kannst, was ich für dich besorgen kann. Leider bin ich noch nicht einberufen und werde, da ich keine Übung gemacht habe, im günstigsten Fall Ende nächsten Monats geholt werden, wenn überhaupt. Ich denke oft an dich, mein Sohn. Mit den allerherzlichsten Grüßen

dein Vater.

Heinrich steckte den Brief zu denen von Ma, die er in seiner Brusttasche aufbewahrte, wo sie seinem Herzen sehr nahe waren. Mit wenigen Panzern rückte die Truppe weiter vor nach Leningrad (Petersburg), konnte die Stadt aber im ersten Anlauf nicht einnehmen. In der Nähe eines großen russischen Panzerwerks bei Leningrad hatten sich die Russen eingegraben. Sie waren imstande, innerhalb von fünf Minuten im Sand zu verschwinden, sodass man sie nicht mehr sehen konnte. Wo ihre Front verlief, wurde erst in der Nacht sichtbar, weil die russischen Soldaten dann kochten. Die SS versuchte, von Süden her nach Leningrad durchzubrechen und stürmte unter großen Verlusten gegen die Erdbunkersysteme der Russen an, doch der Vorstoß gelang ihnen nicht. Heinrichs Nachrichtenregiment machte erstmals Gefangene, die als Hilfskräfte eingesetzt wurden, um beim Transport und bei der Aufstellung der Telegrafenstangen zu helfen. Für Heinrich wurde ein Chefingenieur der Putilow-Werke abgestellt, der Deutsch und Englisch fließend sprach. Er war ein guter Mann und sehr kooperationsbereit, Heinrich ließ sich oft von ihm beraten und setzte ihn als Dolmetscher ein.

Von Leningrad aus bauten die Deutschen einen Umgehungsring in Richtung Ladogasee und weiter bis zum Wolchow. Der Vorstoß über den Wolchow war sehr abenteuerlich. Die Rollbahn, die sie benutzten, war teilweise nur ein Knüppeldamm, links und rechts davon war abgrundtiefer Morast, in dem Fahrzeuge, die vom Damm abgekommen waren, hoffnungslos versanken. Dieser Vormarsch blieb Heinrich als besonders gefährlich in Erinnerung, weil die Fahrzeuge nahezu keine Deckung finden konnten und die Schlachtflugzeuge der Russen sie mit Bomben eindeckten. Bei früheren Bombenangriffen war es möglich gewesen, die Tiefflieger mit den 8,8er-Geschützen oder durch die vierteilige Flack herunterzuholen, doch die Flugzeuge, mit denen sie es nun zu tun hatten, waren von unten gepanzert, und beim Vormarsch hatten sie nur leichte Waffen dabei. Man versuchte, die Bomber vorne oder an den Motoren zu treffen, was aber nur selten gelang. So wurden die vorrückenden Truppen besonders nachts von den Tieffliegern mit Bomben »beharkt« und gerieten außerdem in den Hagel der Bordwaffen, ohne dass sie in Deckung gehen konnten. Die Truppe hatte nur ein Ziel, vorwärts nach Swir, um wenigstens die Verbindung zwischen Moskau und Murmansk abschneiden zu können. Alles, was für einen provisorischen Flugplatz benötigt wurde, war installiert, doch der obersten Heeresleitung wurde klar, dass sie sich hier nicht halten konnten.

Die Russen hatten ihre sibirischen Schützen geholt, nebst sämtlichen verfügbaren Flugzeugen aus dem fernen Osten, um den Vormarsch zu stoppen. Heinrichs Leute wurden von den Scharfschützen selbst aus großer Entfernung von den Leitungsmasten heruntergeschossen, sodass man die Kabel nicht bis zu dem vorgesehenen Flugplatz verlegen konnte. Allmählich wurden die Deutschen immer weiter zurückgedrängt, und beim Rückzug traf die kämpfende Truppe auf den Nachschub, der sie bei den Kampfhandlungen behinderte. Schließlich kam der Nachschub, der für die ganze Front von Leningrad bis in den Süden vorgesehen war, zum Erliegen. Ganze Waggonladungen mit Winterkleidung, Pelzmänteln, warmer Unterwäsche und weißen Tarnanzügen steckten fest, und es fiel bereits der erste Schnee. Heinrichs Truppe forderte die Wintersachen aus den Nachschubwagen an, doch die Verwaltungsbeamten waren nicht bereit, auch nur ein Stück herauszugeben. Heinrich verhandelte lange Zeit mit den »Nachschubbullen« und wies darauf hin, dass es nur vernünftig sei, wenn die Landser sich die nötigsten Wintersachen heraussuchen könnten, weil man sonst alles zurücklassen müsste, doch er hatte keinen Erfolg, die Wagen blieben verschlossen. Für weitere Debatten fehlte die Zeit, weil sie wieder zurückgedrängt wurden. Damit die Nachschubwagen nicht in die Hände der Russen fielen, wurden sie angezündet und gesprengt.

Der Rückzug wurde zur Qual; es schneite und die Soldaten hatten nur Sommerkleidung zur Verfügung. Heinrichs Truppe gehörte zu den letzten, die unter Abschirmung der Infanterie den Wolchow passierte. Am Wochow trafen sie auf bespannte Artillerie und die dazugehörigen Infanterieeinheiten, die aus Frankreich herübergeholt wurden. Die Männer waren vom milden Klima an der Atlantikküste in Sommersachen in den russischen Winter hineingeworfen worden. Viele Landser wurden von einer Grippe mit hohem Fieber außer Gefecht gesetzt. Noch schlimmer traf es die entkräfteten Pferde, die den Temperaturunterschied nicht verkraften konnten und innerhalb kurzer Zeit verendeten.

Das war der Anfang des ersten Winters in Russland. Mit dem Schneefall begann auf beiden Seiten eine Art Stellungskrieg, der von Angriffen der einen oder anderen Seite unterbrochen wurde. Die Verteidigungslinie der Russen, die sich mit der deutschen Stellungslinie deckte, verlief von Leningrad den Wolchow aufwärts bis zum Ilmensee, von dort quer durch das Hügelland nach Welikije Luki. Heinrichs Kompanie war für den Mittelabschnitt zwischen Minsk und Smolensk zuständig, wo sie Verbindungsleitungen baute für den Flugplatz von Chimsk. Sie baute an der Leitung nahe dem Flugplatz, der gut mit Abwehrvorrichtungen bestückt war. Ihre Unterkunft lag nahe der Arbeitsstelle, nicht weit vom Flugfeld entfernt, und sie wurden unaufhörlich von russischen Flugzeugen mit Bomben belegt. Als die Tiefflieger wieder herankamen, wurde ein Jäger abgeschossen, der direkt neben Heinrichs Unterkunft niederging. Es lag ein Meter Schnee, und Heinrichs Freund, Leutnant Vogel, stürzte mit dem Maschinengewehr in der Hand aus der Unterkunft ins Freie, um den russischen Piloten gefangen zu nehmen. Er rannte auf das abgestürzte Flugzeug zu, der Russe ließ ihn durch das Wrack gedeckt herankommen und schoss ihm eine Kugel mitten in die Stirn. Zwei Minuten später nahmen Heinrichs Leute den Piloten fest und brachten den Schwerverletzten ins nächste Lazarett. Auf der Sanitätsstation des Flugplatzes war einer der besten Gehirnchirurgen der Armee beschäftigt, ein Arzt aus Königsberg. Er fing sofort mit der Operation an und Heinrich blieb vor der Tür sitzen, um zu warten. Als der Arzt endlich aus dem Operationssaal kam, war er sehr optimistisch. Er hatte bereits wahre Wunder bei Hirnverletzten vollbracht, und Heinrich verließ die Station in der festen Überzeugung, dass sein Freund durchkommen würde. Als er nach zwei Tagen wiederkam, um ihn zu besuchen, war er tot.

In der Folge musste die Kompanie einen neuen Frontabschnitt übernehmen. Sie wurde bei drei Meter hohem Schnee nach Tichorizy am Wolchow zurückgezogen. Ihr Frontabschnitt war ein unübersichtliches und sumpfiges Moorgebiet mit waldigen Abschnitten. Die Russen griffen mit Vorliebe bei Morgengrauen an. Um die Front stabil zu halten, hatte man zwischen die Infanterieeinheiten immer eine SS-Einheit postiert, um den Soldaten sogenannte Fischstäbe einzuziehen, denn die SS war rigoros und schoss auf die eigenen Leute, wenn sie glaubte, dass man aus Mangel an Standfestigkeit zurückwich. Heinrichs Einheit hatte die Aufgabe, die Nachrichten- und Telegrafenstrecken über den Winter in Ordnung zu halten, damit sie im nächsten Frühjahr der Heeresleitung und der Luftwaffe für die Frühjahrsoffensive zur Verfügung standen. Die Partisanen schlossen die Linien kurz, indem sie mit hauchfeinen Drähten die Isolatoren überbrückten und erdeten, damit machten sie die Leitung unbrauchbar. Erst nach langer Suche fanden die Männer der Nachrichtentruppe den Fehler und mussten Kilometer für Kilometer die Stangen besteigen, um nachzusehen, ob sie geerdet waren. Oben auf den Stangen boten sie eine prächtige Zielscheibe für Partisanen. Immer häufiger hatten die Deutschen Probleme mit den Fahrzeugen, weil die Temperaturen auf minus 35 Grad absanken. Schließlich sahen sie sich gezwungen, unter den Lkws ein offenes Feuer mit Petroleum oder Dieselöl zu entfachen, um die Motoren starten zu können, selbst auf das Risiko hin, dass die Wagen in Flammen aufgingen. Die Straßen waren von den Panzern einigermaßen festgefahren, doch man durfte nie von der Piste abkommen, sonst blieb man im Schnee stecken. Immer zielgenauer wurden sie von den als

»Schlächtern« bezeichneten Tieffliegern bombardiert, sowohl auf der Strecke als auch in ihrer gut getarnten Unterkunft am Rande von Tichorizy.

Nachdem sie Partisanen festgenommen hatten, durchsuchten die Deutschen alle Häuser der Umgebung, wobei Heinrich die russischen Katen genau kennenlernen konnte. Es waren meist Holzhäuser mit lehmigem Boden, in den man ein Kellerloch gegraben hatte, um die Wintervorräte wie Kartoffeln, Sauerkraut, Preiselbeeren, Rüben und andere haltbare Feldfrüchte aufzubewahren. Über dem Kellerloch lag die Wohnstube mit einem großen Ofen, an dem sich im Winter das ganze Leben abspielte. Der Ofen wurde mit einigen großen Holzscheiten angeheizt, die im Laufe des Tages verglühten und den riesigen Lehmklotz erwärmten. Das Schürloch war eine Gluthöhle, in der auch das Essen gegart wurde. Die meisten Russen bewegten sich in der Winterzeit so wenig wie möglich von diesem Ofen weg, sie schliefen auch auf ihm. In jeder Kate gab es einen Samowar, mit dem Tee zubereitet wurde. Die Mauern waren meist aus roh bearbeiteten Holzstämmen aufgeschichtet und mit Stroh gedichtet, welches auch in die Fensteröffnungen gestopft wurde, um die Kälte abzuhalten. Zu einigen Katen gehörte ein Morgen Land, auf dem die Russen ihre Feldfrüchte für den eigenen Bedarf anbauten. Im Stall hielten viele Familien ein Schwein und eine Kuh, für die sie das Futter in den Kolchosen stahlen. Der Dolmetscher meinte, das sei nicht zu verhindern, schließlich seien die Arbeiter so unterbezahlt, dass sie nur dann einigermaßen leben könnten, wenn sie sich am Allgemeingut vergriffen, dadurch würde es den Kolchosen schwer gemacht, das Plansoll zu erfüllen.

Bei der Durchsuchung des Ortes entdeckte der Dolmetscher einen Schneider, der aus Schaf- und Ziegenfellen Wintermäntel für die Dorfbewohner nähte. Bei ihm bestellte Heinrich Mäntel für die Männer der beiden ihm unterstellten Züge und bezahlte ihn mit Lebensmitteln. Sie durchkämmten die Dörfer nach Filzstiefeln, wie sie die Einheimischen trugen. Die Stiefel waren so weit, dass man die Füße mit Zeitungspapier umwickeln konnte. Wenn man noch zusätzlich Stroh hineinstopfte, dann hatte man einigermaßen warme Füße. Über die zottigen, roh zusammengenähten Pelze zogen sie die weiten Militärmäntel an und waren so einigermaßen gegen Kälte geschützt. Seit seine Truppe in Russland war, hatte Heinrich nur einige Tage Urlaub bekommen. Er war wütend, als ihm mitgeteilt wurde, dass alle Offiziere des Regiments in ein Winterquartier nach Reval (Tallin) abgezogen würden und er als einziger Offizier mit zwei Kompanien zurückbleiben sollte. Den ganzen restlichen Winter, also von Ende November 1941 bis zur Schneeschmelze Ende März 1942, sollte er alleine fertig werden. Die Partisaneneinsätze machten ihm besondere Sorgen. Am Heiligen Abend musste der Nachrichtentrupp eine Leitung reparieren, die sie entlang der Bahnlinie am Wolchow verlegt hatten. Heinrich stieg oben auf den Bahndamm, während seine Leute hinter dem Damm in Deckung blieben. Plötzlich rief sein Putzer: »Leutnant, haun's Eana hi!«

»Was ist denn los?«, rief Heinrich zurück.

»Es spritzt!«

Da sah er, wie rund um ihn herum der Schnee und die Steine von den Maschinengewehrsalven aufspritzten. Er warf sich zwischen die Schienen, sprang zwischen zwei Salven auf und ließ sich auf der Deckungsseite den Damm hinunterrollen. Nachdem der Trupp nicht mehr zu seiner Stellung zurück konnte, suchten die Männer eine Kate, die einigermaßen sauber aussah und geschützt im Wald lag. Dort richteten sie eine Vermittlung ein, damit ein Artilleriebeobachter Stellung beziehen konnte. Die Soldaten entfachten Feuer im Ofen, draußen hatte es 30 Grad Minus. Einer der Landser besorgte ein Tannenbäumchen, an dem sie mit Draht ein paar Kerzen befestigten. Heinrich brachte mehrere Flaschen Weinbrand von seinem Wagen herein, dazu ausreichend Zigaretten. Jemand stimmte ein Weihnachtslied an, doch es wollte nicht die rechte Stimmung für Weihnachtslieder aufkommen. Die Männer saßen mit ihren zottigen Russenpelzmänteln eng beieinander in der Kate und unterhielten sich über die jüngsten Aktionen der Partisanen und welches Glück Heinrich auf dem Bahndamm gehabt hatte. Der Alkohol und die Wärme machten sie schläfrig, einige Männer schnarchten. Plötzlich ergriff Heinrich die Panik, er sprang auf und schrie: »Raus hier!«

Doch die Männer wehrten ab: »Wir können doch die Vermittlung nicht alleine lassen!« Heinrich brüllte: »Raus, sofort raus! Das ist ein Befehl!« Murrend verließen die Landser die Kate und bestiegen die Lkws. Im selben Moment wummerte es heran und traf die Kate, die sofort in Flammen aufging. Es folgten noch drei, vier Schüsse, dann war Ruhe. Sie mussten noch eine Weile warten, bevor sie versuchen konnten, die Reste der Vermittlung aus dem brennenden Haus zu bergen. Danach stiegen die Männer auf ihre Wagen und fuhren in der Dunkelheit ein Stück zurück, tarnten die Fahrzeuge im Wald und verbrachten den Rest von Heiligabend auf den Planwagen. An Schlafen war nicht zu denken, weil die Kälte und die Angst vor einem erneuten Überfall sie schüttelte. Flüsternd unterhielten sie sich über Heinrichs geheimnisvolle Eingebung, die ihnen das Leben gerettet hatte. Er gab zu bedenken, dass es naheliegend war, die Deutschen anzugreifen, während sie sentimentalen Gedanken an die Heimat nachhingen. Für seine Panikattacke hatte er auch keine Erklärung. Trotz der Fellmäntel froren sie erbärmlich und mussten am nächsten Morgen feststellen, dass bei einigen Männern Erfrierungen aufgetreten waren. Bei diesen Temperaturen genügte es nicht, eine Mütze aufzusetzen, sie mussten alle vorspringenden Gesichtsteile schützen, weil sie bei Minustemperaturen um 30 Grad innerhalb kürzester Zeit hart gefroren waren und abfaulten. In diesem Winter mussten viele Landser ausgewechselt werden, weil sie schwere Erfrierungen erlitten und dadurch schreckliche Schmerzen hatten. Hinzu kam im Frühjahr die Ruhr und Läusekrankheit, Heinrich aber blieb gesund und wurde deshalb auch nicht abgelöst.

Eines Tages bekam er den Befehl zu einem Einsatz mit seinen Leuten in der Nähe von Staraja Russa. Diese Stadt liegt am Südende des Ilmensees, der im Norden von Novgorod begrenzt wird. Novgorod ist ein geheiligter Ort der russisch-orthodoxen Kirche, und die Schönheit dieser Stadt, deren goldene Kuppeln sich im Ilmensee spiegeln, ließ Heinrich ins Schwärmen geraten. Die SS und ein Infanterieregiment hatten den Auftrag, nach Staraja Russa durchzustoßen, um die von den Russen eingeschlossenen Deutschen vom Nordufer des Ilmensees zu entsetzen. Die russischen Abwehrkämpfe zogen sich über einen Monat hin und gehörten nach Heinrichs Erinnerung zu den grausamsten des ganzen Krieges. Die Russen setzten auf ihrer Seite Soldaten ein, die ungenügend mit Waffen ausgestattet waren, weil ihnen offensichtlich der Nachschub fehlte. Wenn eine Welle der Russen von den Deutschen zurückgeworfen war, mussten die nächsten versuchen, den Toten die Waffen abzunehmen, bevor sie wieder angreifen konnten. Dies wurde immer wieder verhindert, weil die deutschen Landser das Manöver bald durchschaut hatten. Der starke Schneefall verwandelte die Leichen bald zu weißen Hügeln, hinter denen die Russen Deckung zu nehmen versuchten, um so an die Waffen der gefallenen Landsleute heranzukommen. Während Heinrichs Leute Vorbereitungen für den nächsten Angriff trafen, wurden sie von den Russen zwischen dem Ilmensee und der Straße, die in die Stadt führte, eingeschlossen. Sie saßen in der Falle. Es gab nichts zu essen und die Männer hatten schrecklichen Hunger. Ein Landser konnte schließlich zwei Schweine bei einem Bauern stehlen, deren Fleisch sie gierig verzehrten; so überstanden sie drei Tage bei eisiger Kälte.

Als die Infanterie die Eingeschlossenen endlich befreite, sollten sie den Lowat-Fluss überqueren, der in der Nähe von Staraja Russa in den Ilmensee fließt. Dies war nur mit Sturmbooten möglich, weil auf der anderen Seite ein von den eigenen Truppen erkämpfter Brückenkopf bestand. Dieser Übergang wurde von den Russen mit sogenannten »Ratsch-Bum-Geschossen« beharkt. Diese Geschosse bestanden aus 24 gebündelten Granatwerfern, die von einem motorisierten Fahrzeug abgeschossen wurden und beim Aufschlag bis zu zwei Hektar Land abdeckten. Wenn eine Salve eingeschlagen hatte, brauchten die Russen ziemlich lange, bis sie nachgeladen hatten. In dieser Zeit konnten ein bis zwei Sturmboote übersetzen. So rückte die Abteilung bis in die Nähe von Staraja Russa vor. Heinrich hoffte, dass er sich mit seinen total erschöpften Männern nun in Ruhestellung begeben könnte. Er bekam aber den Auftrag, sich in die eingeschlossene Stadt durchzuschlagen, um dort eine Sendeanlage zu installieren. Mit dieser Anlage sollte der Angriff der Entsatztruppen mit dem der Eingeschlossenen koordiniert werden, und Heinrich wusste, wie gefährlich dieses Unternehmen war.

Die Drahtverbindung zu den eingeschlossenen Deutschen war zerstört und einen Sender hatten sie nicht. Daraufhin stellte Heinrich drei Fahrzeuge zusammen: seinen schweren Kübelwagen, den Funkwagen mit dem Sendemast und der Funksprechanlage, dazu einen Gerätewagen mit Vierradantrieb, der notfalls den Funkwagen abschleppen konnte. Weil die vier Kilometer lange Strecke zwischen der deutschen Stellung und der Stadt nicht geräumt war und auf der Straße Leichenhaufen lagen, die man umfahren musste, legten sie Schneeketten an. In der Dämmerung brachen sie auf, während die Kameraden ihnen mit schweren Maschinengewehren Feuerdeckung gaben. Zwei Kilometer lang passierte nichts, dann wurden sie von allen Seiten beschossen. Als erstes traf es den Funkwagen. Als Heinrich die Schüsse vor sich flach über die Straße peitschen sah und der Schnee hochgewirbelt wurde, überfiel ihn ein unheimliches Gefühl. Ein Reifen an seinem Fahrzeug wurde platt geschossen, es nutzte nichts, er musste weiterfahren. Die Russen setzten Leuchtspurmunition ein, um das Ziel und die Einschläge besser sehen zu können. Es zischte um seinen Wagen, und er hielt das Gesicht ganz nahe an die Windschutzscheibe, während er das Lenkrad umklammerte. Heinrich starrte stur geradeaus, um nicht stecken zu bleiben, denn er wusste genau, wenn sie anhalten mussten, war es aus. Kurz vor Saraja Russa drückten die eingeschlossenen Deutschen die Russen ihrerseits zurück, sodass es ihm zusammen mit seinen Kameraden gelang, zur Stadt durchzukommen. Der Funkwagen war beschädigt, doch sie konnten eine Sprechverbindung herstellen. Damit gelang ihnen schließlich die angriffsstrategische Koordinierung, um den Kessel aufzubrechen und Staraja Russa freizukämpfen.

Anschließend wurde Heinrich zu einem Major gerufen und in dessen Gegenwart von einem Wehrmachtsbeamten befragt. Er wollte wissen, ob es wahr sei, dass er zwei gestohlene Schweine habe schlachten lassen? Als Heinrich dies zugegeben hatte, wurde er gefragt, ob er nicht wisse, welche Strafen auf Plünderung stünden. Heinrich schilderte die Situation, in der sie gewesen waren, doch es lag bereits eine Anzeige wegen Plünderns vor, und er sollte vor ein Kriegsgericht gestellt werden. Heinrich hatte wirklich Angst, weil er wusste, wie so ein Kriegsgericht abgehalten wurde, und die Bestrafung meist nichts mit Gerechtigkeit zu tun hatte. Als einziger Offizier war er bei dem Nachrichtenregiment zurückgeblieben, während seine Vorgesetzten sich in Reval erholten. Deshalb stellte er nun eine Telefonverbindung zu seinem Regimentskommandeur her und schilderte ihm den Vorfall. Dieser Mann, mit dem er schon in Polen und Frankreich gewesen war, schätzte ihn, und brüllte nun ins Telefon, dass er sich persönlich und sofort um diese Angelegenheit kümmern werde. Bald danach schickte er einen Richter, der zum Regiment gehörte und die Verteidigung übernahm. Vor Gericht war Heinrich angespannt und tief gekränkt, weil er, obwohl er sein Bestes für Deutschland gab, von den eigenen Leuten angegriffen wurde. Hätte er seine Leute verhungern lassen sollen? Natürlich war ihm klar, dass sie die russische Familie schwer geschädigt hatten, doch wie sollte eine Rechtsprechung aussehen? Das Kriegsgericht beantragte, ihn in eine Strafkompanie zu versetzen, sein sehr geschickter Verteidiger erreichte aber nach zäher Verhandlung, dass Heinrich als verantwortlicher Leutnant freigesprochen wurde.

In Tichorizy setzte kurz darauf die Schneeschmelze ein. Während des Winters waren die Sümpfe und Bachtäler zugefroren und mit Schnee verweht, sodass man sie in der hügeligen Landschaft nicht erkennen konnte. Bei der Schneeschmelze schwollen die Flüsse und Bäche unter der Schneedecke zu reißenden Gewässern an, die man nur meiden konnte, wenn man ihren Verlauf kannte. Die Russen gingen in dieser Zeit nie querfeldein, weil man durch die Schneeschicht brechen konnte und dann vom darunterliegenden Wasser mitgerissen wurde. Von Heinrichs Truppe kamen drei Mann auf diese Weise ums Leben. Als es endlich wärmer wurde, kamen zur Schneeschmelze auch noch wolkenbruchartige Regenfälle hinzu, die die Wege und Straßen in eine Schlammpiste verwandelten, auf der man bis zu den Knien einsank. Heinrich hoffte, dass sie nun endlich abgelöst würden und freute sich, als seine Truppe nach Westen in Marsch gesetzt wurde. Sie kamen nur mühsam voran, weil immer wieder Fahrzeuge im Schlamm stecken blieben. Der Lehm klebte an den Stollen der Stiefel und beim Anschieben der hängengebliebenen Fahrzeuge wurden sie mit Dreck bespritzt, sodass sie alle zum Fürchten aussahen.

In einem kleinen Ort nahe Luga bekamen die Männer ein paar Tage Ruhe, dann wurde Heinrich mit einem Konvoi von Fahrzeugen, die repariert werden mussten, nach Tilsit in Litauen geschickt. Seine Landser wurden in der Zwischenzeit von zwei Offizieren betreut, die aus Reval heruntergekommen waren. In einem Dorf südlich von Riga mussten sie eine Nacht anhalten. Heinrich hatte sich gewaschen und wollte gerade zu Bett gehen, als ein lettischer SS-Mann in Uniform bei ihm vorsprach. Er wollte die schriftliche Genehmigung für die Liquidierung von Juden einholen. Heinrich wollte den Grund wissen und wurde zu einem Lager geführt, in dem sich jüdische Männer, Frauen und Kinder aus der Umgebung befanden. Heinrich sagte zu dem SS-Mann: »Den Befehl kann und darf ich nicht geben, weil ich nicht Ihr Vorgesetzter bin, diese gefangenen Juden sind Zivilisten und keine Partisanen.«

»Doch, doch, das sind alles Partisanen!«

»Wenn es Partisanen sind, dann müssen sie einem Kriegsgericht überstellt und abgeurteilt werden. Ich jedenfalls bin dafür nicht zuständig.«

Am nächsten Morgen fuhr er weiter nach Tilsit, die Juden blieben im Lager zurück. Nach einigen Tagen kam er mit den ausgewechselten Fahrzeugen wieder durch den Ort. Er ließ anhalten, als er sah, dass das Lager leer war. Er suchte den SS-Mann und wollte wissen, wo die Juden sind.

»Die sind alle erschossen und begraben worden!«

»Wer hat den Befehl gegeben?«

Der SS-Mann wurde sichtlich unruhig und erklärte, dass der Befehl von »oben« gekommen sei. Heinrich stieg das Blut zu Kopf und er brüllte: »Was heißt hier von oben?« Der lettische SS-Mann entfernte sich eilig ohne jede Erklärung.

Heinrich fuhr weiter nach Luga. Bis dahin hatte er geglaubt, dass man Juden als Arbeiter für die Rüstungsindustrie in Lager zusammenfasste, von nun an wusste er, dass man sie im Osten auszurotten versuchte. Massentötungen von Zivilisten hinter der Front waren nicht hinnehmbar. Er geriet in einen inneren Konflikt zwischen seinem Soldateneid auf Hitler und seinem Gewissen. Was konnte er tun?

Bei Luga traf er wieder auf seine Einheit und erhielt den Befehl, nach Süden zu marschieren. Es waren riesige Entfernungen, die sie nun zurücklegen mussten, durch den ganzen Mittelabschnitt über Minsk in Richtung Kiew. Die Telegrafeneinheit hatte in Kiew einige Tage Aufenthalt, um sich auszuruhen. Im September 1941, nach der Eroberung der Stadt durch die Deutschen, hatte ein sowjetischer Sprengsatz in einem Munitionslager einen Großbrand ausgelöst und Kiew größtenteils zerstört. Deshalb hatte Heinrich den Befehl, seine Landser zu beaufsichtigen. Sie durften nicht in die Stadt, weil mit Spreng- und Sabotageakten gerechnet werden musste. Die Männer waren am Hochufer des Dnjepr untergebracht und blickten auf die goldenen Kuppeln eines russisch-orthodoxen Klosters, aus dem gregorianischer Gesang zu hören war. Die tiefen Männerstimmen lösten eine starke Emotion in Heinrich aus, und er musste die Tränen hinunterschlucken. Dieser ganze Krieg war unglaublich grausam und die Zerstörung alter Kulturgüter verheerend.

Die Telegrafeneinheit verließ Mitte Mai 1942 Kiew in Richtung Charkow in der Ukraine, als sie in ein schweres Gewitter mit einem solch starken Sturzregen gerieten, dass sie mit ihren Fahrzeugen im sumpfigen Boden versanken. Es blieb nichts anderes übrig als zu warten, bis das Wasser so weit abgeflossen war, dass sie mit Schaufeln und Brettern die Kolonnen wieder freibekamen und nach Charkow weiterfahren konnten, wo der Flugplatz für die Zentrale der vierten Luftflotte war. Von hier aus sollte das Nachrichtenregiment den Telegrafenbau in Richtung Don, Wolga und Kaukasus vorantreiben.

Heinrich besaß drei große Karten vom europäischen Russland. Eine war eine Übersichtskarte, auf der er mit Fähnchen absteckte, wo er überall gewesen war. Auf den beiden anderen Karten waren sehr genaue Höhen-, Straßen- und Ortsangaben für den Dienstgebrauch angegeben. Anhand dieser Militärkarten konnte man den günstigsten Verlauf der Telegrafenlinien berechnen. Wann immer Heinrich Ruhe fand, spannte er die Übersichtskarte auf und vertiefte sich in die Zeichensprache der Landkarte. Russland war unermesslich groß, wie sollte die Wehrmacht dieses Land jemals besetzen und kontrollieren?

Ma schickte ihm jede Woche ein Päckchen mit Liebesgaben oder Nahrungsmitteln, die sie sich vom Mund absparte, doch leider kam nicht alles bei ihm an. Victor war an die Ostfront eingezogen worden und sein Vater hielt sich als Leutnant in der Nähe von Oslo auf. Es war nicht davon auszugehen, dass er seinen Vater oder Bruder in Russland treffen würde. Alle Männer der Familie waren jetzt an der Front. Mas Briefe enthielten immer drängender den sehnsüchtigen Wunsch, dass er endlich nach Hause kommen möge.

Von Charkow musste die Einheit weiter nach Süden in Richtung Woroschilowgrad. Kurz vor der Stadt wurden sie von den Russen beschossen, die dort zahllose Panzer zusammengezogen hatten. Heinrich und seine Leute gingen in einer Senke neben der Straße in Deckung und tarnten ihre Fahrzeuge. Es wurde dunkel, die Männer waren müde, und sie beschlossen, einen Grog zu machen. Da es sehr windig war und jeder Lichtschein vermieden werden musste, bauten sie ein Zelt im Wald auf und erhitzten Wasser auf einem Spirituskocher. Einer der Unteroffiziere meinte, dass das aufgesetzte Wasser niemals für den ganzen Zug reichen würde und erbot sich, in der Dunkelheit den Wasserkanister vom Wagen zu holen. Die Männer sprachen mit leiser, gedämpfter Stimme, um die Aufmerksamkeit der Russen nicht auf ihren Standort zu lenken. Der Unteroffizier reichte Heinrich den Kanister, und dieser goss die Flüssigkeit in den Wasserkessel, der auf dem Spirituskocher stand. In der nächsten Sekunde stieg eine Stichflamme auf; Kocher, Kessel, Kanister und Heinrich standen lichterloh in Flammen. Der Feldwebel und der Putzer sprangen aus dem Zelt, doch Heinrich hielt den brennenden Kanister in der Hand, seine Hose brannte und er dachte nur an den Feuerschein, den der Feind nicht sehen durfte. Ein Feldwebel handelte und rettete ihm damit das Leben. Er packte ihn von hinten mitsamt der Zeltleinwand, hob ihn hoch, sodass der Kocher am Boden stehen blieb, und warf sich dann zusammen mit dem eingewickelten Heinrich auf den Boden. Er rollte so lange mit ihm hin und her, bis das Feuer erstickt war. In der Zwischenzeit hatten die anderen den Kocher und den Kanister gelöscht. Alle lauschten nervös in die Nacht, was nun passieren würde, doch es geschah nichts. Die Kameraden wickelten den Verletzten vorsichtig aus. Seine Haare, Augenbrauen, die Nase und das Gesicht waren verbrannt, am schlimmsten waren die Hände betroffen, an denen sich Brandblasen aufwarfen. Sein Körper hatte wenig abbekommen, weil er in einen langen Gummiregenmantel gekleidet war, der nicht Feuer gefangen hatte. Geschehen konnte das Ganze, weil die Wasserkanister nur durch einen weißen Strich von den Benzinkanistern zu unterscheiden waren, was der Unteroffizier in der Dunkelheit nicht gesehen hatte. Heinrich ließ sich die Hände verbinden und Salbe auf das Gesicht streichen, konnte aber die ganze Nacht vor Schmerzen nicht schlafen.

Am nächsten Morgen begann in aller Frühe der Angriff der Deutschen auf die russischen Panzer. Heinrich musste trotz seiner schweren Verletzung Munition zu einem Abwehrgeschütz schleppen, weil immer mehr Männer vom Gegner getötet wurden. Der Geschützführer war noch am Leben, und Heinrich wollte ihm, so gut er konnte, als Ersatzmann zur Seite stehen, obwohl er starke Schmerzen hatte. Vor seinen Augen wurden einige russische Panzer getroffen und gingen in Flammen auf. Die aus den Panzern herausspringenden Russen wurden von der nächsten Maschinengewehrsalve niedergestreckt. Zum Nachdenken war in so einem Gefecht keine Zeit, alles, was sich auf der anderen Seite bewegte, war der Feind, den man besiegen musste, oder man wurde besiegt. Die vielen gefallenen Landsleute auf der eigenen Seite durften nicht umsonst gestorben sein, ihr Tod machte die Überlebenden zu erbitterten Kämpfern für die eigene Sache. Jeder Einzelne wurde zum Jäger, weil er auch Gejagter war.

Mitten im Gefecht ging ein Befehl durch die Reihen, Heinrich solle sich beim Oberst melden. Er zog sich aus der Stellung zurück und traf auf der Straße den Oberst seines Regiments.

»Stehen Sie stramm, Leutnant!«, kommandierte der Oberst.

Heinrich schlug die Hacken zusammen, presste die dick verbundenen Hände an die Hosennaht und richtete den Blick geradeaus.

»Hiermit verleihe ich Ihnen das EK 1 für den Einsatz in Staraja Russa vor drei Monaten.«

Dann steckte er ihm das Eiserne Kreuz an die Uniform. Der Wert dieser Auszeichnung bestand darin, dass nur Heinrich wusste, wie viel Angst und Mut mit diesem Stück Blech verbunden waren. Gerührt war er, weil die Vorgesetzten seinen persönlichen Einsatz erkannt hatten und würdigten. Wie oft hatte er Vergleichbares durchgestanden, ohne dass es bemerkt worden war.

Heinrich wollte zu dem Geschützführer zurück, der Kampf ging weiter. Kurz danach schaffte die deutsche Armee den Durchbruch durch die russischen Linien.

In den nächsten Tagen marschierte die Truppe zügig weiter nach Süden in Richtung Rostow am Don, wo sie Ende Juli 1942 eintraf. In einem kleinen Ort am Don entdeckte Heinrich eine Mühle, um die riesige Berge von Getreide aufgehäuft waren, die mit der Eisenbahn aus der Ukraine und dem Kuban dorthin gebracht worden waren. Die Mühle lief, und als Heinrich eintrat, stand der Müller vor einer großen Getreidemühle, die aus dem Werk seines Großvaters stammte. Überall fand er die Fabriksiegel der Mühlenwerke Dresden, und der Müller konnte sich an den Großvater gut erinnern, weil dieser persönlich gekommen war, um die Funktionsfähigkeit seiner Mühle zu prüfen.

Parallel zum Don stieß die Heeresgruppe Süd in Richtung Stalingrad vor, das heute Wolgograd heißt. Als der Vormarsch zum Stehen kam, wurde ein Sturmkeil nach Süden in Marsch gesetzt. Heinrichs Abteilung folgte den Panzern und der sie begleitenden Infanterie in Richtung Kaukasus. Nach dem kalten Winter litten sie nun alle unter der Hitze. Heinrich hatte besondere Probleme mit dem Staub, er bekam Heuschnupfen mit Asthma und seine Augen waren gerötet und geschwollen. Von jedem Einzelnen wurden wieder einmal ungeheure Arbeitsleistungen verlangt, denn ein Trupp sollte am Tag mindestens zehn Kilometer Leitung in unwegsamem Gebiet bauen. Telegrafenstangen gab es in diesem Gebiet überhaupt nicht, weshalb Bäume vom Don herbeigeschafft werden mussten. Außerdem hatten die Männer der Telegrafeneinheit Tonnen von Drähten und Glocken für die Leitungen nachzuziehen. Morgens um vier begann die Arbeit, für das Frühstück blieb meistens nur wenig Zeit. Mittags hatten sie dann eine Stunde Ruhe und nachmittags gab es eine Jause. Nach einem hastigen Abendessen musste oft bis zwölf Uhr in der Nacht gearbeitet werden, wobei man sich abwechselte, weil immer Teile des Trupps wegen Behinderungen mit der Strecke nicht fertig wurden. So hatten die Soldaten, aber auch die Offiziere, manchmal nur zwei bis drei Stunden Schlaf, was bei körperlich anstrengender Arbeit in großer Hitze zu Ausfällen führte. Der Nachschub an Verpflegung funktionierte nicht mehr, deshalb wurden Männer abgestellt, die in der Kubansteppe Essen requirierten. Das war nicht so einfach, weil die Kolchosen weit auseinander lagen und die Russen ihr Essen nicht freiwillig hergeben wollten. Heinrich schickte daraufhin seinen russischen Ingenieur als Dolmetscher mit auf die Essensuche. Dieser Mann fühlte sich sehr wohl in der Truppe und war für Heinrich nahezu unentbehrlich geworden, weil er sich auf ihn verlassen konnte. Gelegentlich gab es Zusammenstöße von Requirierungskommandos des Heeres und der Nachrichteneinheit. Heinrichs Leute kamen eines Tages verwundet von der Nahrungsbeschaffung zurück, sie hatten sich auf dem Feld mit Männern des Heeres regelgerecht um einen Nahrungstransport geprügelt. Der Wagen konnte für die Einheit nur deshalb gerettet werden, weil die hilfswilligen russischen Gefangenen sich durchsetzen konnten und nicht bereit waren, auch nur ein Ei abzugeben. Nach etwa 14 Tagen kamen die von Heinrich gehassten Wehrmachtsbeamten hinterhergeschlichen, um alles in deutscher Gründlichkeit zu regeln.

Sie brachten wieder Rotwurst in Dosen und Kunsthonig mit nebst ihren Scheinen, ohne die nichts requiriert werden durfte.

Vor dem Kaukasus lagen Sonnenblumenfelder von unermesslicher Weite, und die Einheimischen stellten Sonnenblumenöl her. Zwei sehr verschiedene Volksstämme lebten hier nebeneinander, die Kaukasier und die Armenier. Die Kaukasier waren hochgewachsen, blond und blauäugig, die Armenier dagegen waren schwarzhaarig, rassig und stolz. In den Bergtälern hatten sich mehrere verschiedene Sprachen mit den jeweiligen Volksstämmen erhalten, und nirgendwo in Russland hatte Heinrich so gutes Kunsthandwerk gesehen wie in dieser Gegend. Neben wunderschönen Ikonen gab es Skulpturen und Schmuck, der meist aus Elfenbein geschnitzt war. Heinrich kaufte eine Elfenbeindose und geschnitzte Rosen als Geschenke für seine Familie. Man machte den Männern klar, welch ungeheure Bedeutung für den Ausgang des Krieges dieser Vormarsch auf die Ölfelder von Baku am Kaspischen Meer hatte, um an Treibstoff heranzukommen. Hitler wollte sogar den Anschluss an die persischen Ölfelder erreichen, denn der Schah war den Deutschen wohlgesonnen. Bei den Etappen dieses Vormarsches war Krasnodar der erste Ort, von dem aus sie den Kaukasus sehen konnten.

Heinrich war überwältigt, als er über diesem riesigen Gebirgsstock den Elbrus wie ein märchenhaftes Gebilde aus den Wolken auftauchen sah. Er war immer ein begeisterter Bergsteiger gewesen, und während die Kameraden jammerten, dass sie nun auch noch ein Gebirge erobern sollten, freute er sich darauf. In der Zwischenzeit war der Vormarsch nach Stalingrad auf Schwierigkeiten gestoßen, weil der Nachschub nicht mehr funktionierte. Der Nachrichtentruppe wurden die Lkws und die Stangenfahrzeuge weggenommen. Sie mussten auf Pferde umsteigen, die sie von der kaukasischen Bevölkerung requirierten. Viele Landser konnten nicht reiten, selbst Heinrich hatte seit seiner Ausbildung zum Gralsritter kein Pferd mehr bestiegen, doch damit mussten sie fertig werden. Er war so berauscht von den schneebedeckten Bergen, dass ihn die Strapazen weniger beeinträchtigten als zuvor.

Die Gebirgsjäger hissten Ende August 1942 die Reichskriegsflagge auf dem Gipfel des Elbrus.

Die Truppe marschierte bis Kislowodsk, wo sie auf Siedlungen von Schwabendeutschen trafen, und als sie dicht hinter den Panzern der Infanterie Ordschonikidse erreichten, kam eine Reiterhorde den Berg herunter. In eine Staubwolke gehüllt, kamen die Kosaken auf ihren Pferden dahergaloppiert, und man wusste nicht, ob sie friedlich gesinnt waren. Mit ihren Pelzmützen, langen Säbeln und Patronentaschen sahen sie wie wundersame Ritter aus einem fernen Land aus. Auf zweirädrigen Karren, die von Pferden gezogen wurden, führten sie russische Maschinengewehre mit sich. Schließlich kamen sie vor den Deutschen zum Stehen und stellten sich der deutschen Armee zur Verfügung. Auf eine Fahne hatten sie geschrieben: »Hitler ist der wahre Führer, er wird uns befreien, es lebe das Deutsche Reich«. Sie versicherten, dass sie alles in ihrer Macht Stehende tun würden, um den Deutschen zum Sieg zu verhelfen. Heinrich hatte aber immer noch die russischen Gefangenen von Leningrad bei sich, die gut eingearbeitet und kooperativ waren, sodass er sie nicht gegen die Kosaken austauschen wollte.

Das Zögern um Stalingrad und die Fehlentscheidung hinsichtlich der Südfront zwang die Truppe zu einem schnellen Rückzug. Die Panzerverbände und die Infanterie waren vom Schwarzen Meer und aus dem Kuban zurückgewichen, ohne dass Heinrichs Truppe davon erfahren hatte. Sie verlegten noch Leitungen hoch oben im Kaukasus, als sie die Information bekamen, dass sie sich in Richtung Krim zurückziehen sollten. Unter erheblichem Beschuss entkamen sie einem Kessel der Russen und mussten sich durch die Wildnis querfeldein über das Gebirge absetzen. Sie ritten oder führten die Pferde über Berghänge entlang dem kaukasischen Hauptkamm, auf 2800 Metern Höhe, immer in Richtung Westen auf das Schwarze Meer zu. Bei den Nachtmärschen im Gebirge waren die Geröllhalden mit den Pferden besonders unangenehm zu überwinden, doch sie mussten die Straßen und Orte meiden. Die Deutschen marschierten nördlich der Gebirgskette, und erst bei Romanowsk konnten sie von oben das Schwarze Meer liegen sehen. Ein Aufatmen ging durch die Reihen der Männer, als sie das Meer friedlich glitzernd in der Tiefe liegen sahen, doch die Schinderei war noch lange nicht vorbei. Nun begann der mühselige Abstieg durch Karst und unwegsames Bergland bis nach Noworossijskan an der Schwarzmeerküste. Hier war ein wichtiger Stützpunkt der russischen Schwarzmeerflotte und sie wurden angegriffen. Heinrichs Einheit entschied sich, nicht auf die Krim überzusetzen und zog den weiteren Landweg vor.

In angstvollen Nachtmärschen mit ständigen Abwehrkämpfen zog sich die Einheit durch die Kubansteppe zurück. In der Ebene gab es Sonnenblumenfelder, in denen sich die Männer versteckten. Viele von Heinrichs Kameraden fanden hier den Tod, und die Sonnenblume wurde für ihn ein Symbol für Tod und Vernichtung. Es war ein Bild, das er den Rest seines Lebens vor Augen hatte: Unter reifen Sonnenblumen waren die Kameraden gestorben, niedergestreckt von Kugeln, die aus dem Nichts kamen, denn der Feind war überall und nirgends. Eine tiefe Depression ergriff Heinrich, während er den Toten die Erkennungsmarken abnahm und einsteckte. Er war am Ende seiner Belastbarkeit angekommen.

Die restlichen Männer der Einheit erreichten Rostow am Don, an dem die Infanterie einen Brückenkopf hielt. Von hier aus wurden sie in einen Badeort auf der Krim verlegt, wo sie ein paar Tage Ruhe hatten. Sie waren 600 Kilometer durch das Gebirge marschiert und hatten sich 250 Kilometer durch die Kubansteppe zurückziehen müssen. Die völlig erschöpften Männer schliefen eine Nacht und einen Tag, dann wollten sie nach all den physischen und psychischen Strapazen Frauen haben, warme, weiche Körper, in denen sie versinken konnten. Es gab Puffs auf der Krim, und Heinrich wurde angewiesen, seine Männer dorthin zu begleiten und zu bewachen. Da er selbst keinen Appetit auf die fülligen Damen hatte, saß er vor der Tür, bis seine Soldaten wieder erschienen. Nach etlichen Tagen stellte sich heraus, dass einige Puffbesucher sich eine asiatische Gonorrhö geholt hatten. Die mitgebrachten Sulfonamide halfen nicht, deshalb schaffte man die Schwerkranken nach Rostow ins Spital. Einige Kameraden, die die ganzen Strapazen des Russlandfeldzuges überstanden hatten, starben hier an einer Geschlechtskrankheit.

Der Rest von Heinrichs Truppe wurde im September 1942 mit all ihrem Gerät in Rostow auf Züge verladen und quer durch ganz Russland nach Schleswig-Holstein gebracht. Bei der langen Bahnfahrt saßen die übrig gebliebenen Männer schweigend beieinander. Sie hatten Schreckliches erlebt und hielten es für ausgeschlossen, dass man Russland halten konnte. Endlich durften sie in die Heimat zurück, aber sie hatten sich alle sehr verändert. Deutschland verlor zusehends die Kontrolle über den Luftraum. Wie wäre es sonst für die Royal Air Force möglich gewesen, Lübeck zu bombardieren und andere Städte.

In Schleswig-Holstein bekam die Einheit nicht den erwarteten Urlaub, sie sollte vielmehr in Mecklenburg die Nachrichtenverbindungen für die Nachtjagd erstellen. Heinrich wurde zu seinem Regimentskommandeur bestellt, der ihn sofort anbrüllte: »Was fällt Ihnen ein, hinter meinem Rücken Dinge in die Wege zu leiten, von denen ich nichts weiß?« Heinrich wusste nicht, wovon er sprach und hatte sich angewöhnt, den Vorgesetzten brüllen zu lassen, während er selbst schwieg. Er stand stramm, blickte geradeaus und hoffte auf diese Weise zu erfahren, um was es sich handelte. Der Kommandeur brüllte weiter: »Man hat Sie vom Luftnachrichtenregiment in Halle angefordert, ich habe versucht, das Ansuchen rückgängig zu machen und denen erklärt, dass ich Sie nicht entbehren kann, habe aber keine Antwort bekommen.« Heinrich wusste nicht, warum man ihn angefordert hatte. Bevor er abtreten durfte, überreichte ihm der Oberst die »Gefrierfleischmedaille«, wie die Landser die Auszeichnung für die Winterschlacht im Osten nannten. Er sollte sich in Richtung Rechlin in Mecklenburg in Marsch setzen, alles Weitere würde er in der dortigen Dienststelle erfahren. Er packte seine Sachen und nahm schweren Herzens Abschied von seinen Kameraden, von denen einige schon in Polen dabei gewesen waren. Sie hatten vieles gemeinsam erlebt, das man mit niemand anderem teilen konnte, außer mit diesen Männern, die durch die gleiche Hölle gegangen waren. Sie tauschten noch einmal Erinnerungen aus, dann wünschten sie ihm alle Glück für die neue Arbeit. Als er zu bedauern anfing, dass er nicht mehr mit ihnen gemeinsam an die Front zurückkäme, nannten sie ihn liebevoll »altes Schlachtross«.

Heinrich reiste zu der Einheit für Funkberatung und Ionosphärenforschung nach Rechlin. Dort hatte er sich bei Major Walter Grotrian, dem Kompaniechef, zu melden, der im Zivilberuf Astronom und Astrophysiker an der Sternwarte Potsdam war. Dieser Mann war sehr freundlich, stellte ihn den Mitarbeitern vor und erzählte ihm, wem er die Versetzung zu verdanken hatte. Ein Freund aus dem Techniker-Cercle in Wien hatte gehört, dass Heinrich seit drei Jahren an der Front war und sich dafür eingesetzt, ihn in die Funkberatung zu holen, wo man dringend Physiker benötigte. Diese Kompanie war verteilt auf verschiedene Außenstellen, der Zentralstandort war Rechlin. Die Außenstellen waren Tromsö in Norwegen, Tobruk in Nordafrika, Katania auf Sizilien, und eine sollte im Kaukasus entstehen. Zweck dieser Zweigstellen war es, über Europa ein Kreuz zu bilden, um Messungen an der Ionosphäre durchzuführen mit dem Ziel, einen weltweiten Empfang der Kurzwellen zu erreichen, die an der Ionosphärenschicht reflektiert werden. In dieser Kriegszeit war es enorm wichtig, über große Entfernungen Verbindung zu den einzelnen Truppenteilen zu halten. Die Funkberatungsstellen waren dafür verantwortlich, dass man zu jeder Tages- und Nachtzeit Nachrichten über große Entfernungen absetzen konnte. Bei der Marine waren die Nachrichtenverbindungen am schwierigsten aufrechtzuerhalten, weil sie nicht nur im Atlantik operierte, sondern auch in der Karibik und im Indischen Ozean. Außerdem benötigte man ständige Funkverbindungen zu den U-Boot-Marinebasen in Penang oder Saigon, zu den Kreuzern, die in der Karibik Jagd auf die Handelsschiffe der Alliierten machten, und zu den U-Booten, die die Nachschublinien der Gegner angriffen.

Heinrich fühlte sich nach einer kurzen Einarbeitungszeit sehr wohl auf der neuen Dienststelle, auf der viele Ingenieure tätig waren und ein ganz anderer Ton herrschte als im Nachrichtenregiment und an der Front. Er wurde Funkberater für den Befehlshaber der U-Boote unter Kapitänleutnant Schultz. Es gab Probleme mit der sogenannten Längstwelle, die von der Marine verwendet wurde und sich im Mittelatlantik als unzuverlässig erwiesen hatte. Die Kurzwellen wurden bei Sonnenflecken gestört, sodass kein Empfang mehr möglich war. Während des Krieges näherte man sich einem Sonnenfleckenmaximum, wobei starke Sonneneruptionen auftraten, die einen unmittelbaren Ionosphäreneinbruch auf der Tagseite der Erde zur Folge hatten. Rund 30 Stunden nach so einer Eruption folgte ein erdmagnetischer Stoß mit nachfolgendem erdmagnetischen Sturm. Einige Stunden nach dem Stoß erschienen dann auf der Nachtseite der Erde das Polarlicht und die Störung in der Ionosphäre. Es zeigten sich also zweifache Einflüsse des Vorgangs auf der Sonne. Die Standardwelle der Marine wurde bei Sonneneruption total absorbiert, und so konnten die U-Boote im Atlantik nicht mehr erreicht werden.

Großadmiral Karl Dönitz, der Oberbefehlshaber der Marine, residierte in Paris und hatte eine Dienststelle in Brest, dem deutschen U-Boot-Hafen an der französischen Atlantikküste, einen weiteren in Lorient. Die Bunkeranlagen des U-Boot-Hafens lagen in Keroman bei Lorient, fünf Kilometer hinter dem Golf von Biskaya. Anhand einer großen Karte, auf der die Positionsmeldungen der einzelnen Boote vermerkt wurden, konnte er die Angriffe von Geleitzügen anordnen. Mit dem Auftreten der Sonnenflecken und den damit verbundenen Funkproblemen wurde es immer schwieriger, den U-Booten Anweisungen zu geben. Die Engländer und Amerikaner waren in der Luft überlegen und verfügten über Radargeräte, deshalb mussten die U-Boote möglichst lange unter Wasser bleiben und durften nur ganz kurz auftauchen, um ihre Nachrichten zu funken. Diese Meldungen wurden von den Empfangsstationen aufgenommen und entschlüsselt.

Ende November 1942 wurden die deutschen Truppen in Stalingrad eingeschlossen. Heinrich wurde zu dieser Zeit nach Paris beordert und meldete sich bei Schultz. Nach einer langen Wartezeit, bei der er mit einem Essen bewirtet wurde, wie man es in Deutschland nicht mehr kannte, wurde er in den Befehlsraum von Dönitz gerufen. Der

Admiral erklärte ihm, dass die Luftwaffe einen großen Geleitzug im Atlantik aufgespürt hätte, den die U-Boote nun angreifen sollten. Die Funkverbindung war gestört und Dönitz befürchtete, dass er viele Boote verlieren würde, wenn sie nicht schnell Verbindung bekämen. Heinrich hatte seine Berechnungsunterlagen dabei und bekam sofort Verbindung mit seiner Dienststelle in Rechlin. Ein Mitarbeiter sagte ihm, dass sie Sonnenflecken und Nordlichter in Tromsö hätten und deswegen die langen Wellen nicht durchkämen. Beide fingen an zu rechnen und kamen zu dem Ergebnis, dass die Boote auf die 50-Meter-Welle umschalten mussten, damit sie von Paris aus erreicht werden könnten. Nun musste man aber den Schiffen auf der alten Welle mitteilen, dass sie umschalten sollten, und Heinrich wollte diese Nachricht über einen weit entfernten Sender absetzen, um den Einfallswinkel der Wellen an der E-Schicht (100 bis 150 Kilometer Höhe) zu verändern. Über einen Sender in Griechenland und einen zweiten auf Sizilien gelang es, zu den U-Booten durchzukommen. Als die Empfänger auf die kürzere Wellenlänge umgestellt waren, konnte Admiral Dönitz den Angriff der U-Boote von Paris aus leiten.

Nachdem dieses funktechnische Meisterstück geglückt war, wollte Dönitz, dass Heinrich ihm jederzeit zur Verfügung stand. Er konnte miterleben, wie die U-Boote an den Geleitzug herangeführt, dann in Angriffsposition gebracht wurden und schließlich den Konvoi fast vollständig versenkten. In der Folge wurde Heinrich erst zu den Geleitzugschlachten nach Paris, dann nach Lorient und später nach Berlin Bernau kommandiert. So erlebte er das ganze Drama der U-Boot-Schlachten ab November 1942 persönlich mit. Er war Leutnant der Luftwaffe, nun aber für die Marine tätig. Die »maritim legére« Art der Kriegsmarine, besonders der U-Boot-Fahrer lag ihm, und er war sofort integriert. Alles, was er als Funkberater von Dönitz erlebte, unterlag der Geheimhaltung, und er hielt sich daran.

Als die kriegerische Epoche des Rittertums zu Ende ging, gewannen die von den Troubadouren entwickelten Vorstellungen Einfluss, nach denen Tapferkeit mit Sanftmut und Höflichkeit gegen Frauen verbunden war. Der Wunsch nach dem Beifall der Frauen wurde zum Hauptantrieb der Tapferkeit. Die Liebe der Troubadoure entsprang einer Mutterfixierung und wie Freud feststellte, wählten solche Männer »niemals ein Weib zum Liebesobjekt, welches noch frei war, sondern nur solche Frauen, auf die ein anderer Mann Eigentumsrechte geltend machen konnte«. (Taylor)

In Rechlin wohnten einige Ingenieure, die sehr gute Musiker waren und sich zu Konzertabenden trafen. Mit den Veranstaltungen »Kraft durch Freude« des Oberkommandos der Wehrmacht hatten diese Abende nichts zu tun. Heinrich wurde zu einem Konzertzyklus eingeladen, bei dem auch Vorträge gehalten wurden über »Das wohltemperierte Klavier« von Bach. Sein Hauptmann bat ihn, für die Getränke zu sorgen, weil man nach dem Konzert noch gemütlich zusammensitzen wollte. An einem dieser Abende fiel ihm eine schlanke Frau auf, die sich sehr zurückhaltend verhielt. Nachdem Heinrich sie eine Weile beobachtet hatte, wollte er wissen, wer diese Frau war. Hauptmann Schultz erzählte ihm, dass Frau Lund als Witwe eines abgestürzten Fliegeringenieurs in der Schule angestellt war, um sich und ihre zwei Halbwaisen durchzubringen. Heinrich setzte sich daraufhin an das Tischende, um mit der Unbekannten ins Gespräch zu kommen. Die Dame hatte lange schwarze Haare, die im Nacken zu einem Knoten hochgesteckt waren. Mit großen braunen Augen blickte sie ihren Gesprächspartner offen und freundlich an, sodass er auf einen verständnisvollen und gütigen Charakter schließen konnte. Am Ringfinger der rechten Hand steckten zwei Eheringe übereinander. Heinrich fühlte sich zu dieser sanftmütigen Frau hingezogen und suchte eine Gelegenheit, sie wiederzusehen, um ihr näherzukommen.

Eins der nächsten Konzerte fand in ihrem Privathaus statt, und es wurden Stücke von Bach und Mozart gespielt. Dabei hatte Heinrich Zeit, die wohnliche und gepflegte Atmosphäre des Hauses auf sich wirken zu lassen. Von da an besuchte er Frau Lund regelmäßig und lernte auch die beiden Mädchen kennen. Reingard war fünf Jahre alt, ein zartes scheues Kind mit schwarzen Zöpfen, während die dreijährige Ruthilde mit ihrem wilden Lockenkopf lebhaft und fröhlich den Gast begrüßte. Die Kinder zeigten keine Scheu vor dem großen Mann in Uniform und nannten ihn nach kurzer Zeit Onkel Heinrich. Das Weihnachtsfest 1942 wollte er mit Frau Lund und den Kindern verbringen, was für Ma eine schlimme Enttäuschung war, weil sie ihren Sohn so lange nicht gesehen hatte. Sie schrieb ihm, dass sich ihr schlechter Gesundheitszustand verschlimmern würde, wenn er Weihnachten nicht nach Wien käme.

Hauptmann Schultz bat ihn, den Weihnachtsabend für die Fliegeroffiziere festlich zu gestalten und sie mit Alkohol und Rauchwaren auf Kosten der Kompanie zu versorgen. Die Männer, die keine Familie und keine Urlaubsgenehmigung bekommen hatten, trafen sich in der Kantine und unterhielten sich über Politik. Die 6. Armee war noch immer in Stalingrad eingeschlossen und die Versorgung aus der Luft ungenügend. Man gedachte der armen hungernden und frierenden Kameraden draußen im Felde, denn es war ein sehr kalter Winter. Um Mitternacht schwang sich Heinrich auf ein altes Fahrrad und eilte zu Frau Lund, die ihm strahlend die Türe öffnete. Er überreichte ihr die Weihnachtsgeschenke. Aus Paris hatte er Parfüm in einem Kristallflakon mitgebracht und Bohnenkaffee, den man in Deutschland nicht bekommen konnte. Um etwas Besonderes für die Kinder zu finden, war er lange durch Berlin gelaufen und hatte sich wie ein Vater gefühlt, der Spielzeug für seinen Nachwuchs sucht. In einem Schaufenster entdeckte er Schneewittchen und die sieben Zwerge, die handgemachten Püppchen gefielen ihm so gut, dass er sie kaufte.

Nachdem ihm Elsa Lund gedankt hatte, standen sie beide etwas verlegen am Flügel, bis sich ihre Hände berührten. Heinrich war erregt, der Funke war übergesprungen, und er wusste spontan, dass er diese Frau heiraten wollte.

In der darauffolgenden Zeit fiel es ihm schwer, aus beruflichen Gründen Rechlin zu verlassen, weil er dann die Nähe von Elsa vermisste. Ihre liebevollen Augen hatten ihn verzaubert. Er gestand ihr seine Zuneigung und äußerte den Wunsch, sie zu heiraten. Sie war erst seit zwei Jahren Witwe und konnte sich nicht vorstellen, einem anderen Mann zu gehören. Sie mochte Heinrich und wünschte sich einen Vater für ihre Kinder, musste ihm aber sagen, dass er, wenn er sie heiraten würde, immer mit dem verstorbenen Mann an ihrer Seite leben müsste. Heinrich fand es berührend, dass eine Frau mit so viel Liebe von ihrem verstorbenen Mann sprach, sie würde auch ihn annehmen, wie er war. Elsa hatte etwas Demütiges, und er wollte sie und die Kinder vor dem Bösen dieser Welt beschützen.

Ein paar Tage nach Weihnachten bekam Heinrich einen Kurzurlaub und reiste nach Wien. Ma war überglücklich, ihren Sohn endlich in die Arme schließen zu können. Sie hatte Gallenbeschwerden, litt unter der Kälte und fühlte sich verlassen von ihren zwei großen Söhnen. Victors letzter Feldpostbrief kam aus Stalingrad, wo er als Melder mit einem Motorrad zwischen Front und oberster Heeresleitung unterwegs war. In seiner stets unbeschwerten Art hatte er sich über das miserable Essen und den Dreck in Russland ausgelassen, seitdem hatte man nichts mehr von ihm gehört. Ma wollte die Menschen, die sie liebte, um sich haben, der Krieg und die ganzen Begleitumstände hatten ihre Kraft aufgezehrt.

Heinrich war nicht gekommen, um mit seiner Mutter über den Krieg zu sprechen. Er legte ihr Schriftproben von drei Frauen vor und bat sie um eine Schriftanalyse, weil er von ihren Fähigkeiten auf diesem Gebiet überzeugt war und wissen wollte, was sie zu sagen hatte. Ma nahm die Briefe zur Hand, verglich die Handschriften und drehte sich ruckartig um: »Du gemeiner Hund, du willst nichts wissen, du hast dich schon entschieden!«

»Ja, ich habe mich unsterblich verliebt. Sie heißt Elsa, ist eine Kriegswitwe und hat zwei kleine Mädchen. Wir sind gleich alt, und sie verdient ihren Unterhalt als Lehrerin. Elsa wird dir gefallen, sie ist sportlich und schlank, kommt aus einer sehr guten Familie und spielt Geige. Ich habe so viele Kameraden sterben sehen und möchte gern der Vater für die beiden Mädchen sein, das kannst du doch sicher verstehen?«

»Ich will es nicht verstehen. Das Schriftbild kippt nach links, die Buchstaben sind rund, ich stelle mir vor, dass sie eine Reihe schiefer

Zähne zeigt, wenn sie lacht. Wenn du dir in diesen Zeiten eine Familie ans Bein hängst, dann sehe ich dich überhaupt nicht mehr!«

Unvermittelt fing sie an zu weinen und Heinrich nahm die Mutter in den Arm, um sie zu trösten. Er musste Ma beibringen, dass er Elsa im Frühjahr heiraten würde, notfalls auch gegen ihren Willen. Beim Abschied bat ihn Ma, über Dresden zu fahren, um die Großmutter zu besuchen; außerdem wollte sie, dass der Sohn ihren Freund Mathias Wiemann kennenlernt.

Auf seiner Rückreise erlebte Heinrich den Schauspieler Wiemann auf der Bühne des Dresdner Schauspielhauses, und anschließend waren die beiden Männer im Restaurant auf den Brühlschen-Terrassen zum Abendessen verabredet. Sie hatten ein langes Gespräch über die politische Entwicklung in Deutschland und Wiemann brachte zum Ausdruck, dass er sehr deprimiert war über die Reichspolitik, die Fortdauer des Krieges und die Rollen, die er spielen musste. Er war völlig desillusioniert, und im Widerstreit mit den Nazis versuchte er, in seinen Rollen Hintergründiges gegen das System anzubringen. Dieser Balanceakt, dem Publikum etwas mitzuteilen, ohne von den Kulturgremien angegriffen oder festgesetzt zu werden, zermürbte ihn. Wiemann war ein glänzender Erzähler, ein sensibler Gesprächspartner und einfühlsamer Zuhörer. Heinrich konnte gut verstehen, warum seine Mutter mit diesem Mann befreundet war. Vor der Weiterreise besuchte er noch die Großmutter, der es im Dresdner Altenheim nicht gut ging.

Im Februar 1943 wurde Heinrich wieder als Funkberater nach Paris beordert. Die anfangs so erfolgreichen Geleitzugschlachten wurden immer verlustreicher für die deutschen U-Boote, und die Stimmung im Kommandoraum von Großadmiral Dönitz war nicht zuversichtlich. Heinrich hatte nur zwei Tage Aufenthalt in Paris, aber er wollte Geschenke für Elsa und die Kinder kaufen. Ein Franzose, den er als Dolmetscher in der Funkberatungsstelle kennengelernt hatte, erzählte ihm vom Schwarzmarkt unter Paris und erbot sich, ihn dorthin mitzunehmen. Er sagte auch, dass es gefährlich sei, als Deutscher in die Katakomben zu gehen. Heinrich musste einen bretonischen Fischerpullover anziehen und eine Baskenmütze aufsetzen, auf keinen Fall sollte er den Mund aufmachen, sondern nur andeuten, was er haben wollte. Als sie bei einbrechender Dunkelheit loszogen, bereute Heinrich bereits, sich auf das Abenteuer eingelassen zu haben. Der Einstieg in die Katakomben lag am Rande eines Friedhofs, geschützt durch Büsche und eine Mauer. Eine Wendeltreppe bohrte sich spiralförmig in die Tiefe, und er musste sich beeilen, um dicht hinter seinem vorauseilenden Begleiter zu bleiben, der eine Taschenlampe in der Hand hielt. Am Ende der Wendeltreppe öffnete sich ein spärlich beleuchteter Gang, an dessen Wand ein Straßenname eingemeißelt war, die Luft roch moderig und feucht. Die Schritte hallten in dem endlos langen Tunnel und vom eigenen Schatten begleitet fühlte sich Heinrich wie die Verfolgten, die seit Jahrhunderten hier Schutz gesucht hatten, weil sie das Tageslicht meiden mussten. Sie bogen um eine Ecke, und wieder folgte ein düsterer Stollen, von dem rechts und links Gänge abzweigten. Niemals würde Heinrich alleine aus diesem Labyrinth zum Ausgang zurückfinden. Die Platzangst überfiel ihn schlagartig, warum war er dieses Risiko eingegangen? Er hatte den dringenden Wunsch, so schnell wie möglich an die Oberfläche zurückzukehren, hier unten wollte er nicht sterben.

Heinrich beschleunigte seinen Schritt und plötzlich standen sie in einem geräumigen Saal, in dem große Mengen von Waren aufgehäuft lagen. Händler saßen auf Säcken mit Kaffee, Tee, Spirituosen, Gemüse und Fleisch, hier konnte man alles kaufen, was es sonst nicht mehr gab. Die Männer feilschten mit gedämpfter Stimme, und Heinrich zeigte auf die gewünschten Waren, die der Dolmetscher für ihn bezahlte. Sein Lotse wollte noch weitergehen zu Ständern mit Bekleidung und Schuhen, doch Heinrich schüttelte verneinend den Kopf. Er stellte sich vor, wie sie ihn, den »boche«, durch die Gänge hetzen würden, um ihn zu ermorden, diesen Vertreter der verhassten deutschen Nation, die es gewagt hatte, Paris zu besetzen. Hier in der Fluchtburg der Verfolgten hatte er nichts zu suchen und wollte nur noch lebend ans Tageslicht zurückkehren. Der Rückweg führte erneut durch endlose Gänge, bis sie zu einer Wendeltreppe kamen, die nach oben führte. Der Franzose ließ Heinrich den Vortritt, die ausgetretenen Stufen schraubten sich aufwärts bis in den Keller eines Hauses und von dort ins Freie. An der frischen Luft fühlte sich Heinrich wie von einem Albtraum befreit. Für ein paar Geschenke würde er sich nicht noch einmal in die Katakomben von Paris hinunterwagen, doch nachdem er das Abenteuer heil überstanden hatte, sah er die Stadt mit anderen Augen. Paris war wie ein Eisberg, von dem nur ein Teil zu sehen war.

Nach einigen arbeitsreichen Tagen in Lorient traf er sich mit Elsa in Hannover, wo ihre geschiedenen Eltern wohnten. Sie war bei ihrer Mutter aufgewachsen und wollte, dass er zuerst einen Höflichkeitsbesuch bei ihr machte. Pünktlich zum Tee erschien er mit frisch gebürsteter Uniform, küsste galant die Hand der zukünftigen Schwiegermutter und bat artig um die Hand der Tochter. Anschließend waren sie beim Vater angemeldet, der mit seiner zweiten Frau in einer Prachtvilla an der Eilenriede wohnte. Dieser Besuch fiel Heinrich viel schwerer, denn er war nicht auf den Reichtum vorbereitet, den dieses Haus schon von außen repräsentierte. Wenn Heinrich in Verlegenheit geriet, sagte er in einem Satz häufig »err« oder »ömm«, bevor er weitersprechen konnte. Es fehlte nicht viel, und er hätte die Hacken zusammengeschlagen, wie es auf dem Kasernenhof üblich war, wenn man einem Höhergestellten gegenübertrat. Elsas Vater war ein distanzierter Herr im silbergrauen Anzug, mit einer Perlennadel an der Krawatte, und er hatte die gleichen zarten Hände wie seine Tochter. Seine Frau Inga war lebhaft und bemüht, dem Hochzeiter dabei behilflich zu sein, seine Gehemmtheit zu überwinden. Man einigte sich auf einen Termin für die Trauung in Wien, und dann kehrten Heinrich und Elsa gemeinsam nach Rechlin zurück zu den Kindern.

Um als Offizier eine Heiratserlaubnis vom Regiment zu bekommen, musste sich Heinrich auf Erb- und Geschlechtskrankheiten untersuchen lassen. Den Ariernachweis hatten sie beide schon vor Kriegsbeginn erhalten, und so stand einer Eheschließung nichts mehr im Wege, außer der Bewilligung einiger Urlaubstage, um in

Wien zu heiraten. Zum vereinbarten Termin am 3. Mai 1943 kam der Schwiegervater mit seiner zweiten Frau nach Wien gereist. Er verstand sich gut mit Ma, weil sie sich beide für die indische und chinesische Philosophie interessierten, er Charakterbilder erstellte und sie Schriftanalysen machte. Heinrich war sehr froh darüber, dass Ma seinen Schwiegervater sympathisch fand und sich beide viel zu sagen hatten. Im Stillen hoffte er, dass seine Mutter, wenn ihr Elsas Vater gefiel, auch die Tochter akzeptieren würde. Kurz nach einem Fliegeralarm wurde auf dem Standesamt III die Ehe geschlossen. Elsas Mutter war bei den beiden Kindern in Mecklenburg geblieben.

Heinrich wollte, dass seine Familie nicht länger auf dem Militärgelände blieb, weil im Frühjahr 1943 die Bombardierung militärischer Anlagen und der Städte zugenommen hatte. Er führte lange Telefonate mit Edwin und Ma, in denen er sie bat, Elsa und die Kinder auf den Oberhof evakuieren zu dürfen. Ma war nicht begeistert, weil für ihre eigene Familie dann nicht mehr genug Platz im Jagdhaus war, und der Hof zudem als Notquartier für die Familie angeschafft worden war. Als Heinrich seiner Mutter mitteilte, dass sie Großmutter würde, gab sie schließlich ihre Zustimmung. Wie sollte er seine Frau beschützen, wenn er ständig unterwegs war und sie auf dem abgelegenen Gut alleine lassen musste? Es war ein Trost für ihn, dass Elsas Mutter Julia sich bereit erklärte, ihre Tochter zu begleiten und bis Kriegsende bei ihr zu bleiben. Heinrich packte die wichtigsten Dinge des Rechliner Haushalts in Körbe und zwei Rucksäcke, die die Frauen tragen konnten, dann brachte er sie zum Zug in Richtung Hannover, von dort sollten sie weiterreisen nach Wien und den Oberhof.

Nur wenig später musste wegen der Bombenanschläge auch die Funkberatungsstelle nach Leobersdorf am Rande von Vöslau verlegt werden. Heinrich verbarrikadierte das kleine Rechliner Haus, in dem er den gesamten Hausrat zurückließ. Elsas Niederkunft war für Anfang Dezember errechnet, er konnte aber wegen Unabkömmlichkeit nicht zu ihr fahren, was ihn zutiefst beunruhigte. Er kannte die ganze Situation und hatte Angst, die Frau, die er liebte, wieder zu verlieren. Erst zum Weihnachtsfest 1943 kam Heinrich auf den tiefverschneiten Oberhof zu seiner geliebten Frau. Als er das winzige Neugeborene in seinen großen Händen hielt, war er sehr glücklich, obwohl er sich einen Jungen gewünscht hatte. Das Mädchen erhielt den Namen Anna Friederun, und hatte wie Victor dunkle Haare und eine Stupsnase. Das tiefverschneite Jagdhäusel war eng, aber gemütlich, und für die Kinder gab es ein ausgebautes Puppenhaus in der Holzlege, das eigentlich für Verena eingerichtet worden war, nun aber von Reingard und Ruthilde benutzt wurde.

Aus Hannover erhielt Elsa Ende 1943 einen Brief. Ihr Vater teilte mit, dass 8000 Reichsmark auf ihrem Sparkonto seien, man aber mit dem Geld nicht viel anfangen könne. Der Bruder Anton war in Russland an der Front und Hans war zum Reichsarbeitsdienst einberufen worden. »Heute Nachmittag hatten wir unser erstes Sinfoniekonzert in der Marktkirche, dem einzig heilen Raum in Hannover. Es war sehr schön und feierlich und hat uns viel Freude gemacht. Der Weg durch die vollständig zertrümmerte Stadt ist immer wieder erschütternd, sodass einem ganz weh ums Herz wird. Du kannst Julia sagen, dass demnächst ihre Verwandten in die zum Teil ausgebrannte Wohnung einziehen und die Möbel leihweise übernehmen. Ich sende dir einen Kanon, den ich für deine Mädchen komponiert habe, er ist einfach zu singen. Es ist gut, dass ihr dort oben in den Bergen in Sicherheit seid. Vielen Dank für eure lieben Briefe und Gratulation zur Geburt von Anna Friederun. Wir wünschen euch alles Gute! Dein Vater.«

Der Verwalter des Gutshofes, der die 30 Morgen Land zu bewirtschaften hatte, bekam immer mehr Probleme mit den Kriegsgefangenen. Er hatte sie jahrelang schikaniert, und nun, wo die Front näherrückte, wurden sie immer unwilliger. Die zehn Ukrainer wohnten in einer Baracke, um das von den Behörden vorgeschriebene Holz zu fällen und ins Tal zu schaffen. Ma markierte die Bäume, die gefällt werden sollten und überwachte den Betrieb auf dem Gutshof. Sie musste bei Nachbarn übernachten, weil der Weg von Wien auf den Hof und zurück an einem Tag nicht zu schaffen war.

Im Winter 1943 bis 1944 spitzte sich schließlich die Ernährungslage so zu, dass man auf Marken nichts mehr kaufen konnte und sie alle von den wenigen Nahrungsmitteln leben mussten, die auf dem Gutshof erzeugt wurden. Wann immer es möglich war, kam Heinrich den Berg herauf zu seiner Familie. Um sie mit Fleisch zu versorgen, ging er in den Wald und legte Fangschlingen für Hasen aus. Dies galt als Wilderei und war streng verboten. Nachts lief er, bis zur Unkenntlichkeit vermummt, hinauf in die Berge, um ein Reh zu erlegen. Er zog den Hasen ab und schlug das Reh aus der Decke, um es anschließend zu zerwirken. Das Reh musste ausbluten und so schwamm der Vorraum vom Jägerhäusel im Blut. Der Verwalter, die Kriegsgefangenen und die zwei Kinder durften von all dem nichts mitbekommen, deshalb schleppte Heinrich Eimer voll Wasser herbei, um den Bretterboden zu reinigen. Julia war eine beherzte Hilfe, die ganze Nacht arbeiteten sie gemeinsam, sodass beim Morgengrauen das Reh in Gläser eingemacht und der Hase zu Gulasch verkocht war.

Am 27. Januar 1944 flog die Royal Air Force mit über 400 Bombern einen Angriff auf die Reichshauptstadt. Die Minen-, Spreng-, Brand- und Phosphorbrandbomben zerstörten einen Großteil der Stadt. Am 6. Juni 1944 landeten die Alliierten in der Normandie, deshalb musste der Oberbefehlshaber der U-Boote, Großadmiral Dönitz, seine Pariser Kommandozentrale räumen, sie wurde nach Berlin Bernau verlegt. Von der dortigen Kaserne war Heinrich nach Polen aufgebrochen, und nun wurde er dort zum Oberleutnant befördert. In Berlin hatte er Kontakt zu den Physikern am Kaiser-Wilhelm-Institut, die viel über die sogenannten V-Waffen (Vergeltungswaffen) diskutierten. Den Technikern war die Entwicklung von Strahltriebwerken gelungen, mit denen das Jagdflugzeug Me 262 serienmäßig ausgestattet wurde. Die neuesten U-Boote konnten bis 200 Meter tief tauchen und somit der Elektroortung entgehen. Zu den vieldiskutierten Geheimwaffen zählte auch die Atombombe, für deren Herstellung die technischen Voraussetzungen noch nicht gegeben waren. Die Wissenschaftler sabotierten die Forschung, um

Hitler eine derart grausige Waffe nicht in die Hand zu geben. Während eines Kasinoessens, bei dem an einer langen Tafel Dönitz und viele U-Boot-Kommandanten saßen, unterhielt sich Heinrich mit seinem Freund Schultz über die sogenannten Wunderwaffen. Die anderen Gäste redeten geräuschvoll durcheinander, deshalb musste Heinrich laut sprechen, um sich seinem Gegenüber verständlich zu machen. Er erklärte ihm, dass er von den Wissenschaftlern des Kaiser-Wilhelm-Institutes und durch die Zusammenarbeit mit den Erprobungsstellen wüsste, dass die Wunderwaffen das Kriegsgeschick nicht mehr wenden könnten und der Krieg endgültig verloren sei. Er merkte nicht, dass mittlerweile die ganze Tafelrunde schwieg und ihn anstarrte, während er mit lauter Stimme weitersprach.

»Die Wunderwaffen zögern die Niederlage nur hinaus, für die Flugzeuge gibt es nicht genügend ausgebildete Piloten, die Luftwaffe kann uns nicht mehr schützen, und wenn das so weitergeht, werden unsere Städte total zerbombt …«

Ein Augenzeichen von Schultz ließ ihn innehalten, und jetzt bemerkte er, dass ihm alle zuhörten. Nach dem Essen wurde er zum Rapport bestellt und Dönitz sagte ihm, dass er wegen defätistischer Äußerungen und Wehrkraftzersetzung vor das Kriegsgericht gestellt werden müsse. Heinrich wusste, dass dies Strafkompanie oder das Todesurteil bedeuten konnte. Dönitz tadelte sein Verhalten mit scharfen Worten und ermahnte ihn, solche Äußerungen in Zukunft strikt zu unterlassen. Eine Auszeichnung wegen der hervorragenden Funkberatung sei hiermit unmöglich geworden. In Erwartung der Überstellung zum Kriegsgericht vergingen die nächsten Tage, es geschah nichts. Möglicherweise wurde Heinrichs Bestrafung wegen des Attentats auf Hitler nicht weiterverfolgt, oder Dönitz hatte ihn gedeckt.

Am 20. Juli 1944 missglückte das Attentat von Claus Schenk Graf von Stauffenberg, bei dem er Hitler mit einer Sprengladung beseitigen wollte. Die Alliierten waren im Juni in der Normandie gelandet, und Paris war am 24. August von der Résistance zurückerobert worden. Die Russen hatten auf der Krim, in Südrussland und der

Ukraine die Kämpfe für sich entschieden und drangen nach Galizien vor. Die Deutschen hielten Ungarn besetzt und wollten den russischen Vorstoß von dort aus mit Panzern aufhalten. Ein Strom von Flüchtlingen zog von Ungarn aus nach Westen. Die deutschen Truppen mussten sich aus Rom zurückziehen und wurden auch hier von den Alliierten zurückgedrängt. Die Verluste der U-Boote standen in keinem Verhältnis mehr zu den Erfolgen, und Dönitz zog seine Boote zurück. Der Dammbruch, den Heinrich befürchtet hatte, war eingetreten.

Im August 1944 erreichte ihn ein Telegramm von Ma; sie bat ihn, so schnell wie möglich zu kommen, weil sie mit einem amputierten Bein und schlimmen Schmerzen im Wiener Krankenhaus lag. Als er sich für zwei Tage freinehmen konnte und das Krankenzimmer betrat, saß Elsa am Bett der Mutter und kühlte mit feuchten Tüchern deren schweißnasse Stirn. Wegen einer Sepsis hatte Ma hohes Fieber, war aber sichtlich froh, ihren Sohn bei sich zu haben. Er hielt still ihre Hand und sie sagte: »Der dritte Zyklus meines Lebens ist vollendet, es bleiben mir nur noch unerfüllte Sehnsüchte. Mein Leidensweg wird nie ein Ende finden, ich musste immer die Starke und die Gebende sein. Ich habe nie erreicht und bekommen, was ich mir ersehnt habe. Victor ist als Melder in Stalingrad und wir haben seit Januar nichts mehr von ihm gehört, ich befürchte das Schlimmste. Warum lässt der Führer unsere Männer in Russland verbluten, will er uns alle in den Abgrund reißen? Die Russen stehen vor der Tür, ihre Rache wird grauenhaft sein. Meine größte Sorge gilt Verena, sie ist noch zu jung, um allein gelassen zu werden, und Edwin braucht meine Kraft, um diese Zeiten durchzustehen. In einem wundersamen Fiebertraum habe ich gesehen, wie weiße Vögel meine Seele aus diesem Gefängnis wegtragen werden. Der Tod ist mir näher als das Leben, mir fehlt die Kraft weiterzuleben. Bringt mich auf den Oberhof, er soll meine letzte Zuflucht sein.«

Heinrich suchte den Arzt auf, doch die Klinik hatte kein Penicillin, um Mas Leben zu retten, es gab noch nicht einmal genügend Schmerzmittel, um ihr Leiden zu erleichtern. Am nächsten Morgen, dem 20. August 1944, war sie tot. Trotz ihrer Andeutungen war es ein Schock, dass Ma mit 54 Jahren plötzlich nicht mehr da war. Heinrich stieg hinauf auf den Oberhof und schaufelte ein Grab. Am nächsten Tag brachte ein Pferdefuhrwerk den Metallsarg mit dem Leichnam den Berg herauf und sie versenkten ihn in der Erde. Die Familie wusste nicht, ob Victor die Nachricht vom Tod seiner Mutter erhalten hatte. Verena blieb nur kurze Zeit im Jägerhäusel, sie fühlte sich verlassen in ihrer Trauer um die Mutter und wollte zu ihrem Vater nach Wien. Edwin war in der Fabrik unabkömmlich und musste deshalb nicht an die Front. Er holte Verena nach Wien und übergab ihre Betreuung einer Haushälterin, bevor er wenig später, beim Einmarsch der Russen, in ein Internierungslager gesperrt wurde.

Im Dezember 1944 versuchte Hitler in der Ardennenoffensive an der Westfront noch einmal die Initiative zurückzugewinnen. Im Januar 1945 begann die sowjetische Winteroffensive, wobei die Rote Armee Polen eroberte. Ostpreußen wurde vom Reich abgeschnitten, dann besetzten sie Oberschlesien, überschritten die Pommersche Grenze und drangen bis zum Stettiner Haff vor. Die Zivilbevölkerung floh vor den Russen. Ein fast endloser Strom von Frauen, Kindern und Greisen wälzte sich in Richtung Westen. Ab Januar 1945 setzte Großadmiral Dönitz die Kriegsmarine ein, um möglichst viele Flüchtlinge aus Königsberg, Danzig und Gotenhafen über die Ostsee nach Westen zu transportieren.

Ende Februar lag viel Schnee in den Bergen, und Elsa sah Krischan den geräumten Weg heraufkommen, in der Hand ein Telegramm. Es kam vom Vater aus Hannover: »Anton Ende Januar gefallen Stop und Hans am 8.II.45.« Sie stand vor dem Jägerhäusel, hielt das Papier in der Hand und sank rückwärts in den aufgehäuften Schneeberg. Elsa spürte die eisige Kälte im Rücken, war aber unfähig aufzustehen. In ihrer Erinnerung sah sie die Brüder, wie sie engumschlungen miteinander rauften und sich Blödmann schimpften. Hans war doch erst 18, Vaters Liebling und so begabt, was für ein tragischer Verlust für sie alle! Nach einiger Zeit kam Reingard mit Hausschuhen aus der Tür und half der Mutter aufzustehen. Sie war ein feinfühliges Kind und führte die Weinende still zurück ins Haus.

Wenig später fiel Budapest in die Hände der Roten Armee, und die russische Front näherte sich Österreich. Heinrich hörte schauerliche Berichte, nach denen die Russen die Frauen missbrauchten und hatte Bedenken, Elsa und die Mädchen auf dem Oberhof zu lassen. Er bemühte sich um eine Evakuierung seiner Familie. Beim Gauleiter der Volkswohlfahrt in Wien musste er sich die Genehmigung zur Flucht und die dazugehörigen Lebensmittelkarten holen. Dann packte er mit den Frauen das Fluchtgepäck, und die Kinder erhielten Rucksäcke, die nicht zu schwer sein durften, weil sie weit laufen mussten. Anna Friederun war ein Jahr alt und konnte nur im Kinderwagen geschoben werden. Sie vereinbarten ein Codewort, bei dem sie alle sofort den Hof verlassen sollten. Als alles vorbereitet und besprochen war, stellte Elsa ihrem Heinrich eine Frage: »Hättest du dich an dem Attentat gegen Hitler beteiligt?« Nach einer kurzen Überlegung war Heinrichs Antwort ein klares »Nein.« Er hatte einen Eid geleistet und den würde er nicht brechen. Deutschland war sein Vaterland und niemand konnte vorhersagen, was geschehen würde, wenn der Führer tot war. Er würde alles in seiner Macht Stehende tun, um eine Katastrophe zu verhindern, aber Mord und Verrat an den eigenen Leuten gehörten nicht dazu. Elsa hatte ihren ersten Mann verloren und ihre Brüder waren gefallen. Als sie sich von Heinrich verabschieden musste, weil er auf die Dienststelle zurückbefohlen wurde, presste sich ihr Herz zusammen vor Angst, dass sie ihn nie wieder sehen würde. Als kurz darauf das Telegramm mit dem Codewort auf dem Oberhof eintraf, packten sie schweigend ihr Fluchtgepäck und machten sich zu Fuß auf den Weg den Berg hinunter nach Lilienfeld.

Heinrichs Arbeitsplatz war durch den Vormarsch der Russen gefährdet, die Dienststelle musste nach Ried im Innkreis verlegt werden. Die Straßen waren blockiert von Menschenströmen, deshalb konnten sie mit ihren Lkws kaum vorwärtskommen und erlebten zwei schwere Tieffliegerangriffe der Russen auf die Flüchtlinge. Kurz nach Ostern erreichte die Nachrichtenabteilung ihren neuen Standort, und Heinrich erhielt am nächsten Morgen den Befehl, sich mit einer Kiste voller Geheimdokumente in Richtung Plön abzusetzen, wohin sich die Zentralstelle des BdU unter Großadmiral Dönitz zurückgezogen hatte.

Vollkommen unerwartet kam kurz vor seiner Weiterreise Elsa in der Dienststelle an. Sie war den weiten Weg von mehr als 50 Kilometern mit dem Fahrrad zu ihrem Mann gefahren.

Heinrich musste eine völlig wahnwitzige Reise quer durch Deutschland antreten, obwohl er wusste, dass sich die amerikanischen und russischen Truppen der Elbe näherten und jeder, der konnte, nach Westen floh. Gemeinsam mit zwei Kameraden packte er die Geheimdokumente in eine Blechkiste, die mit klobigen Schlössern gesichert wurde; sie nannten die Kiste »Bundeslade«. In zwei Seesäcke hatten sie ihre persönliche Habe gestopft, und als es losging, wollte sich Elsa nicht von Heinrich trennen. Sie fuhren gemeinsam in der Nacht bis Passau und von dort mit der Bahn über Straubing nach Regensburg. In Straubing musste Elsa aussteigen, um zu den Kindern zurückzukehren. Viel Zeit blieb ihnen nicht, um den Abschiedsschmerz hinunterzuzwingen. In dieser apokalyptischen Zeit riss ein Befehl zwei Menschen auseinander, die ganz genau wussten, wie gering die Chance eines Wiedersehens war. Es hatte keinen Sinn, sich dagegen zu wehren, der eiserne Heinrich musste den Kelch bis zur bitteren Neige leeren. Elsa stand auf dem dunklen Bahnsteig in einer verdunkelten Stadt und winkte mit einem weißen Taschentuch ihr letztes Lebewohl. Sie war schon Witwe, würde sie den Verlust ihres zweiten Mannes ertragen können?

Am frühen Morgen kam Heinrich in Regensburg an, und kaum dass die drei Männer den Bahnhof verlassen hatten, hörten sie die Flugzeuge kommen und warfen sich hinter eine Mauer. Der Bahnhof wurde bombardiert und fast vollständig zerstört. Daraufhin schleppte Heinrich mit seinen zwei Kameraden die »Bundeslade« auf die Kommandantur von Regensburg. Dort legte er seinen Marschbefehl vor und eine Vollmacht vom Oberbefehlshaber der

U-Boote, welche ihm jede nur denkbare Hilfe aller Dienststellen einräumte. Der Ortskommandant erklärte kalt lächelnd, er habe weder Fahrzeuge noch Benzin, und Heinrich solle alleine zusehen, wie er weiterkäme. Als er noch unschlüssig im Vorraum stand, kamen zwei Unterscharführer der SS herein und verlangten Dieselkraftstoff, um Ersatzteile für Panzer ins Rheinland zu bringen. Der Ortskommandant lehnte auch dies ab. Heinrich sah eine Chance und vereinbarte mit den SS-Leuten, dass sie ihn und seine Leute auf den beiden Lkws mitnehmen sollten, wenn er Kraftstoff bekäme. Er stellte jedoch die Bedingung, dass er den Marschweg nach Norden bestimmen dürfte. Daraufhin ging er wieder zu dem Ortskommandanten und drohte ihm, wenn er nicht in fünfzehn Minuten Diesel aus den Beständen bekäme, würde er an höchster Stelle bei Dönitz Krach schlagen. Sie erhielten eine Bescheinigung, mit der sie die beiden Laster volltanken konnten. Jetzt war zu überlegen, wie sie am besten weiterkämen, und Heinrich entschied sich, auf die Bundesstraße nach Bayreuth zu fahren, um dort die Autobahn in Richtung Norden zu erreichen. Das ging auch ganz gut, doch in Bayreuth waren schon die Amerikaner, und als diese die Lichter der Lastwagen sahen, wurden sie beschossen. Die Russen waren bis zur tschechischen Grenze vorgedrungen, und Heinrich wollte durch dieses Nadelöhr hinauf nach Norden.

Ohne Verluste erreichten sie Schleiz, wo Heinrich den Ortskommandanten um Treibstoff bat. Diesmal bekam er ihn sofort, und der Mann sagte, ihm sei alles egal, in zehn Minuten wären die Amerikaner im Ort. Sie tankten die Fahrzeuge randvoll und versuchten nach Altenburg durchzukommen. Am Ortsrand wurden sie von amerikanischen Tieffliegern beschossen, auf und neben der Straße lagen brennende Heeresfahrzeuge. Bevor die beiden Lkws aus dem nächsten Wald herauskamen, waren sie den Amerikanern in die Falle gegangen. Auf breiter Front waren Panzer und Panzerschützen aufgereiht, die von ihnen verlangten, aus den Lkws auszusteigen, um anschließend die Fahrzeuge in den Straßengraben zu manövrieren. Die Amerikaner waren im Aufbruch, um mit ihren Panzern in Richtung Naumburg weiterzufahren. Heinrich und seine Leute wurden durchsucht und man nahm ihnen die Waffen ab. Ein Panzerschütze holte die Gewehre aus dem Lkw, und es wurde ihnen befohlen, sich in den Straßengraben zu setzen, bevor die amerikanische Einheit weiter vorrückte in Richtung Naumburg. Die deutschen Soldaten waren amerikanische Kriegsgefangene, doch nur ein bewaffneter Soldat blieb zu ihrer Bewachung zurück.

Heinrich überlegte nicht lange, für ihn wäre der Krieg vorbei gewesen, doch er ging, seinen Befehl oder seine Sendung im Hinterkopf, auf den Lastwagen zu und holte eine versteckte Waffe hervor. Der amerikanische Soldat streckte sofort die Arme in die Luft. Die Deutschen bestiegen die Lkws, Heinrich setzte sich vorne neben den Fahrer und die Kameraden fanden Platz auf der Ladefläche. So brausten sie nach Altenburg hinein, wo sie sofort vom Kommando des Heeres und der SS abgefangen wurden, die dort die Abwehr organisierten. Heinrich zeigte seine Ausweise und nannte sein Ziel, woraufhin er bis zur Kommandantur weiterfahren durfte. Dort erhielten sie nicht nur Benzin, sondern auch einen Lagebericht. Es schien aussichtslos, nach Norden durchzukommen, und deshalb versuchten sie, zur südlichen Autobahn zurückzufahren, um den Weg über Dresden zu nehmen. Als sie die Stadt erreichten, war Heinrich fassungslos, was mit der prachtvollen Stadt seiner Vorväter geschehen war. Sie war nur noch ein gigantisches Trümmerfeld, aus dem hie und da ein Stück Fassade aufragte. Vor ihnen lagen Schuttberge und verkohlte Balken in Ruinen, soweit das Auge reichte. So also sieht Rache aus, dachte Heinrich, das ist alles, was von Deutschland übrig bleiben wird: Schutt und Asche, Leichenberge und verbrannte Erde. Er wusste, dass seine Großmutter und die Schwestern seines Vaters in dieser zerstörten Stadt sein mussten. Ob sie noch lebten? Mehr als das, was er gesehen hatte, konnte er nicht ertragen. Heinrich bat den Fahrer, um dieses Totenhaus herum nach Neustadt zu fahren, um zu sehen, ob der Bahnhof noch stand. Auf dem Bahnsteig drängten sich Flüchtlinge, die Bahnlinie von der ehemaligen Tschechoslowakei über Dresden war notdürftig hergerichtet worden, es verkehrten Züge, und sie erfuhren, dass der letzte Zug nach Berlin bald einfahren würde. Gegen Abend kam ein langer Zug aus dem Osten, dessen

Viehwaggons voll besetzt waren mit Verwundeten und Soldaten, die angefordert waren für die Verteidigung von Berlin.

Es herrschte Katastrophenstimmung, zu viele Menschen wollten diesen Zug besteigen, der schon restlos überfüllt war. Heinrich und seine Männer pressten sich mit der »Bundeslade« in einen Wagen hinein, der mit völlig apathischen und übermüdeten Soldaten besetzt war, die zerlumpt und passiv alles erduldeten. Sie fuhren die ganze Nacht über, der Zug blieb häufig stehen und die meisten Insassen schliefen vor Erschöpfung. Es gab keinen Angriff, und am nächsten Morgen erreichten sie die Stadtgrenze von Berlin. Hier mussten alle aussteigen und sich in einer Reihe aufstellen. Alle Menschen, die noch gehen konnten, wurden aussortiert und in die Abwehrfront von Berlin eingegliedert. Die Verwundeten wurden auf Bahren verladen und ins Lazarett gebracht. Als die Reihe an Heinrich und seine Männer kam, zeigte er seinen Ausweis und wies auf die »Bundeslade« mit Geheimdokumenten hin. Er erhielt die Erlaubnis, zum Anhalter Bahnhof weiterzufahren. Von dort fuhren sie in die Wehrmachtszentrale, wo Heinrich seine Kameraden verließ, um seinen Cousin Walther in Tempelhof zu besuchen. Als er dort ankam, wurde er von Walther und seiner Frau stumm in die Arme geschlossen und bekam etwas zu essen, denn er hatte schrecklichen Hunger. Als Heinrich anfing, seinem Cousin zu erklären, wie er sich die Weiterfahrt vorstellte, griff dieser sich an den Kopf und sagte: »Mensch Heinrich, bist du wahnsinnig geworden, es geht dem Ende entgegen, in ein paar Stunden sind die Russen hier, und du willst nach Plön reisen wie in Friedenszeiten? Bitte bleib bei uns, wir verstecken dich im Keller.« Heinrich wollte von ihm wissen, was er dann mit seinen Kameraden anfangen sollte.

»Was glaubst du, was die SS mit mir macht, wenn sie mich in deinem Keller finden? Dann werde ich hier vor deinem Haus am Lichtmasten aufgeknüpft, ich mich verstecken, niemals!«

Heinrich blieb eisern und ließ sich nicht überreden. Dann erzählte er, wie er seine Heimatstadt Dresden vorgefunden hatte und gab zu bedenken, dass kein Mensch wüsste, was die Alliierten mit der Reichshauptstadt vorhätten. Sie trennten sich, und Heinrich begab sich auf die Kommandantur von Berlin, um sich zu erkundigen, wie er weiter nach Norden durchkommen könnte. Er hörte, dass der Russe bereits in den östlichen Vorstädten Berlins angekommen sei und bekam die Genehmigung, mit einem Zug über Wittenberge nach Lübeck weiterzufahren. Bei einbrechender Dunkelheit stand Heinrich mit den zwei Kameraden und der »Bundeslade« auf dem Bahnsteig und bestieg den Zug nach Lübeck. Im selben Abteil saß Heinrich gegenüber der Schauspieler Will Quadflieg, und nach einiger Zeit sagte Heinrich: »Bewundere Ihre Frau, eine hervorragende Schauspielerin, ich habe sie in Berlin auf der Bühne gesehen.«

»Haben Sie auch eine Frau?«

»Ja, und drei Mädchen, sie sind auf der Flucht vor den Russen, und ich weiß nicht, wo sie sind.«

»Das ist schlimm, die Russen, Sie wissen schon.«

Heinrich schwieg, er war tief deprimiert und sah keinen Ausweg für sein Vaterland und musste immerzu an die Trümmer von Dresden denken. Er war übermüdet, und durch den Schlafentzug sah er die Dinge und Probleme mit einer Klarheit wie nie zuvor in seinem Leben. Dabei stand er neben sich und stellte das ganze System infrage. Während alle anderen Menschen im Abteil schliefen, kam es ihm so vor, als ob Will Quadflieg und er die einzigen wären, die Wache hielten im Land. Der verdunkelte Zug fuhr durch eine Landschaft ohne jedes Licht, überall Nacht, undurchdringliche Nacht in Deutschland.

Der Zug hielt plötzlich in der Nähe von Wittenberge an und wurde von den Amerikanern beschossen, die gerade beim Übersetzen über die Elbe waren. Die Geschosse kamen vom anderen Elbufer, die Lok wurde getroffen und brannte aus. Heinrich sprang aus dem Zug auf den Bahndamm und lief nach vorne zum Lokführer. Mit dieser Lok ging es nicht weiter und Heinrich bedrängte den Zugführer, eine Ersatzlok aus einem nicht weit entfernten Rangierbahnhof zu holen. Der Mann stammte aus Lübeck und wollte nach Hause, so ließ er sich überreden und holte Ersatz aus einem Schuppen. Er setzte die Lok vor den Zug und dieser konnte trotz Beschusses weiterfahren. Das Gespräch im Abteil war unterbrochen, die Soldaten waren wach, und als der Morgen graute, wurden sie von englischen Tieffliegern angegriffen. Die neue Lok wurde mit Holz und Braunkohle geheizt und dadurch entstand ein enormer Funkenflug, den die Tiefflieger gesichtet hatten. Immer wieder drehten sie ab und tauchten nieder, um die alte Dampflok abzuschießen. 30 Kilometer vor Lübeck wurde der Kessel getroffen, sodass der Dampf ausströmte und der Zug endgültig zum Stehen kam. Alle sprangen aus dem Zug, und Heinrich marschierte mit seinen zwei Kameraden und der »Bundeslade« ins nächste Dorf. Von dort aus versuchte er telefonisch Plön zu erreichen, was ihm nicht gelang. Daraufhin legte er dem Bürgermeister seine Ausweise vor und bat um ein Fahrzeug. Der Bürgermeister hatte kein Auto, doch vor dem Haus stand ein Pkw, den Heinrich requirierte und weiter ging die Fahrt. In der Nähe von Reinfeld bei Lübeck ging den drei Männern das Benzin aus und wieder marschierten sie zu Fuß mit der »Bundeslade« und den Seesäcken bis ins nächste Dorf. Hier bekam Heinrich eine Nachrichtenverbindung nach Plön und bat darum, abgeholt zu werden.

Sie hatten es geschafft und die Zentralstelle mit allen Geheimdokumenten erreicht. In Plön wurde Heinrich zu Dönitz bestellt. Dieser entschuldigte sich bei ihm für die Drohung mit dem Kriegsgericht, wegen der defätistischen Äußerungen bei der Kasinotafel. Heinrichs Ansichten wären richtig gewesen, er habe sich geirrt und es täte ihm leid. Heinrich blieb 48 Stunden in Plön. In dieser Zeit traf er einen U-Boot-Kapitän, der ein Bein bei der letzten Atlantikschlacht eingebüßt hatte. Dieser Mann schilderte die Verhältnisse, die Heinrich immer nur durch den Funkverkehr erlebt hatte, aus der Sicht der U-Boot-Besatzungen. In ergreifenden Worten sprach er von dem grauenvollen Tod in einem U-Boot unter Wasser. Dönitz ließ einige Offiziere zu sich kommen und teilte ihnen mit, dass auf Befehl des Führers eine Festung in Norwegen entstehen solle, die auch dann standhalte, wenn das Reichsgebiet von Gegnern besetzt werde. Er wollte, dass Heinrich die Funkberatung sowohl für die Luftwaffe als auch für die U-Boote übernahm. Sie alle bekamen den Befehl, nach Kiel zu gehen und sich dort nach Norwegen einzuschiffen.

In Kiel lagen zwei U-Boote, die in der Abenddämmerung den

Hafen verließen. Sie fuhren über Wasser mit dem Geleit einiger Kanonenboote bis zur ersten dänischen Insel. Hier kehrten die Kanonenboote um und die U-Boote tauchten ab, um den großen Belt und dann das Kattegat zu passieren. In den Gewässern zwischen Dänemark und Schweden tauchten sie so weit auf, dass sie den Schnorchel benutzen konnten, um die Batterien zu schonen und mit dem Dieselmotor ein größeres Tempo vorzulegen.

Heinrich war zum ersten Mal auf einem U-Boot und fand es bedrückend eng, deshalb blieb er die ganze Fahrt über im Funk- beziehungsweise Ortungsraum. Sobald das Boot auftauchen konnte, betrieben sie sowohl Schallortung als auch Funkortung. Diese Fahrt mit dem Schnorchel ging sechs Stunden gut, bis sie zum Skagerrak einbogen. Dort hörten sie, dass irgendwo Wasserbomben fielen, und das U-Boot ging sofort in die Tiefe und zog den Schnorchel ein. Im Boot herrschte angstvolle Stille, keiner sprach, alle lauschten, bis sie wieder Wasserbomben in der Ferne hörten. Das U-Boot blieb lange Zeit unter Wasser und als sie auftauchen konnten, stellte sich heraus, dass das vorausfahrende U-Boot geortet, von einer Wasserbombe getroffen und im Skagerrak gesunken war. Das U-Boot, auf dem Heinrich sich befand, blieb daraufhin unter Wasser, bis sie den Oslofjord erreichten. Sie wurden mehrmals von feindlichen Zerstörern überlaufen, von diesen aber nicht geortet. 40 Kilometer vor Oslo tauchten sie auf, weil sie glaubten, sicher zu sein. Heinrich wurde auf die Brücke beordert und schnallte sich einen Helm um, der ein Ortungsgerät enthielt. Auf dem Helm war eine Antenne angebracht und er musste sich im Kreise drehen, um Radarsignale von Flugzeugen zu empfangen. Zweimal hörte er solche Signale und das U-Boot ging sofort wieder in die Tiefe, wo es wartete, bis die Engländer verschwunden waren.

Nach der Landung erhielten Heinrich und seine Kameraden 24 Stunden frei, um sich zu erholen und herzurichten. Dann kam der Befehl, mit der Bahn quer durch das Gebirge nach Bergen zu fahren, um sich beim dortigen Admiral zu melden. In Bergen war das Barackenlager für Marinesoldaten, in dem ihnen ein Quartier zugewiesen wurde. Heinrich war bei den U-Boot-Kameraden anerkannt und fühlte sich in deren Gesellschaft wohl. Es waren mutige Männer, die schon viel durchgemacht hatten und wie Pech und Schwefel zusammenhielten. Im Lager Nordheimsund am Hardangerfjord lernte er einen Kapitänleutnant kennen, mit dem er sich auf Anhieb gut verstand, Wilhelm wurde bis zum Tod sein bester Freund.

Nachdem die Sowjets am 25. April Berlin eingekesselt hatten, beging Hitler am 30. April Selbstmord. Großadmiral Dönitz wurde Oberbefehlshaber der Wehrmacht. Die neue Reichsregierung etablierte sich in Flensburg, und es gab intensiven Funkkontakt zwischen Norwegen und Flensburg. Am 8. Mai 1945 kam der Befehl durch, dass die Deutschen in Norwegen kapitulieren sollten und gegen die einlaufenden Engländer keinen Widerstand zu leisten hätten. Das löste bei der funktionsfähigen Festung Norwegen einen riesigen Wirbel aus, denn keiner hatte daran geglaubt, dass die Truppen in Norwegen auf diese Weise den Krieg beenden würden. Befehl war Befehl, die Engländer liefen in Bergen ein, und die Situation wurde schwierig.

Das Barackenlager am Hafen wurde Gefangenenlager für 600 Mann ausgestiegener U-Boot-Fahrer, die sich weiterhin selbst verwalten durften, aber von englischen Posten bewacht wurden. Heinrich funkte täglich nach Flensburg und brachte die Nachrichten aus der Heimat zurück ins Lager. Die deutschen Gefangenen wurden dann mit Schiffen in das Lager Stavanger gebracht, wo sie von den Engländern anständig behandelt und mit den verbliebenen Essensbeständen aus den eigenen Armeedepots versorgt wurden. Die Männer saßen beieinander und sprachen über das, was sie erlebt hatten, und über den Sinn des Lebens. Sie hatten alle viel mitgemacht, Kameraden verloren und waren selbst dem Tod oft nur knapp entkommen. Die Sinnlosigkeit des Krieges und die Angst vor der Rache der Sieger führten dazu, dass sie sich häufig fragten, ob sie nicht den Freitod wählen sollten. Vier Wochen blieb Heinrich im Lager Stavanger und erlebte dort eine totale Sonnenfinsternis. Am 9. Juli 1945 schob sich der Mond wie eine schwarze Scheibe vor die

Sonne, es wurde dunkel und schließlich sah man einen schwarzen Kreis am Himmel, um den die Strahlen der Sonne wie Explosionen hervortraten. Nach dem Krieg und der Zerstörung Europas war dieses planetarische Schauspiel wie eine Metapher für die Zeit der Finsternis.

Am 10. August zündeten die Amerikaner die erste Atombombe über Hiroshima, und Harry S. Truman berichtete einen Tag später der Welt: »Die Kraft, aus der die Sonne ihre Macht bezieht, ist auf diejenigen losgelassen worden, die dem Fernen Osten Krieg brachten.«

Der Kommandant ließ bekannt geben, dass sich alle Gefangenen, die Verwandte in der amerikanischen Zone hatten, für den Weitertransport melden sollten. Heinrich wusste nicht, wo seine Familie war, wollte aber zu den Amerikanern. Bevor sie auf die Schiffe durften, wurden die Kriegsgefangenen von den Engländern durchsucht, und sie nahmen Heinrich die Leica und die Pistole weg, alle anderen Gegenstände aus seinem Seesack durfte er behalten. Die Fahrt ging nach Bremerhaven, wo sie auf die Eisenbahn mit 30 offenen Güterwaggons umsteigen mussten. Der Zug fuhr über Bremen nach Hannover, dann den Rhein hinunter, und die Gefangenen hofften, dass sie zu den Amerikanern nach Bad Aibling kommen würden. Diese hatten aber mit den Franzosen vereinbart, ihnen Kriegsgefangene zu übergeben, die bei den Aufräumarbeiten in den Städten und auf dem Lande mithelfen sollten. Die Marinesoldaten aus Norwegen wurden bei Bretzenheim/Nahe an die Franzosen ausgeliefert. Als der Zug anhielt, standen auf der einen Seite französische, auf der anderen Seite amerikanische Panzer. Es war im August 1945, als die Gefangenen aus den Waggons aussteigen mussten und in einen Weinberg bei Bretzenheim getrieben wurden. Das mit Stacheldrahtzaun umgebene Lager lag an einem Hang, dessen Boden lehmig war, und die Männer saßen auf dem blanken Boden und hatten außer ihren Seesäcken nichts. Gegen Abend fingen die Franzosen an, ins Lager zu schießen, sodass die Gefangenen gezwungen waren, mit bloßen Händen Löcher in die Erde zu graben. Heinrich und Wilhelm scharrten sich ein Loch, in dem sie gerade eben Platz fanden, andere Gefangene schaufelten tiefe Löcher, in denen sich tags darauf der Regen sammelte. Alle hatten Hunger, denn sie bekamen nur einmal am Tag eine Wassersuppe mit Lauch zu essen. Die beiden Freunde hatten noch eine Reserveration von Nahrungsmitteln, die sie sparsam teilten. Die Männer saßen auf ihren Seesäcken, und als es Abend wurde, erschien ein großer blassgelber Mond am Horizont. Ein Gefangener fing an zu singen, andere fielen ein und plötzlich sangen an die 2000 Mann »Der Mond ist aufgegangen«. Vier Strophen wurden gesungen, und als der Gefangenenchor die letzte Strophe anstimmte, war das für die Männer überwältigend.

So legt euch denn, ihr Brüder,
In Gottes Namen nieder;
Kalt ist der Abendhauch.
Verschon uns Gott! mit Strafen,
Und lass uns ruhig schlafen!
Und unsern kranken Nachbarn auch!

Das Abendlied wurde zum Todeslied. Die Kriegsgefangenen sollten nach einiger Zeit ins Lager Dietersheim verlegt werden. Sie mussten in drei Reihen antreten und marschierten fünf Kilometer weit über die Nahe. Die Kameraden, die nicht mehr weiterkonnten und am Wegesrand zusammenbrachen, wurden erschossen. Die Übrigen erreichten Dietersheim, das in der Ebene liegt, und in dem schon seit längerer Zeit Gefangene untergebracht waren. Diese hatten Verwandte, die ihnen Brot und andere Lebensmittel über den Zaun warfen. Heinrich und seine Kameraden kamen in einen abgetrennten Teil, der vorher nicht benutzt worden war, dort fanden sie Gräser, Löwenzahn und Schafgabe, die sie aßen. Wenig später sollten die Männer nach Frankreich verlegt werden und hofften, dass sie wie vorgesehen zu Aufräumarbeiten herangezogen würden. In offenen Eisenbahnloren wurden die Kriegsgefangenen abtransportiert, und kurz hinter der Grenze standen auf allen Brücken und Überführungen Franzosen, die auf die Deutschen herunterpinkelten, sie mit Scheiße beschmissen oder anspuckten. Als Heinrich zum ersten Mal von Exkrementen getroffen wurde, zuckte er zusammen, diese Erniedrigung traf ihn an einem empfindlichen Punkt. Doch in der Nähe von Metz und Verdun wurde es am Schlimmsten, der ganze Hass dieser Menschen ergoss sich über ihre Köpfe.

Nahe von Paris wurden die Gefangenen in dem Artillerielager »Champagné« interniert, das in verschiedene Bereiche eingeteilt war. Ein Lagerteil war nur für SS-Leute, und Heinrich kam in ein Lager, in dem lauter Spezialisten zusammengelegt worden waren. Es waren Männer von den U-Booten, Funktechniker, Luftwaffenleute, die über die neuen Flugzeuge Bescheid wussten, Wissenschaftler, die mit Radioaktivität gearbeitet hatten, Ballistiker und Panzerkonstrukteure. Jeder dieser abgetrennten Bereiche war 500 mal 300 Meter groß und hatte ein festes Gebäude mit einem Raum von 20 mal 10 Metern. Darin standen vierstöckige Bettgestelle, sodass in einem Raum 40 Mann hausten.

Den Neuankömmlingen wurde alles abgenommen außer den Kleidern, die sie anhatten, von der Uniform war allerdings nicht mehr viel übrig. Das Lagerleben fing mit einem Appell um acht Uhr an, dann wurde abgezählt und ihnen anschließend mitgeteilt, was die Lagerleitung zu sagen hatte. Dann folgte den ganzen Tag Untätigkeit bis zum Abendappell, und um 20 Uhr wurde das Licht abgestellt, sodass man gezwungen war, ins Bett zu gehen. Zur Ablenkung vom Hunger konnte man die Bibel lesen, die in großen Mengen von einer Gesellschaft in Amerika gespendet worden war. Da sich fast alle Gefangenen nach dem Zusammenbruch mit der Frage nach dem Sinn des Lebens befassten, sprachen sie viel über Religion. Mit dem Lagerpfarrer und Mitgefangenen, die einmal Theologie oder Philosophie studiert hatten, diskutierten sie über eine Erneuerung des Christentums und seiner Ethik. Sie stellten die Frage, was Religion verhindern kann und ob es eine Hoffnung auf Erlösung gibt. Heinrich dachte häufig zurück an die Zeit im Gral. In Abd-ru-shins Lehre spielte Christus der Erlöser keine Rolle, Gnade und Vergebung waren nicht vorgesehen. In seiner Schöpfungsgeschichte war zwar von Gottes Vollkommenheit die

Rede, aber nie von Zuwendung und Liebe, deren die Menschen in Not so sehr bedürfen.

Der Hunger war ihr ständiger Begleiter. Es gab täglich einen Blecheimer Suppe mit Wasser und Lauch, und am Boden des Eimers lag ein Knochen ohne Fleisch. Dazu gab es ein Weißbrot, das unter sechs Mann aufgeteilt werden musste, selten eine Dose Rotwurst aus deutschen Beständen, eine Tomate oder Gurke. Heinrichs Freunde hießen Wilhelm, Karl und Walther Gottlieb, sie bildeten eine Notgemeinschaft mit dem Ziel zu überleben. Wilhelm war Kapitänleutnant auf einem U-Boot gewesen und in Deutsch-Ostafrika geboren und aufgewachsen. Er war der psychisch Stabilste und versuchte, Heinrich Mut zu machen. Karl war Ingenieur und Wachoffizier auf einem U-Boot und hatte etliche Einsätze im Atlantik mitgemacht. Walther Gottlieb war Oberleutnant und hatte Maschinenbau studiert, um dann Zweiter Offizier auf verschiedenen U-Booten zu werden. Er war streng protestantisch erzogen und folgte geradlinig seinen Prinzipien, was für die Moral der Gruppe hilfreich war. Die Quadriga hielt eisern zusammen und sie erzählten sich gegenseitig ihr bisheriges Leben, um nur nicht ans Essen zu denken.

Eines Tages wurde Heinrich von einem ehemaligen Studenten aus dem Kaiser-Wilhelm-Institut erkannt und für eine Essensration an die Franzosen verraten. Er wurde abgeholt und ins Deuxième Bureau in Paris gebracht, wo man ihn zwei Tage lang in einen engen und dunklen Kellerbunker einsperrte, in dem er nur stehen oder sitzen, sich aber nicht hinlegen konnte. Er bekam nichts zu essen und wurde dann zum Verhör geführt. Sie glaubten, dass er als Physiker etwas über die Geheimwaffen und die Atomforschung wissen müsste, doch Heinrich hatte seit seiner Diplomarbeit in Wien nie mehr mit radioaktiven Substanzen gearbeitet, und von der Atombombe keine Ahnung. Nach drei Tagen durfte er zurück ins Lager. Er war heilfroh, wieder bei den Kameraden zu sein, weil er in der Einzelhaft restlos verzweifelt war.

Es war Winter geworden, und die Baracken hatten keine Heizung, so kam zum Hunger die Kälte hinzu. Jeder Block verfügte über eine zehn Meter lange, zweiseitige Latrine. Nachdem die meisten Männer

Durchfall hatten, kann man sich vorstellen, wie die Latrine aussah. Durch die Mangelernährung fielen Heinrich die Zähne aus, wenig später bekam er eine Furunkulose am ganzen Körper. Die eitrigen Furunkel bewirkten, dass er immer das Gefühl hatte, schmutzig zu sein, außerdem hatte er Angst, die Kameraden anzustecken. Deshalb ging er ein- bis zweimal am Tag unter die kalte Dusche, um den Schmutz und den Eiter abzuwaschen. Als er zusammenbrach, kam er aufs Krankenrevier, wo der Lagerarzt zu ihm sagte: »Sie sind total ausgehungert und schwach, wenn Sie weiterhin duschen, können wir Sie demnächst begraben.«

Die drei Freunde kümmerten sich aufopfernd um ihn, aber Heinrich war so geschwächt, dass er nicht mehr die Kraft fand, sich gegen Hunger, Kälte und das Gefühl der endgültigen Bestrafung zur Wehr zu setzen, er gab sich auf. Auf zwei Bogen schmutzigem Papier verfasste er sein Testament.

Liebe Elsa, Liebes du,

Wenn du diesen Brief bekommst, bin ich nicht mehr. Ich versichere dir, dass ich mir immer der Pflicht bewusst war, die ich euch gegenüber habe und bis zum Letzten dagegen angekämpft habe. Du weißt selbst, wie sehr der Wille, das Letzte zur Vermeidung der Katastrophe zu tun, mich krank gemacht hat, sodass der rapide Verfall in der französischen Kriegsgefangenschaft nicht mehr aufzuhalten war. Seit drei Monaten leide ich an fortschreitender Furunkulose, erst im Nacken, dann an den Händen und Ohren, im Mund und an den alten Narben. Das Ende ist dann wie bei Ma eine allgemeine Sepsis. Jetzt, nachdem ich keine Hoffnung mehr habe, bin ich innerlich bei Ma, als deren Fortsetzung ich mich betrachte, und zu der ich heimkehren werde. Es ist die Tragik unserer Ehe, dass wir kaum Zeit hatten uns richtig kennenzulernen, und deshalb meine Bindung zu Ma immer noch enger ist als zu dir, trotz der wundervollen Stunden, die wir miteinander verleben durften. Ich habe in den Monaten der Gefangenschaft an mir gearbeitet, und solange ich die Hoffnung hatte,

dich wiederzusehen, wollte ich mich von meiner Mutterbindung befreien. Als ich dich in Straubing verlassen musste, entkam ich nur unter größten Strapazen und Wundern einer Gefangenschaft bei den Amerikanern. Jetzt erkenne ich, dass sie wahrscheinlich besser gewesen wäre. Auf der Fahrt von Berlin nach Plön traf ich Will Quadflieg im Zug. In jener Nacht hatte ich eine Klarsicht den Dingen gegenüber, die ein Geschenk ist und, wie die Bibel sagt, nur bei wahrer Andacht, oder da, wo zwei im Geist zusammen sind, entstehen kann. Damals erkannte ich die volle Tragweite und geistige Richtigkeit des geschichtlichen Ablaufs. Gerafft könnte man sagen, auch wenn die Ideen richtig sind, und es fehlt ihnen am ethischen Überbau, werden sie materiell, und in der totalen Durchführung ohne Menschlichkeit kriminell. Monatelang habe ich um dich und dein Wohl gebangt und mir viele Gedanken und Sorgen darüber gemacht. Durch den äußeren Zusammenbruch Deutschlands werden auch deine inneren Ideale zusammenbrechen, und dazu verlangt die Zeit mit ihren Anforderungen besondere Stärke von dir. Um der Kinder willen musst du den mühsamen Neubeginn wagen. Wir beide stehen an der Wende, das halbe Leben ist um, und ich glaubte, mit dir und den Kindern ein Leben als selbstständiger Mensch noch vor mir zu haben. Ziehe ich das Fazit aus meinem bisherigen Leben, dann muss ich es als fremdbestimmt betrachten.
Dadurch bleibt mir immer das Gefühl:
1. Für die Lebensaufgabe zu wenig Kraft zu haben, weil ich Mas Vorstellungen erfüllen wollte.
2. Nur ein Provisorium gelebt zu haben und nicht meine eigenen Vorstellungen und Werte.
3. Ein Hypochonder zu sein, der sich selbstquälerisch abfindet.
4. Mich gehorsam zu beugen, zu unterwerfen, körperlich und seelisch, ohne ein selbstbestimmtes Leben zu führen.
Mein Zentrum lag außen. Ich habe mich in den langen Monaten der Gefangenschaft verändert, der Einfluss von außen ist langsam einer Eigenschwingung gewichen. Hätte der Friede länger gedauert, dann hätte ich mich durch eigene schöpferische Arbeit

von Mas Vorstellungen lösen können, um nach meinen Werten zu leben. Der Krieg forderte die totale Abschirmung, um all die Belastungen ertragen zu können und mit dem Krieg hat meine eigene Entwicklung aufgehört. Die Jahre formten, aber auf ganz andere Art. Die Gefangenschaft mit ihrer Rückbesinnung auf andere Werte hat das aufgehoben, und ich habe die Ursache meiner jahrelangen Nervosität erkannt, als ein unharmonisches Erzwingen aller Aufgaben und Pflichten. Was unsere Ehe anbetrifft, so hätte ein echtes Zusammenleben sich zur Gemeinsamkeit entwickeln können. Der Krieg und seine letzte Phase hat jede Entwicklung rapide beschleunigt, indem er jeden vor die letzte Konsequenz stellte. Mein Wunsch wäre gewesen, weiter wissenschaftlich und schöpferisch zu arbeiten, daneben aus gereifter Schau, an einem friedlich geeinten Europa mitzubauen. Wenn alles nach Wunsch gegangen wäre, hätte ich gerne den Sohn gehabt, und für die Kinder das Gut zu einer Heimat gemacht. Wenn Gott es so will, dass wir in unserer Tochter weiterleben und du sie führen wirst, so gib ihr, soweit die Mittel es erlauben, alles, damit sie gut versorgt ins Leben geht. Ich bitte dich, die Kinder taufen zu lassen und im christlichen Glauben zu erziehen. Zeige ihnen den Weg zu sich selbst, sie sollen später ihre Form selbst wählen können, Anlagen haben sie, sodass mir um ihren Weg nicht bange ist. Halte alle drei Kinder gleich. Zum Materiellen ist zu sagen, dass Anna die Nadel von Großpapa bekommt, die sie als Talisman tragen soll. Ferner meinen Anteil am Gut und die Reichsschatzanweisungen aus dem Erbe des Großpapa, die wie das Bargeld bei der Deutschen Bank Berlin liegen. Ich hoffe inständig, dass Victor aus russischer Gefangenschaft heimkehren wird. Dir wünsche ich die Erfüllung, den Kindern meinen Schutz. Ich bin immer da.

In Liebe, dein Heinrich.

20. November 1945 Ich bin heute im Lazarett 35 Jahre alt geworden.

Heinrich erlebte mit seinen Kameraden das Weihnachtsfest im Lager bei Paris und wurde dann verlegt ins Lager »Mulsanne« bei Le Mans. Hierbei stellte sich heraus, dass von den 2000 Kriegsgefangenen, die im Sommer eingeliefert worden waren, nur noch 200 lebten, der Rest war verhungert. In diesem Gefangenenlager wurde Wilhelm zum Dolmetscher gewählt und lernte die Männer der Bäckerei kennen. Er erteilte Ju-Jtsu-Unterricht und erhielt als Gegenleistung Brot, das er mit den drei Freunden teilte. Eine Abordnung des amerikanischen Roten Kreuzes besuchte das Lager und fand lauter zum Skelett abgemagerte Kriegsgefangene vor. Sie sagte zu der Lagerleitung: »Wir haben euch die Gefangenen als Arbeitskräfte gegeben, nicht dafür, dass ihr sie umbringt.« Sie holten die Männer, die schon im Sterben lagen, aus dem Lager heraus und brachten sie nach Belgien. Ein großer Teil der Kameraden starb hier, weil man ihnen Carepakete gab und sie die Nahrungsmittel nicht mehr verdauen konnten. Die Zurückgebliebenen durften einmal im Monat eine Karte schreiben. Heinrich schrieb die erste an die Adresse der Schwiegereltern, die kam nicht an. Im zweiten Monat schrieb er an Gritli, einer Freundin von Elsa in der Schweiz. Die Reaktion war, dass er vom Schweizer Roten Kreuz ein Paket erhielt, in dem Schokolade, Nescafé, Bärenmilch und Studentenfutter waren. Die vier Männer hatten nicht gewusst, dass es so etwas noch gab. Dem ersten Paket folgte bald das zweite, und dies unterstützte Heinrichs Lebenswillen und den seiner Kameraden.

Wilhelm, Karl und Walther Gottlieb verdankte Heinrich, dass er noch lebte. Im Oktober 1946 kam vom Schweizer Roten Kreuz eine offizielle Suchanfrage, die Gritli aus Zürich beantragt hatte und die bewirkte, dass er entlassen wurde. Zum Abschied umarmten sich die vier Kameraden und versprachen, für immer zusammenzuhalten. Sie baten Heinrich, sobald er zu Kräften gekommen war, ihre Familien zu besuchen. Die Zurückgebliebenen wurden wenig später in ein südfranzösisches Lager verlegt, in dem Walther Gottlieb ums Leben kam.

Wiederaufbau 1957–1969

Heinrichs Tochter Selma war mit der Familie 1950 nach München-Pasing gezogen und mit sechs Jahren eingeschult worden. Der kriegsversehrte Lehrer sollte 49 Kinder aus zwei Jahrgängen in einer Klasse unterrichten, was ihn überforderte. Selma war häufig nach der Zehn-Uhr-Pause verschwunden, hat sich in den Würmauen herumgetrieben oder den Bunker aufgesucht, in dem sich die Gang traf. Es war niemandem aufgefallen, dass das wilde Kind nicht rechnen und schreiben konnte. Erst als das Übertrittszeugnis für das Gymnasium ausgehändigt wurde, stellte sich heraus, dass die Zehnjährige weder die Grundrechenarten noch die Rechtschreibung beherrschte, in allen anderen Fächern war sie gut. Das Zeugnis der vierten Klasse war ein Schock, man musste sofort etwas unternehmen. Die Mutter suchte nach einem Nachhilfelehrer, und da sie keinen fand, bat sie die zehn Jahre ältere Schwester Reingard darum, mit der Kleinen zu lernen, weil sie selbst nicht die Geduld dafür aufbrachte. Bis zur Aufnahmeprüfung ins Gymnasium sollte Selma das Versäumte nachholen.

Als der Vater für ein paar Tage aus Frankfurt angereist kam, wurde ihm das Problem so schonend wie möglich beigebracht. Ab sofort war jegliche Freizeit gestrichen, in den Sommerferien sollte Selma das Übungsbuch für die Aufnahmeprüfung durcharbeiten. Alle Geschwister fuhren mit der Mutter zu den Großeltern nach Hannover, Selma blieb mit der Oma in Pasing zurück. Julchen diktierte dem Kind täglich zwei Texte und ließ sie die Fehler seitenweise korrigieren. Selma schrieb artig: Ferienstimmung mit zwei m, widersprechen ohne e, neununddreißig mit zwei d und scharfem s. Draußen war herrliches Sommerwetter, die Freunde riefen ihren Namen, aber Selma durfte das Haus nicht verlassen. Weil ihr langweilig war, fing sie an zu basteln. Sie schnitzte aus Holz ein Schiff, nähte ein Segel und wollte dieses am Mast befestigen. Es gab keinen Kleber, also ging sie im ganzen Haus auf die Suche und fand eine Tube Uhu in Omas Zimmer. Die Tube wurde ordentlich gequetscht und anschließend zurückgelegt. Als die Oma die auslaufende Tube sah, geriet sie in einen solchen Zorn, dass sie die Klebstofftube auf Selmas Kopf schlug mit den Worten: »Dies für Ungehorsam, dies für Unverschämtheit und dies für alle anderen Ärgernisse!« Dazu weinte sie bitterlich. Das Kind wusste instinktiv, dass die ganze Wut, die sich auf ihr Haupt entlud, nicht wirklich ihr galt. Die Oma war unglücklich und vermisste die Familie ebenso wie sie. Es tat der alten Dame leid, was sie getan hatte; Selmas lange blonde Haare waren so verklebt, dass man sie nicht mehr kämmen konnte. Nach dem Abendbrot saßen die zwei Zurückgebliebenen in der Küche, und Julchen fing an, ihrer Enkelin zu erklären, warum sie so unverzeihlich die Contenance verloren hatte. Sie erzählte dem zehnjährigen Kind, wie schwer es für sie war, täglich das Essen zu kochen, die Vokabeln abzuhören und die Musikübungsstunden der drei großen Schwestern zu überwachen.

»Du bist ein wildes Kind und deinem Vater sehr ähnlich, dafür kannst du nichts. Weil du die Jüngste bist, hängt deine Mutter besonders an dir. Nach dem ersten Krieg bin ich wegen Unterernährung erblindet, und meine kleine Friedegard war so schwach, dass sie schließlich gestorben ist. Das war eine schreckliche Zeit für mich, und ich habe viel geweint. Damals hat dein Großvater, der Zahnarzt in Hannover war, die reiche Patientin Inga kennengelernt und nach der Scheidung haben sie geheiratet. Meine zwei großen Mädchen sind mit dem Vater umgezogen, weil sie es dort mit den Brüdern interessanter fanden, und dann haben sie mich kaum noch besucht. Also blieb mir nur die sechsjährige Elsa, die ich sehr verwöhnt habe, deshalb hat sie nie gelernt, alleine auszukommen und zu haushalten. Dein Großvater bezahlt mir eine Rente, die ich ganz und gar in eure Erziehung stecke. Früher hatten wir viele dienstbare Geister und beschäftigten eine Kinderschwester, eine Köchin und ein Dienstmädchen, deshalb musste ich nie so schwer arbeiten wie jetzt. In meiner Familie sind die Mädchen dreisprachig aufgewachsen und wurden ein Jahr nach Frankreich und ein Jahr nach England ins Internat geschickt, dann kamen sie auf eine Hauswirtschaftsschule, in der sie Haushaltsführung, Kochen und Säuglingspflege gelernt haben. Nur mit einer standesgemäßen Erziehung findet ein Mädchen den richtigen Mann, wenn man völlig verwildert ist und keine Manieren hat, dann landet man in der Gosse. Du bist stark, und wenn du etwas von dem verstanden hast, was ich dir gesagt habe, dann wirst du selbst zusehen, dass etwas Vernünftiges aus dir wird. Und noch etwas: Du bist die Jüngste und wirst am längsten im Haus bleiben, du musst dich um deine Mutter kümmern, wenn ich einmal nicht mehr da bin.«

Als die Ferien vorbei waren, nahm Reingard eine Schere und schnitt den Uhu aus den langen Haaren. Fortan hatte Selma keine Zöpfe mehr, sondern sehr kurz geschnittenes Haar und sah aus wie ein Junge. Sie fiel durch die Aufnahmeprüfung fürs Gymnasium und musste zurück in die Volksschulklasse, aus der all ihre Freunde verschwunden waren.

Beim Schulbeginn der fünften Grundschulklasse wurden die Kinder mit Bussen in das Konzentrationslager Dachau gebracht. Die Elfjährigen erfuhren hier, dass in einem KZ vor allem Juden und politische Häftlinge eingesperrt worden waren, um für die Rüstungsindustrie zu arbeiten. Bei der anschließenden Führung durch das Lager zeigte man ihnen die Kleiderhaufen, die Schuhhaufen und schließlich den Duschraum, in dem Frauen, Männer und Kinder angeblich mit Giftgas aus der Deckenbrause getötet worden waren. Danach kamen sie zum Krematorium, in dessen Öfen man die Leichen verbrannt hatte. Einige Kinder gingen in den Hof und weinten. Nachdem sie die Schlafräume mit den Stockbetten gesehen hatten, betraten sie einen Vorführraum, in dem ein Film gezeigt wurde. Sie sahen ausgemergelte Menschen, die in einer Reihe standen, dann erschossen wurden und in einen Graben fielen. Sträflinge in gestreiften Anzügen blickten verzweifelt in die Kamera, und ein Schaufelbagger warf menschliche Gerippe in ein Massengrab. Der Film endete mit der Befreiung der Häftlinge durch amerikanische Soldaten. Die Aufsichtsperson erklärte den Schülern, dass die Deutschen, ihre Väter und Mütter, diese Morde begangen hatten und schuld waren an der Vernichtung von Juden und anderen KZ-Insassen, weil sie Hitler gewählt und nichts gegen die Vernichtungslager und andere KZs unternommen hatten.

Selma musste immerfort an die nackten Kinder in der Duschkabine denken und konnte die Leichenberge nicht aus ihrem Gedächtnis löschen. Sie wollte nie wieder ein einziges Wort mit diesen Eltern sprechen. Als sie nach dem Schulausflug zu Hause ankam, wollte die Mutter hören, wo sie gewesen war, aber Selma gab keine Antwort. Eine Woche lang sprach sie weder mit ihrer Mutter noch mit der Oma. Schließlich wurde es der Mutter zu viel, sie wollte wissen, was los war. Selma erzählte der Mutter schließlich von den Schuhbergen, der Gaskammer und den Verbrennungsöfen, und Elsa sah sie mit großen traurigen Augen an. »Hast du davon gewusst?«

»Es sind Nachbarn verschwunden und man hat uns erzählt, dass diese Menschen ins Ausland gegangen sind, und die Kommunisten in Arbeitslagern für die Industrie arbeiten. Wir haben gesehen, dass Juden aus ihren Läden vertrieben wurden und einen gelben Stern tragen mussten, dass sie ermordet wurden, wusste ich nicht. Ich habe mich nie für Politik interessiert und wäre gar nicht auf die Idee gekommen, gegen die Machthaber zu rebellieren. Wir waren mit unserem eigenen Leben beschäftigt, man kümmerte sich nicht um anderer Leute Angelegenheiten. Als mein Halbbruder Anton gezwungen wurde, sich selbst zu erschießen, weil er Flugblätter verteilt hatte, bekamen wir die Nachricht, dass er beim Reinigen seiner Waffe zu Tode kam. Man hat uns systematisch belogen, sogar bei den eigenen Angehörigen. Euer Vater wusste, dass sein Vorgesetzter Udet aus Verzweiflung Selbstmord begangen hatte, offiziell war er bei einer Waffenerprobung umgekommen und wurde mit einem Staatsbegräbnis geehrt. Das, was du in Dachau gesehen hast, wussten wir bis Kriegsende nicht, und niemand aus unserer Familie hat da mitgemacht, das kannst du mir glauben.«

Selmas Freunde hatten mit ihrer Schulklasse ebenfalls das KZ besucht und wollten nicht darüber sprechen. Dachau blieb als Horrorerlebnis im Gedächtnis haften, und Selma schämte sich, eine Deutsche zu sein.

Oma Julchen und Selma hatten am gleichen Tag Geburtstag, der immer mit Kaffee und Kuchen gefeiert wurde. Heinrich war aus Frankfurt gekommen, und sie saßen alle um den gedeckten Eichentisch, als auf der Straße ein Hupkonzert ertönte. Heinrich ging an die Haustür und brachte vier Menschen ins Haus, die Anna und Selma noch nie gesehen hatten. Es war Edwin mit seiner zweiten Frau, und Victor mit der kleinen Schwester Verena, die unangemeldet aus Wien angereist waren. Heinrich schloss, mit Bussi rechts und Bussi links, seine Verwandten in die Arme, und es entstand ein riesiger Tumult, bei dem sich Julchen still in die Küche zurückzog. Als alle platziert waren, wurde langatmig über die Fahreigenschaften von Edwins Citroen gesprochen, während sich die Kinder des Hauses beobachtend im Hintergrund hielten. Edwin saß behäbig in einem alten Sessel, seine Hände lagen gefaltet über dem dicken Bauch, der in einer kurzen Rehlederhose steckte; dazu hatte er weiße Socken und Ledersandalen angelegt. Seinen Mund überdeckte ein buschiger Schnurrbart, und er musterte interessiert Heinrichs Nachwuchs. Christine, seine zweite Frau, hatte die weißen Haare kunstvoll zu einem Turm toupiert und fuchtelte beim Sprechen mit den Händen. Sie hatte eine schwarze Handtasche über dem Arm und dicke Venenstützstrümpfe an den Beinen. Verena sah ihrer Mutter Ma sehr ähnlich und redete ohne Unterlass, weil sie meinte, sonst nicht gehört zu werden. Victor war eine raumfüllende Erscheinung im Steirer-Anzug, mit maßgefertigtem Schuhwerk. Er legte dem Bruder die Hand um die Schulter und sagte: »Na, Bruderherz, immer locker in den Knien hätte Oberst Henkel gesagt!« Edwin rief: »Ruhe bitte, in diesem Durcheinander verstehe ich kein Wort.«

Verena sollte zuerst erzählen, wie es ihr ergangen war, als Elsa das Jägerhäusel verließ und ihr Vater interniert wurde. Sie hatte sich von Wien kommend gegen den Flüchtlingsstrom bis nach Schrambach durchgeschlagen, war zum Oberhof hinaufgestiegen und wohnte dann mutterseelenallein im Jägerhäusel, bis die jungen Mädchen aus dem Tal heraufkamen, um sich vor den Russen zu verstecken. Die 14-Jährige hatte das Familiensilber und den Schmuck der verstorbenen Mutter vergraben und lebte von den Lebensmittelvorräten, die Julchen nicht hatte mitnehmen können. An dieser Stelle schloss Verena die Augen, zog die Luft hörbar ein, machte den Mund weit auf und schüttelte den Kopf: »Als wir die Russen kommen sahen, sind wir oberhalb von Mas Grab in den steilen Wald geflüchtet und haben die eisig kalten Nächte dort verbracht. Wir konnten sehen, wie die Zwangsarbeiter den Verwalter erschlagen haben und die Russen das Geschirr aus dem Haus schleppten, um es mit dem Gewehrkolben zu zerschmettern. Als sie nach ein paar Tagen weg waren, bin ich zurück ins Häusel gegangen und habe da gewartet, bis der Bapi mir die Nachricht zukommen ließ, dass ich mich zur Tante Christine nach Köln durchschlagen soll. Ich habe den Schmuck ausgegraben und ihn unten im Tal auf dem Schwarzmarkt verkauft. Von dem Geld konnte ich eine Fahrkarte bekommen und nach Köln fahren, wo ich bis zu Bapis Entlassung aus dem Lager geblieben bin.« Sie hielt die Augen geschlossen, machte eine Denkpause und holte tief Luft, und als sie fortfahren wollte, kam Christine ihr zuvor: »Verena stand eines Tages mit ihrem Köfferchen bei uns vor der Tür, wie ein aus dem Nest gefallenes Vögelchen. Köln war ja restlos zerstört, mein Mann gefallen, und ich musste mich alleine durchschlagen mit meinen drei Jungs. Wir hausten unter abenteuerlichen Umständen in der Schnapsfabrik meines Vaters, es gab nicht viel zu fressen, aber ich hab das arme Waisenkind erst mal unter meine Fittiche genommen und katholisch taufen lassen. Als Edwin entlassen wurde, war Verena schon ein fester Bestandteil meiner Sippe. Wir haben dann unser Hab und Gut zusammengeworfen und wurden vom Limburger Bischof getraut, man sang ja damals aller Orten das Hohelied der Freundschaft!«

Victor wollte wissen, ob Edwin überhaupt gefragt wurde, ob er heiraten möchte, doch der Einwurf wurde geschickt überspielt von der Frage nach seinen Erlebnissen in Stalingrad. Victor wurde direkt von der Baustelle in Krakau an die Front beordert. Als Melder fuhr er mit dem Motorrad zwischen der Front und der Heeresleitung hin und her. Er hatte sich zum Ziel gesetzt, möglichst unauffällig zu bleiben, jegliches Gefecht zu umgehen, um bald in Richtung Heimat abzutauchen. Bei der Belagerung von Stalingrad geriet er in russische Gefangenschaft und wurde nach Minsk gebracht, wo er als Architekt für die Russen Häuser bauen sollte. »Die Sowjets hatten selbst nichts zu fressen, haben aber das wenige immer mit uns geteilt. Wenn man bedenkt, dass wir sie überfallen haben und wie viele von denen wir umgebracht haben, möchte ich mich nicht beklagen. Ich kann nichts Negatives über die Russen berichten, außer dass wir Wanzen und Flöhe in der Unterkunft hatten, die wirklich bösartig waren.«

»Wie hast du von Mas Tod erfahren?«

»Ich habe keine Nachricht erhalten, ich wusste es einfach. ›Wenn ich jetzt wo wär', dann tät' ich jetzt gehen‹, hätte Ma gesagt, und wir müssen heute noch nach Köln.« Sprach's, stand auf und strebte dem Ausgang zu.

Genauso plötzlich, so wie sie aufgetaucht waren, entschwanden Heinrichs Verwandte mit einem großen Citroen, dessen Federung unter ihrer Last in die Knie zu gehen schien. Auf den Kopfkissen der Kinder hatte Edwin in aller Heimlichkeit für jedes einen Zwanzigmarkschein als Andenken hinterlassen.

Elsa war bemüht, die Kinder im evangelischen Glauben zu erziehen, obwohl sie selbst nie Religionsunterricht erhalten hatte. Sie schickte die vier sonntags zum Gottesdienst in die Himmelfahrtskirche zu Pfarrer Schwindel, bei dem sie auch konfirmiert wurden. Selma lernte dort die Pfadfinder kennen und wurde Mitglied bei den »Schneegänsen«. In dieser Gruppe waren 14 Mädchen im Alter zwischen acht und 16 Jahren, die sich einmal in der Woche zum Malen, Basteln oder Singen trafen. Eine Gruppenleiterin erzählte von der Tradition der Pfadfinder, und dass man als solcher täglich zu einer guten Tat verpflichtet war. Die Mädchen erhielten eine grüne Uniform mit einer Baskenmütze, dazu einen Ledergürtel mit einer Bronzeschnalle, auf der »Allzeit bereit« und eine Lilie eingeprägt waren. Die »Schneegänse« blickten auf eine lange Tradition zurück, sie hatten eine grüne Fahne, auf der weiße Gänse eingestickt waren, und einen riesigen schwarzen Kochtopf, in dem Suppe für alle 14 Mädchen gekocht werden konnte.

Mit den Fahrrädern fuhren sie an den Maisinger See, wo es im Sommer ein permanentes Pfadfinderlager gab, mit großen weißen Indianerzelten, in deren Mitte man ein Feuer entzünden konnte. Hier trafen sich verschiedene Gruppen aus bayerischen Städten zum Spielen in der freien Natur, die Kinder fanden Gleichgesinnte und kochten an einem großen Lagerfeuer ihr Essen. Wenn es dunkel wurde, saßen an die 30 Kinder in grüner Tracht um das Feuer herum und sangen melancholische Volkslieder über Kameradschaft und Tod. Selma hatte sich von Ruthi einige Griffe auf der Gitarre zeigen lassen und konnte die Lieder mit Akkorden begleiten. Es herrschte eine paramilitärische Zucht, dazu gab es morgens und abends Gebete und Lesungen aus der Bibel, die unter einem rohgezimmerten Holzkreuz abgehalten wurden. Die Anführerin war unter Hitler beim *Bund deutscher Mädchen* gewesen, was abgefärbt hatte und sich besonders bei den sportlichen Aktivitäten bemerkbar machte. Sie feuerte die Kinder an: »Seid flink wie Windhunde, zäh wie Leder und hart wie Kruppstahl!«

Selma war in ihrem Element, mit einem feststehenden Messer am Gürtel streifte sie zusammen mit anderen Pfadfindern durch die Wälder. Sie erkundeten Ameisenhaufen oder bohrten mit einem Sock im Fuchsbau herum, bestimmten Pflanzen und Vogelstimmen oder schnitzten sich lange Wurfspieße aus Haselruten, mit denen um die Wette Speerwerfen geübt wurde. In der Umgebung des Lagers grasten Kühe, die Kuhglocken umgebunden hatten. Selma versuchte einer Kuh die Glocke abzunehmen, was sich als schwierig herausstellte, weil das Tier sich wehrte. In der Nacht kam sie nach Indianerart durchs hohe Gras gekrochen und löste die Schnalle, sodass die Glocke mit lautem Getöse ins Gras fiel. Als nichts geschah und sich im Lager nichts regte, versteckte sie das Diebesgut unter der Luftmatratze. Auf dem Heimweg fuhren die Mädchen mit den Rädern in einer langen Reihe hinter dem grünen Wimpel her, und Selma erschreckte die überholenden Autofahrer mit Kuhgeläute.

Am darauffolgenden Freitag ging es wieder auf große Fahrt, und Selma hatte die Satteltaschen, den schwarzen Kochtopf und ihren Schlafsack schon aufs Rad gepackt, um loszufahren, als sie vom Vater aufgehalten wurde. Er wollte wissen, ob ihr Fahrrad verkehrstüchtig sei und der Straßenverkehrsordnung entspreche. Selma hatte es eilig und wollte weg, sie sagte »Ja«. Daraufhin drückte der Vater den Dynamo an den Reifen, hob das Vorderrad hoch und drehte es, aus dem Rücklicht kam kein Lichtschein, weil die Drähte keine Verbindung hatten. »Mit diesem Rad fährst du nirgendwo hin«, verkündete der Vater und ging ins Haus. Selma versuchte verzweifelt, das Rücklicht zu reparieren, es gelang ihr nicht. Sie stellte ihr Rad zurück in den Schuppen und nahm sich Anna Friederuns, mit dem sie eilig das Weite suchte. Sie wusste genau, womit zu rechnen war, wenn sie wieder nach Hause kam.

In den Herbstferien wollte Heinrich seine jüngste Tochter mit nach Frankfurt nehmen, weil die drei Schwestern zum Schüleraustausch in England waren und Elsa ihre Eltern besuchen wollte. Selma wurde nicht um ihre Meinung gefragt und zeigte sich wenig begeistert bei der Vorstellung, eine Woche mit dem Vater allein zu sein. Sie fuhren mit dem Zug dritter Klasse auf Holzbänken nach Frankfurt, und gleich hinter dem Bahnhof in der Niddastraße betraten sie ein schmutziges Gebäude, dessen Fassade viele Einschusslöcher vom Krieg hatte. Im ersten Stock war die Firma des Vaters untergebracht, und sie wurden von der Putzfrau empfangen, die bereits ein Bett für Selma bezogen hatte und Kartoffeln mit grüner Sauce servierte. Der Vater hatte noch zu tun, war kurz darauf verschwunden und Selma auf sich gestellt. Sie streifte durch die Räume und sah in alle Schubladen. Auf dem Schreibtisch des Vaters gab es ein Bild von Ma mit streng nach hinten gekämmten Haaren und ein zweites, auf dem die vier Mädchen wie die Orgelpfeifen aufgereiht vor der Ruine zu sehen waren. Daneben standen die zwei ägyptischen Bronzefiguren, die er aus Frankreich mitgebracht hatte und ein brauner Bakelit-Aschenbecher mit umgeknickten Zigarettenstummeln. Im Regal entdeckte sie die Weihnachtsgeschenke der Geschwister vor einem alten Radio. Von Ruthi stand da ein bastumwickeltes Pferdchen, von Reingard ein zierlicher Esel aus Ton und von Anna Friederun ein Kastanienmännchen mit Strickmütze. Von Selma hatte er eine Karte gerahmt, auf die sie ein Strichmännchen mit Hund gemalt hatte.

Als sie die Zähne putzen wollte, kam braunes stinkiges Wasser aus der Wasserleitung und die Toilette hatte keine Klobrille. Mit Karl Mays Winnetou III ging sie zu Bett und vermisste die Mutter und die Geschwister. Am nächsten Morgen war der Vater wieder da und zeigte ihr die Laborräume, von denen ein unangenehmer Geruch ausging. In einem großen Büroraum wurde ihr die Sekretärin vorgestellt, von der Selma ahnte, dass es die besagte Geliebte des Vaters war. Die Dame war schlank und gutaussehend, sie war elegant gekleidet und hatte rot lackierte Fingernägel und Lippenstift aufgelegt. Frau Best begrüßte die Tochter vom Chef freundlich und fing dann an, auf einer schwarzen Schreibmaschine Geschäftsbriefe und Rechnungen zu schreiben, was mit lauten Hackgeräuschen verbunden war, dazu rauchte sie eine Zigarette nach der anderen. Im Aschenbecher lagen Stummel, an denen der rote Lippenstift klebte. In der Mittagspause packte sie ein belegtes Brot aus und brühte einen Bohnenkaffee auf, der einen wunderbaren Duft verbreitete und für kurze Zeit den Chemie- und Zigarettengestank überdeckte. Aus dem kleinen Schreibtisch holte sie eine Dose Libbys Dosenmilch und reichte dem Kind einen Teelöffel davon. Es war eine dickflüssige süße Paste, die vorzüglich schmeckte. Dann schenkte sie Selma eine Coca-Cola ein und wollte wissen, wie sie in München wohnten. Selma erzählte ihr, dass Heinrich das zerbombte Haus wieder aufbauen und mit der Firma nach München umziehen wolle. Das wusste sie bereits und sagte, dass sie auch umziehen würde. »Dann sehen wir uns wohl jeden Tag«, sagte sie lächelnd, holte einen kleinen runden Spiegel aus der Handtasche und zog die Lippen blutrot nach.

Der Vater kam aus dem Labor und hatte einen löchrigen weißen Labormantel, eine Schutzbrille und lange schwarze Gummihandschuhe an. Er warf die Laborkleidung über einen Stuhl und diktierte Frau Best einen Brief an die ehemaligen Eigentümer der Firma

Allchemie, weil er im Zuge des Lastenausgleichs Geld bekommen konnte, um ihre Anteile abzulösen. Frau Best hatte einen engen roten Pullover an und viele Petticoats, deshalb saß sie wie auf einer weißen Wolke dem Chef gegenüber und notierte alles in Stenografie auf einem Linienblock. Nach dem Diktat hämmerte sie wieder auf der Schreibmaschine, und Selma fühlte sich überflüssig und gelangweilt. Als ab sechs Uhr alle verschwunden waren, holte sie die Libbys-Dose aus der Schreibtischschublade von Lotte Best und aß nach und nach die süße klebrige Paste, bis die Dose leer war.

Wieder in München erzählte sie der Mutter, dass die Best mit der Allchemie nach München umziehen würde, was sichtlich Eindruck machte, weil Elsa angeekelt, als habe sie in eine Zitrone gebissen, das Gesicht verzog. Nachts hörte sie die Eltern im Bett flüstern und Elsa sagte: »Das Weib bringst du nicht mit, das lasse ich nicht zu, was sollen denn die Kinder von uns denken?«

Ein Architekturstudent entwarf nach den Wünschen des Vaters Pläne für den Wiederaufbau des Hauses. Die Firma Allchemie sollte mit Labors, Lager und Packraum in das Parterre und den Keller einziehen. Für die Familie wurden Räume im ersten Stock geplant, und die Mansardenzimmer im zweiten Stock sollten an Studenten vermietet werden. Weil die Mutter ein Flüchtling war und in Rechlin ihre ganze Habe zurückgelassen hatte, erhielt sie einen Lastenausgleich für Vertriebene, und von ihrem Vater aus Hannover 30.000 Mark. Diese Summe war nicht ausreichend, um den Wiederaufbau in Auftrag zu geben, deshalb entschied sich Heinrich, sofort nach München zu kommen, um in Eigeninitiative die Bauarbeiten zu beginnen. Zuerst kam der Abriss des alten Daches, den Heinrich mit Axt und Brecheisen allein bewerkstelligte. Die Familie wohnte weiterhin in der Ruine, obwohl das Haus kein Dach mehr hatte und der Regen durch die Decke geradewegs in die Betten tropfte. Man spannte Planen auf und stellte Blechdosen in die Wohnung, in denen die Wassertropfen nervige Geräusche erzeugten. Jeden Abend, wenn der Vater müde und verschwitzt von der Baustelle kam, wollte er Selma sehen und ihre schulischen Fortschritte kontrollieren. Punkt sieben Uhr hatte sie anzutreten und Rechenaufgaben zu lösen. Wenn sie eine Aufgabe nicht verstand, gab es zwei bis drei erklärende Sätze, konnte sie anschließend die Lösung nicht präsentieren, knallte er das Buch auf den Kopf des Kindes. Sie musste die Städte an der Wolga lernen; bei jeder Stadt, die Selma nicht einfiel, bekam sie das Erdkundebuch um die Ohren geschlagen, bis die einzelnen Blätter zu Boden fielen. Bei den Diktaten ging es ebenso, und das Mädchen hatte jeden Abend Angst vor der Erziehung des Vaters.

Die Lage eskalierte, als er eines Abends den Hammer suchte und nicht fand. Er holte Selma aus dem Bett und wollte wissen, ob sie den Hammer benutzt hatte, dann zerrte er sie in den Keller und zeigte auf den Kasten, in dem der Hammer hätte sein sollen. Sie gab zu, ihn im Garten vergessen zu haben, und noch ehe sie sich wegducken konnte, hatte er zugeschlagen. Selmas Kopf wurde gegen ein Regal geschleudert, an dem Sägeblätter an einem rostigen Nagel aufgehängt waren. Der Nagel bohrte sich in die Schläfe des Kindes, und Blut schoss hervor. Heinrich war sichtlich erschrocken über das, was er angerichtet hatte, nahm die Elfjährige auf den Arm und schleppte sie die Treppe hinauf. Dann holte er Verbandmull und klebte die blutende Wunde zu. Es wurde kein Wort gesprochen, aber Selma spürte, dass der Vater Angst hatte. Er packte sie in eine leere Schubkarre, die vor dem Haus stand, und schob sie zwei Straßen weiter bis zur Praxis von Dr. Kassel. Dort bekam sie eine Tetanusspritze und einen dicken weißen Druckverband, der um den ganzen Kopf gewickelt war. Zu Hause musste sie ins Bett und durfte drei Tage nicht aufstehen, weil Heinrich Angst hatte, dass sie an einer Sepsis sterben könnte wie seine Mutter.

Täglich um sieben Uhr in der Früh kamen vier Maurer, die anfingen, das Haus wieder aufzubauen. Die aus Zement gegossenen Hohlblocksteine und andere Baumaterialien wurden angeliefert. Heinrich war ab sieben Uhr früh auf der Baustelle und ließ es sich nicht nehmen, die schwersten Arbeiten selbst zu machen. Nach und nach wurde die alte Holzbalkendecke im Parterre herausgebrochen und durch Betondecken ersetzt. Die Kinder waren in der Schule, als die

Decke über Reingards und Ruthis Schlafzimmer abgerissen wurde. Man hatte die drei Kanarienvögel vergessen, und der Schutt fiel auf die Käfige, in denen die Vögel angstvoll piepsend herumflatterten. Als sie entdeckt wurden, waren sie ganz weiß vom Staub und sahen aus wie kleine Gespenster.

Die Familie wohnte in Staub und Dreck, und die Kinder wurden angehalten, an den Nachmittagen die Steine, die für das Mauerwerk benötigt wurden, in den ersten Stock zu schleppen. Vor dem Haus lief den ganzen Tag eine rostige Zementmischmaschine, und der fertige Mörtel wurde mit Eimern an einem Flaschenzug in die oberen Stockwerke gezogen. Da es nie eine ruhige Minute im Haus gab und Ruthi kurz vor dem Abitur stand, zog sie zu einer Schulfreundin, und Oma Julchen bewohnte ein gemietetes Zimmer in der Nachbarschaft.

Als die Mauern der ersten Etage standen, wurden Stützen mit Schalbrettern aufgestellt, um eine durchgehende Betondecke zu gießen. In der Nacht gab es einen schweren Regenguss und einige der frisch gemauerten Wände fielen um, weil der Regen den Zement aufgeweicht hatte. Unten, wo die Familie wohnte, kam der Schlamm durch die Decke, und Elsa entleerte die ganze Nacht die Plastikplanen, in denen sich der Regen gesammelt hatte.

Am nächsten Morgen hatte Selma schlimme Bauchschmerzen und wurde mit einer Blinddarmentzündung ins Kinderspital gebracht. Nach der Operation, als sie aus der Narkose erwachte, war sie mit Verbandmull am Bett festgebunden und konnte sich nicht bewegen, worüber sich das bewegungsfreudige Kind aufregte. Auch die Tage danach riss sie an den Handfesseln, bis die Gelenke blau angelaufen waren. Zur Besuchszeit kamen die Eltern der drei anderen in ihrem Zimmer liegenden Kinder ins Krankenhaus, sie brachten Geschenke und aufmunternde Worte für ihre Sprösslinge und Aufmerksamkeiten für die Schwestern mit. Selma erhielt innerhalb von zwei Wochen keinen einzigen Besuch von ihrer Familie und fühlte sich verlassen und von den Krankenschwestern lieblos behandelt.

Drei Tage vor ihrer Entlassung ging die Türe auf und ein Ehepaar aus der Nachbarschaft kam, um Selma zu besuchen. Sie weinte vor

Rührung, weil sie nicht fassen konnte, dass man für sie Blumen und einen Schokoladenmaikäfer mitgebracht hatte. In einem langen Gespräch erzählte sie dem Ehepaar Paulus, was ihre Sorgen und Ängste waren. Sie sprach von der Benachteiligung durch die Schwestern in der Klinik, der Baustelle zu Hause und unter welchen Umständen sie dort wohnen mussten. Sie erzählte vom Vater, vor dem sie Angst hatte, und der Schule, die sie nun auch noch wegen Krankheit versäumte. Dr. Paulus ließ als erstes die Schwester kommen, die die Handfesseln abnehmen sollte. Dann verlangte er, dass diese Patientin mit besonderer Aufmerksamkeit zu umsorgen sei, und fügte hinzu, dass er dies zu überprüfen gedachte. Selma musste seit Wochen zum ersten Mal lachen, was an der Narbe schmerzte. Dann sagte Frau Paulus: »Liebe Selma, wenn du möchtest, dann kannst du bei uns wohnen, bis euer Hausbau vorbei ist, und um die Schule machst du dir keine Sorgen, wir reden mit deinem Lehrer und mit deinem Vater, und jetzt wirst du erst mal gesund.«

Nach der Krankenhausentlassung kehrte Selma nicht zurück ins Elternhaus, sondern wohnte fortan am Ende der Straße bei der Familie Paulus, die vier Söhne hatte. Sie bezog ein kleines Mansardenstübchen und kam nur noch an den Wochenenden oder zu Familienfesten nach Hause, deshalb war ihr ganzes Leben von Grund auf verändert. Morgens saß sie mit den Buben am Frühstückstisch, mittags gab es ein schmackhaftes Mittagessen mit Suppe, Hauptgang und Nachspeise, nachmittags wurde Kaffee und Kuchen serviert, und abends pünktlich um sieben stand das Abendbrot auf dem Tisch. Das alte Jugendstilhaus hatte Parkettboden und Mosaiken im Flur und in der Küche. Jede Türklinke war stilvoll in Messing gestaltet und die Fenster im Windfang in farbigem Glas gefasst. An der Fassade war ein griechisches Relief eingelassen, auf dem Orpheus und Eurydike zu sehen waren, und im Garten plätscherte ein kleiner Brunnen. Mutter Lucie kümmerte sich um den parkartigen Garten, in dem es ein Staudenbeet gab mit farbenprächtigen Dahlien, blauem Rittersporn und gelbem Sonnenhut. Dr. Paulus war frühzeitig pensioniert worden, weil er während der NS-Zeit Oberlandesgerichtspräsident in München und überzeugter Nationalsozialist gewesen war. Nach Kriegsende wurde er bis 1948 in Landsberg interniert, und da man ihm keine Schuld nachweisen konnte, wurde er entnazifiziert und erhielt ab 1956 die Pension des Freistaates Bayern. Er war streng und verlangte von seinen Kindern absoluten Gehorsam. Paulus war ein geradliniger und selbstbewusster Mensch, der wusste, dass man nur mit freundlich lobender Förderung bei einem Kind etwas erreichen kann. Er zitierte: »Non durant acutus quos perficis ipse coactus.« (Fromm aus Zwang, währt nicht lang.)

Ein Sohn ging noch ins Gymnasium, die drei älteren waren schon Studenten und brauchten seine Hilfe nicht, er hatte Zeit und war willens, Selma bei ihren Schulproblemen zu helfen. Als erstes sprach er mit dem Lehrer und ließ sich den Lehrplan und die dazugehörigen Bücher aushändigen. Dann erklärte er der Schülerin mit viel Geduld, wie sie die eingekleideten Textaufgaben zerlegen konnte, um sie zu verstehen. Das Grundwissen in Mathematik wurde täglich abgefragt, bis sie es auswendig hersagen konnte. Durch gemeinsames Lesen und Wiederholungen lernte sie die deutsche Rechtschreibung, und Vater Paulus bestätigte ihr mehrmals, dass er sie intelligent und gutaussehend finde. Selma konnte nicht begreifen, warum ihr ein Mensch so viel Aufmerksamkeit schenkte, sie war nicht mehr auf der Flucht vor den Erwachsenen und wurde durch diese Erziehung immer selbstbewusster und ruhiger. Sie spielte nicht mehr im Freien mit der Gang, sondern verbrachte alle Nachmittage damit, freiwillig zu lernen, und als sich die ersten Erfolge einstellten, machte das Mut, sich noch mehr zu bemühen. Nach bestandener Prüfung für die Realschule im Herbst des gleichen Jahres büffelte der Ersatzvater englische Vokabeln mit Selma, weil sie beide beweisen wollten, dass das wilde Kind nicht dumm war. An den Abenden saß die ganze Familie gemütlich im Wohnzimmer zusammen, die Mutter strickte Pullover für ihre Söhne und hatte Spaß daran, sie zu necken. Der Vater las in der Zeitung und teilte das Wichtigste mit, wobei er eine lange Pfeife rauchte, sodass das Zimmer reichlich vernebelt war. Auf der Pfeife saß manchmal der Wellensittich Spatz, der vom Tabakqualm einen Tumor an der Brust hatte.

Hartmut, der älteste Sohn, studierte Jura und stellte häufig Fragen an den Vater, inwieweit sich die Gesetzgebung seit dem Dritten Reich geändert hatte. Dies führte nicht selten zu Gesprächen, in denen die Söhne den Vater wegen seiner nationalsozialistischen Gesinnung hart angriffen und wissen wollten, warum er nichts gegen die Hinrichtung von politischen Gegnern getan hatte. Er rechtfertigte sich damit, dass er sich immer an geltendes Gesetz gehalten hatte, und während seiner Dienstzeit kein einziger Angeklagter durch ihn zum Tode verurteilt worden war. Eberhard, der zweite Sohn, studierte Theologie und wollte evangelischer Pfarrer werden. Nach der gottlosen Zeit der Nazis fühlte er sich von Gott berufen, die christliche Ethik und Morallehre zu den Menschen zu bringen. Er wollte erreichen, dass seine Eltern sich taufen ließen und Mitglieder der evangelischen Kirche wurden, was ihm nach Jahren auch gelang. Gernot, der dritte, wollte Architekt werden, in seinem Zimmer standen Modelle von Häusern und es lagen viele Baupläne herum. Er blieb die halbe Nacht auf um zu zeichnen, und war ein starker Zigarettenraucher mit gelben Fingern. Gernot war sanftmütig und leise, deswegen liebte und bewunderte Selma ihn und wollte wie ihr Idol Architektur studieren. Sie ließ sich von ihm die Haare schneiden und zog seine abgelegten Blue Jeans an, die vorne am Hosenschlitz geknöpft wurden. Sie sah aus wie ein Junge, und Vater Paulus gefiel das gar nicht. Wolfram, der Jüngste, stand kurz vor dem Abitur und studierte dann ebenfalls Jura. Wenn die Eltern es nicht hören konnten, sprachen die Söhne von den Unverbesserlichen oder ewig Gestrigen.

Wolfram mochte Selma nicht und fing an, sie zu ärgern, was Gernot nicht zulassen wollte. Er sagte: »Hitler hätte seine helle Freude gehabt an deinem Arierschädel«, woraufhin ihm der Bruder eine schallende Ohrfeige verpasste. Dies führte zu einer Prügelei, bei der hart zugeschlagen wurde, und Lucie Paulus stand dabei und feuerte die Söhne an: »Gernot, gib's ihm, Wolfram, wehr dich.« Beiden Brüdern lief das Blut aus der Nase, Wolframs Lippe war dick angeschwollen und geplatzt, sodass Selma Angst hatte, dass etwas Schlimmes passieren würde. Die Bubenmutter war ganz bei der Sache, sie rief: »Ihr werdet doch nicht schlappmachen, weiter geht's!« Der Jüngere ging schließlich krachend zu Boden, und Gernot verschwand in seinem Zimmer. Von diesem Tag an machte Wolfram einen großen Bogen um Selma und ließ sie in Ruhe. Die 13-Jährige war verliebt in Gernot, der sich aber für Ruthi interessierte, die mit Reithosen und Reitstiefeln jeden Morgen in die Uni fuhr und anschließend zu den Pferden.

Der Schmied am Ende der Straße war stolz darauf, dass er Hitler nach dem Bürgerbräu-Putsch 1923 versteckt hatte, und viele Nachbarn waren getreue Gefolgsleute des Führers gewesen. Im Haus gegenüber hatte 1943 eine jüdische Familie mit vier Kindern Selbstmord begangen, bevor sie abgeholt werden sollte, und nebenan wohnte die Jüdin Frau Matthes, die das Lager überlebt hatte und von den Amis das Haus eines verurteilten Nazis überschrieben bekam. In diesem Haus wohnte auch Selmas Freund Alexander mit seiner Mutter und Großmutter zur Untermiete.

Die Paulus-Söhne führten Gespräche mit dem Vater über Hitler und das Dritte Reich, die Schuld der Deutschen und über die Wiederbewaffnung, die ihre Einberufung zum Grundwehrdienst bei der Bundeswehr nach sich zog. Nach dem Ungarnaufstand, der von der Sowjetarmee brutal niedergeschlagen wurde, war die Angst vor einem Überfall der Russen groß. Nur zehn Jahre nach der bedingungslosen Kapitulation der Deutschen wurden die Söhne des Landes aufgrund der Wehrpflicht wieder zum Militärdienst eingezogen. Die Amerikaner wollten, dass Westdeutschland als Puffer gegen die Sowjetunion aufgerüstet wird, und behielten ihre Militärbasen auf dem Gebiet der BRD. Die Anerkennung zum Kriegsdienstverweigerer war mit Auflagen und der Prüfung des Gewissens verbunden, was aber zahlreiche 18-Jährige nicht davon abhielt, von ihrem Recht der Verweigerung Gebrauch zu machen. Selma hatte Angst vor den Russen und Nikita Chruschtschow, dessen Panzer in Berlin auf der anderen Seite von Checkpoint Charly standen. Sie machte sich Gedanken darüber, wie es zum Krieg gekommen war, warum Deutschland von den Alliierten zerstört worden war und in der Folge ihre

Familie in einer Ruine wohnte. Paulus prangerte Ungenauigkeiten und nachträgliche Schuldzuweisungen an, von denen er meinte, beschwören zu können, dass es in Wahrheit ganz anders gewesen sei. Er vertrat die Ansicht, dass durch den verlorenen Krieg auch positive Zeiterscheinungen nachträglich negativ interpretiert wurden. Hitler sei am Anfang gut gewesen für Deutschland, während des Krieges immer fanatischer geworden und zuletzt verrückt, als er einsehen musste, wie aussichtslos die Lage war. Wenn die Söhne ihm dann vorwarfen, nichts gegen die Judenvernichtung getan zu haben, sagte er, dass Dachau kein Vernichtungslager, sondern ein Arbeitslager gewesen sei. Mutter Paulus beteuerte, von der Ermordung der Juden nichts gewusst zu haben und sich für Politik generell nicht zu interessieren, das sei Männersache.

Selma konnte die divergierenden Aussagen nicht einordnen und wusste nicht, wem sie glauben sollte, sie war abhängig von diesen Erwachsenen, und es war schwer, sich einen gebildeten Mann wie Paulus als unreflektierten Mitläufer vorzustellen. Die Generation der Eltern hatte die Augen verschlossen vor der Ermordung und dem Leid ihrer Mitmenschen, deshalb durften sie auf kein Verständnis für ihr eigenes Leid, die Gefallenen und die Zerstörung der Städte hoffen. Diese Haltung führte dazu, dass die besiegten Kriegsheimkehrer schwiegen und über die schrecklichen Erlebnisse an der Front und in der Gefangenschaft nicht sprechen konnten oder wollten, weil alles, was sie zu sagen hatten, die Opfer des Krieges und die Ermordung der Juden relativiert hätte.

Paulus versuchte Selma verständlich zu machen, dass ihr Vater durch das, was er erlebt hatte, traumatisiert und seine Brutalität und Launenhaftigkeit damit zu erklären sei, was er selbst an Grausamkeiten im Krieg hatte erleben müssen. Die Eltern Paulus wussten viel Positives über Heinrich zu sagen und wollten nicht zulassen, dass Selma ihren Vater schlechtmachte. Sie vertraten die Ansicht, dass man Vater und Mutter ehren sollte und mit der Ablehnung der eigenen Eltern auch sich selbst nicht annehmen konnte.

Im Hause Paulus war alles wohlgeordnet und stilvoll, und Lucie

Paulus legte großen Wert auf ein kultiviertes Ambiente und höfliche Umgangsformen. Die gutbürgerliche Atmosphäre und Lucies Haushaltsführung waren ein prägendes Vorbild für Selma, so wollte sie in der Zukunft auch einmal leben. Aus dem Mansardenfenster konnte sie miterleben, wie ihr Elternhaus immer höher hinaufwuchs und schließlich der Dachstuhl mit einem Tannenbäumchen und bunten Bändern geschmückt wurde. Lucie Paulus versuchte Selma zu überreden, der Mutter zuliebe beim Richtfest mitzufeiern, doch weil man dort zu Bauarbeiten herangezogen wurde und dem Vater ständig Rechenschaft ablegen musste, bedurfte es starker Überredungskünste, bis sie sich schließlich aufmachte.

Es war erschreckend, wie müde und abgearbeitet Elsa aussah, und auch der Vater machte einen erschöpften Eindruck. Ruthi, die gerade ihr Abitur bestanden hatte, spielte auf Mas Konzertflügel Chopin, und einer der Handwerker sagte zum Vater: »Herr Doktor, da hams aber a begabte Tochter, die spuit ja bloß auf die schwarzen Tasten!« Woraufhin Heinrich erwiderte: »Von mir kann sie es nicht haben, sie ist meine Stieftochter.« Ruthi war tief gekränkt und hörte sofort auf zu spielen. Heinrich war ihr Vater, solange sie denken konnte.

Im zweiten Stock, auf der frischen Betondecke und unter dem nagelneuen Dachstuhl wurde anschließend das Richtfest gefeiert. Die Handwerker schleppten viele Bierkästen hinauf und Reingard Tabletts mit belegten Broten. Es gab noch keine Treppe, alles musste über Leitern hinaufgetragen werden, und oben war die Baustelle nicht gesichert, sodass man leicht zwei Etagen hinunterfallen konnte. Das Bier wurde direkt aus der Flasche getrunken und Selma, die noch nie Alkohol getrunken hatte, war schnell beschwipst. Als es dunkel wurde, stellten die Geschwister Kerzen an den Abgrund, und Elsa holte die Ziehharmonika herauf. Sie konnte mitreißende Melodien spielen, und einer der Maurer holte sich Ruthi, der Zimmermann Reingard und der Installateur Anna, um zu tanzen. Heinrich griff sich seine Jüngste und tanzte schwungvoll mit ihr. Elsa spielte bekannte Schlager, alle konnten mitsingen oder den Rhythmus klatschen, und es wurde ein fröhliches Fest, bei dem gegen Mitternacht alle betrunken waren. Selma war so alkoholisiert, dass sie

Schwierigkeiten hatte, die Leiter hinunterzusteigen. Im Parterre fiel sie der Oma in den Arm und lallte: »Halt mich fest, ich bin besoffen.« Julchen brachte sie ins Bett, um das sich das ganze Haus drehte, mit seinen rohen unverputzten Wänden. Als alle friedlich in den Schlaf gesunken waren, weckte ein wilder Schrei die Familie: »Hilfe, das Haus stürzt ein!« Selma hatte geträumt, dass die zwei neuen Stockwerke und der Dachstuhl auf sie herabgestürzt wären. Sie ging am nächsten Tag gerne wieder zurück zu ihren Wahlverwandten, spürte aber, dass ihr Verhältnis zum Vater sich verändert hatte, seit andere die Verantwortung für ihr schulisches Weiterkommen übernommen hatten. Der Vater war freundlich und wollte sie sogar in den Arm nehmen, aber die körperlichen Züchtigungen waren noch allzu frisch im Gedächtnis der Tochter.

Das Dach wurde gedeckt und neue Fenster eingesetzt. Die vier Mädchen wurden aufgefordert, in jeder freien Minute die Rahmen mit weißer Ölfarbe zu streichen. Selma versuchte sich zu drücken, wurde aber nach Hause zitiert und daran erinnert, dass alle Familienmitglieder benötigt wurden, um das Haus fertigzustellen. Dann balancierten die vier Mädchen auf dem wackeligen Gerüst, um die Dachbalken zu lasieren und die Dachrinnen mit Rostschutz einzulassen. Elsa war immer mit Farbe bekleckert, und ihre zarten Hände waren rau und rissig von Zement und Terpentin. Sie hatte ein Kopftuch umgebunden und ging in gebückter Haltung, weil sie Rückenschmerzen hatte. Die Wände wurden vom Maurer verputzt und anschließend von den Töchtern mit weißer Farbe angestrichen, was sehr anstrengend war und zu Muskelkater in den Armen führte. Heinrich legte großen Wert darauf, dass die Mädchen von den Handwerkern angelernt wurden, um eines Tages ihr eigenes Haus bauen zu können. Nachdem nicht viel Geld zur Verfügung stand, musste auch in der Innenausstattung alles billig fertiggestellt werden. Die Betondecken erhielten einen farbigen Kunststoffbelag, und das Treppengeländer wurde aus Wasserrohren zusammengeschweißt. In den Keller kam eine Zentralheizung, die mit Koks beheizt wurde. Die Kohlen füllten einen ganzen Raum, und im Winter musste jede Stunde ein Familienmitglied zwei Etagen hinunterlaufen, um ein paar Schaufeln nachzulegen. Für den Verputz der Fassade waren keine Mittel mehr vorhanden, er wurde auf einen späteren Zeitpunkt verschoben, aber die Familie konnte in den ersten Stock des Neubaus umziehen.

Jedes Kind bekam einen eigenen Raum, und Selma wurde ein Durchgangszimmer zwischen den beiden großen Schwestern zugewiesen. Nachdem Elsas Jüngste keine Anstalten machte, ins Elternhaus zurückzukehren, wurde die Angelegenheit in aller Stille mit dem Ehepaar Paulus geregelt. Nach einer Übergangszeit sollte das Kind die Nächte im Elternhaus verbringen, durfte aber zur Betreuung der Hausaufgaben ins Haus Paulus kommen. Das Durchgangszimmer war so klein, dass ein Klappbett angeschafft werden musste, damit die Schülerin am Schreibtisch arbeiten konnte. Wenn Ruthi morgens um sechs zum Reiten ging, wurde Selma wach und warf der Schwester regelmäßig einen Stiefel hinterher. Sie fühlte sich benachteiligt und war unglücklich darüber, dass man sie aus den geordneten Verhältnissen der Familie Paulus weggeholt und in die Einflusssphäre des Vaters zurückbeordert hatte. Im zweiten Stock wurden Studentenzimmer mit Möbeln aus dem Sperrmüll eingerichtet. Sechs Studenten der Lehrerbildungsanstalt konnten untergebracht werden, jeweils zwei in einem Zimmer. Die Miete wurde für das Studium der zwei großen Töchter dringend benötigt.

Die Handwerker waren jeden Morgen mit dem Fahrrad auf die Baustelle gekommen. Nachdem das Haus fertig war, hatte der Polier Oberhauser ein Goggomobil und der Installateur Riebel eine Isetta erwirtschaftet. Sie waren sehr stolz auf ihre nagelneuen Autos, die für die dicken Männer viel zu eng waren.

Eines Tages kam ein riesiger Umzugswagen aus Frankfurt vorgefahren, in dem die Firma Allchemie verpackt war. Mit dem chemischen Betrieb kam der Gestank ins Haus. Es roch nach Chemikalien und nach den Labors, die in der ehemaligen Küche und den Schlafzimmern eingerichtet wurden. Der ganze Keller war vollgestellt mit rostigen Maschinen und Glasflaschen, in denen unergründliche Substanzen schwappten, auf einigen Verpackungen war ein Totenkopfsymbol zu sehen, auf anderen das Zeichen für einen explosiven Inhalt. In einem Raum waren Holzregale, in denen die ärztliche Rundschau und andere Fachzeitungen gelagert wurden, in einem anderen waren die Verpackungsmaterialien bis zur Decke gestapelt. Auf der geliebten Loggia konnte niemand mehr sitzen, sie war vollgestopft mit Chemikalien in Tonnen und Glasballons. Nachdem das Umzugsgut verstaut war, wollte Selma von der Mutter wissen, wo die Sekretärin Frau Best, die sie Bestie nannte, geblieben war. »Frag nicht, das wurde geregelt, die ist wieder in Wien, wo sie hingehört.«

In der Schule war Selma mit dem jüdischen Mädchen Heide befreundet, deren Vater von ihrer gemeinsamen Englischlehrerin im Krieg auf dem Dachboden versteckt worden war. Heides Eltern hatten ein schickes Schuhgeschäft in der Kaufingerstraße und waren für die damalige Zeit reich. Das neumodische Elternhaus, das überladene Kinderzimmer und der ganze Lebensstil dieser Familie waren neu für Selma, und sie war dankbar für die schönen Schuhe und Kleidungsstücke, die Heides Vater ihr schenkte. Heides Familie besaß ein Ferienhaus am Lago Maggiore und sie verkehrten mit Schlagersängern und Filmstars vom Geiselgasteig, aber Heide verbrachte die meiste Zeit beim Dienstmädchen und war nicht glücklich. Sie war eine schwarzhaarige Schönheit, und die blonde Selma war stolz auf ihre Freundin, die überall Aufsehen erregte. Beide hatten im Englischunterricht die Reden von John F. Kennedy ins Deutsche übersetzt und schwärmten für diesen gutaussehenden Amerikaner und seine französische Frau. »And so my fellow Americans: ask not what your country can do for you – ask what you can do for your country!« Weder die Familie Paulus noch Selmas Eltern hatten einen Fernseher, aber in den Illustrierten konnte man Kennedy in Berlin vor der Mauer stehen sehen, und auf allen Zeitungen prangten dick gedruckt seine Worte: »Ich bin ein Berliner.« Als im Radio die Nachricht kam, dass Kennedy erschossen wurde, umarmten sich die beiden Mädchen und weinten bitterlich.

Bevor der neu eingerichtete Zweig der Mädchenschule ins Elsa Brandström Gymnasium umziehen konnte, war die Klasse behelfsmäßig in einem Gebäude an der Engelbertstraße untergebracht. Die Biologielehrerin war klein, dick und rothaarig, sie regte an, dass die Schüler Anschauungsmaterial mitbringen sollten. Selma fing eine Feldmaus im Garten und stellte sie mit einem Pappkistchen auf das Lehrerpult. Beim Öffnen der Schachtel hüpfte die Maus heraus, die Lehrerin quietschte und sprang auf einen Stuhl, alle Schüler lachten. Selma erhielt einen Verweis im blauen Briefumschlag, wurde nach Hause zitiert, und bekam vom Vater einige unvergessliche Ohrfeigen.

Neben den Toiletten für Schüler gab es eine für Lehrer, die etwa 20 Zentimeter tiefer gelegt war, weil sie ursprünglich als Dusche genutzt worden war. Die Türe hatte außen einen Riegel und unten einen Schlitz, sodass man sehen konnte, ob das Klo besetzt war. Gleich daneben hatte der Hausmeister einen Gartenschlauch angeschlossen, mit dem er die Geranien begießen konnte. Als Selma die Biologielehrerin im Lehrerklo verschwinden sah, legte sie außen leise den Riegel vor und schob eilig den voll aufgedrehten Gartenschlauch unter der Türe durch. Weil die Tür verschlossen war, sah sich die Biologielehrerin gezwungen auf den Klodeckel zu steigen und brüllte dann aus dem vergitterten Klofenster um Hilfe. Selma war schon wieder im Klassenzimmer und saß artig in der Bank, als der Tumult losging. Alle Kinder aus dem Schulgebäude mussten im Hof antreten, und der Direktor verlangte, dass die Missetäterin sich selbst melden solle, weil sonst alle Kinder bestraft würden. Selma war sich sicher, dass die angedrohte Strafe für alle Schüler weniger schlimm ausfallen würde als die Ohrfeigen des Vaters, also stand sie mit harmlosem Gesichtsausdruck zwischen den Mitschülern, als die Biologielehrerin auf sie zeigte und schrie: »Das kannst nur du gewesen sein.« Die Strafe bestand darin, dass alle Schüler an diesem Tag zehn Minuten länger in der Schule bleiben mussten.

Im neuen Jahr war Heinrich plötzlich verschwunden, und den Kindern wurde gesagt, dass er eine Polyneuritis habe, die zu einem Nervenzusammenbruch geführt hatte. Er lag in der Universitätsnervenklinik, und nur Elsa durfte zu ihm, weil es nicht sicher war, ob er die Nervenentzündung überleben würde. Der Grund war wohl ein Virus, dazu kamen die Überanstrengung bei den Bauarbeiten und die Nachwirkungen des Krieges. Er blieb ganze zwei Monate in der Nervenklinik, den Töchtern wurden keine Details erzählt, und sie fragten auch nicht danach.

Die Mutter hatte den Kindern immer von ihrem Auto vorgeschwärmt, das sie auf der Flucht vor den Russen hatte zurücklassen müssen. Wenn sie mit den Einkaufstüten schwer bepackt auf dem Rad nach Hause kam, wünschte sie sich einen fahrbaren Untersatz wie das Goggomobil, das der Maurer sich gekauft hatte. Von den Großeltern erhielt sie eines Tages deren Zweitwagen geschenkt, einen schwarzen VW Käfer, ein Cabrio mit roten Ledersitzen. Die ganze Familie verfiel einem Geschwindigkeitsrausch, weil sie nie zuvor so schnell gefahren war. Der Zugewinn an Freiheit, dass man einfach so ins Blaue fahren konnte, war für alle beglückend. In dem kleinen Wagen saß dann vorne das Ehepaar, auf den Rücksitzen die drei großen Mädchen und Selma quetschte sich in das Kofferfach hinter der Rückbank. An sonnigen Tagen wurde das Verdeck zurückgeklappt, und mit wehenden Haaren fuhren sie durch die Landschaft, wobei häufig auch gesungen wurde. An den Wochenenden machte die Familie Ausflüge in die nähere Umgebung, und schon bald wollte Heinrich seiner Frau und den Kindern das Gralshaus, Bad Heilbrunn und die Alpen zeigen. Bei einer Tour ging es über mehrere Alpenpässe, dabei erlebten die Kinder einen völlig anderen Vater, der begeistert in seinem Automobil die Passstraßen hinauf- und hinunterkurvte und guter Laune war. Er zeigte ihnen die Berge, die er mit seinem Bruder bestiegen hatte, den Lanser See und den Steinbruch, aus dem sie als Buben Versteinerungen herausgeschlagen hatten.

Vor allem Elsa war sehr daran gelegen, dass die Mädchen Freundschaften pflegten und Klassenkameraden mit nach Hause brachten. Die zwei großen Schwestern, Reingard und Ruthi, wollten ein Faschingsfest feiern und hatten zu diesem Anlass das große Kellerlabor leergeräumt und farbig dekoriert. Die zwei Jüngeren durften gnadenhalber dabei sein, aber es war vornehmlich ein Fest für Abiturienten. Zu trinken gab es Erdbeerbowle mit Alkohol und Coca-Cola. Die Jugendlichen waren bis zur Unkenntlichkeit verkleidet, und es wurde bei schummriger Beleuchtung getanzt. Die Schulfreunde hatten ihre Schlagerplatten mitgebracht, und die Musik dröhnte aus den Lautsprechern, dass die Wände wackelten. Die bekannten Melodien wurden mitgesungen und dazu von einem Bein auf das andere gehüpft, mit den Armen in die Luft geboxt und mit dem Hintern gewackelt. Nachdem der Alkoholspiegel die Jugendlichen enthemmt hatte, knutschten sie unter den Labortischen auf alten Matratzen. Heinrich ließ es sich nicht nehmen und kam zu später Stunde als Wildschütz Jennerwein verkleidet in den Keller, um mit seiner Frau zu tanzen. Es kümmerte ihn nicht, was die Teenager trieben, Hauptsache, sie hatten eine tolle Party. Es war ein gelungenes Fest, das bis zum nächsten Morgen andauerte.

Als Selma aus dem Keller in die Küche kam, traf sie die Oma, die wegen einer vermeintlichen Fleischvergiftung schreckliche Bauchschmerzen hatte und sich eine Wärmflasche machte. Aus dem Keller konnte man laute Bässe und die Stimmen der jugendlichen Besucher hören. Selma half der Kranken die Treppe hinauf ins Bett und ging anschließend selbst schlafen. Am nächsten Morgen war die Oma ernsthaft krank, und der Arzt wollte sie, mit dem Verdacht auf Darmkrebs, ins Krankenhaus bringen. Julchen sagte: »Ich habe meine vier Kinder zu Hause geboren, ich gehe nicht ins Krankenhaus!«

Elsa blieb am Bett ihrer Mutter, die starke Schmerzen hatte. In der darauffolgenden Nacht um zwei Uhr zwanzig sagte sie: »Ich will nicht mehr leben«, machte die Augen zu und starb. Am Aschermittwoch 1961 teilte Heinrich den Mädchen beim Frühstück mit, dass Julchen für immer von ihnen gegangen war. Sie gingen traurig in den Garten und erlebten am dunstigen Himmel eine Sonnenfinsternis, wie sie erst 40 Jahre später wieder zu erwarten war.

»Wenn Julchen stirbt, verdunkelt sich die Sonne«, schluchzte die Mutter. Der Arzt kam, um den Totenschein auszustellen, danach wurde die Verstorbene von zwei Frauen gewaschen und in den Sarg gelegt. Heinrich bestand darauf, dass alle vier Mädchen sich von der Oma verabschiedeten, während ihnen Elsa den Anblick ersparen wollte. Als Selma das Zimmer betrat, lag Julchen in weiße Spitzen gehüllt mit einem friedlichen Gesichtsausdruck im schlichten Holzsarg. Die Haut war blass, die Nase größer als im Leben und ihre schlohweißen Haare waren zurückgekämmt. In den gefalteten Händen hielt sie einen Strauß weißer Nelken. Selma setzte sich zu der Toten und sprach ohne Furcht mit ihr, als ob sie noch lebte: »Ich weiß, ich soll mich um die Mutter kümmern.«

Elsa konnte den Tod ihrer Mutter nicht verkraften, sie blieb tagelang im Bett und weinte, der Haushalt wurde vernachlässigt. Nachdem die Oma nicht mehr kochte, gab es keine gemeinsamen Mahlzeiten mehr, Heinrich sorgte allein für sein Essen und ließ seine Frau in Ruhe mit ihrer Trauer, war aber immer für sie da. Er hoffte, dass sie irgendwann darüber hinwegkommen und zu einem geregelten Leben zurückfinden würde. Elsa litt unter starken Rückenschmerzen und konnte beim Kochen vor dem Herd kaum noch stehen. Sie hatte vier Kinder ausgetragen, in der Kriegs- und Nachkriegszeit schwer gehoben und auf dem Bau hart gearbeitet. In der Klinik wurde eine Senkung der Gebärmutter diagnostiziert und eine Operation angeordnet. Elsa erlitt kurz nach der Operation eine lebensbedrohliche Lungenembolie. Es dauerte nahezu ein Jahr bis zu ihrer Genesung und ein weiteres Jahr, bis sie ihre Lebenszuversicht zurückgewinnen konnte.

Nach dem Abitur hatte Reingard mit dem Biologiestudium angefangen und wollte nach vier Semestern in Kiel studieren. Das große Zimmer der Schwester wurde frei, und Selma war erleichtert, als sie das enge Durchgangszimmer endlich verlassen konnte. Ruthi entschied sich für Zoologie und Anna Friederun hatte sich in der Chemieschule angemeldet, um chemisch-technische Assistentin zu werden. Selma wurde in dieser Zeit erwachsen. Sie hatte die Pubertät und damit die Kinderjahre hinter sich und ging, getrennt von der Familie, ihrer Wege. Zweimal die Woche und an manchem Wochenende, fuhr sie gemeinsam mit ihrer Freundin Heide nach Leutstetten zu den Pferden. Dort traf man sich am Morgen, um die Tiere zu füttern, dann wurden sie gestriegelt und die Boxen ausgemistet, bevor alle zusammen ausreiten konnten. Die Königlichen aus dem Haus der Wittelsbacher wohnten im Schloss Leutstetten und kamen täglich, um ihre Pferde zu bewegen. Prinz Ludwig und Prinzessin Irmingard ritten gemeinsam mit ihrem Sohn Luitpold, der vier Jahre jünger war als Selma. Nach dem Satteln trabte die Gruppe hinter dem Rittmeister Bokor her durch die herrliche Landschaft des Voralpenlandes mit Blick auf den Starnberger See und die Alpen.

Bokor hatte ihnen beigebracht, immer einen Strang der Mähne um die Hand zu wickeln, weil es vorkam, dass eins der unerfahrenen Jungpferde sich erschreckte und den Reiter abzuwerfen versuchte. Im Wald sprangen sie über umgekippte Bäume und stiegen in die flachen Stellen der Würm, um die Rösser ans Wasser zu gewöhnen. Im Herbst galoppierten sie über die abgeernteten Felder; das war für Pferd und Reiter das größte Vergnügen. Selma legte den Kopf nahe an den Pferdehals, sie hatte das Gefühl, mit dem Tier eins zu werden in der rasanten Bewegung, während der Wind in ihren Ohren rauschte. Im Winter, wenn genug Schnee auf den Feldern lag, wurden die vierjährigen Hengste zum Skijöring angeschirrt. Ein Skifahrer hing jeweils hinter dem galoppierenden Pferd, sodass ihm der aufgewirbelte Schnee und die Schneebatzen nur so um die Ohren flogen.

Bokor war mit Prinz Ludwig und 100 Rössern im letzten Kriegsmonat von Sárvár in Ungarn nach Bayern getreckt. Der Rittmeister war klein und untersetzt, hatte einen schwarzen Schnauzbart und gewaltige O-Beine. Die Pferdezucht war seine Aufgabe als Gestütsleiter, er erteilte aber auch Reitunterricht in der Bahn und hatte eine lustige Art, Deutsch zu sprechen. Er rief Selma zu: »Bruust raus, Bauch rein, auch wenn da nix Bruust is.« Beim Reinigen der Pferdeboxen kam es vor, dass einem so ein Tier auf den Fuß trat, was ziemlich schmerzhaft war. Bokor winkte dann ab und sagte: »Mus gleich schauen, ob Huf von Pferd noch heil.« Sein Lieblingsspruch war. »Nix so schlimm, wie noch mal so schlimm.«

Das Schloss Leutstetten war ein charmant gealterter Herrensitz, mit einem wundervollen Blick über die Würm auf den Starnberger See und die Berge. Vor dem Schloss verbreiterte sich der Fluss zu einem See, in dem Karpfen und Welse für den Hausgebrauch gefangen wurden. Das Gemäuer war nicht komfortabel, aber mit alten Möbeln und Bildern aus königlicher Vergangenheit stilvoll eingerichtet. Anstelle der Ofenheizung war eine Zentralheizung eingebaut worden, darüber hinaus hatte man für die Modernisierung nicht viel Aufwand betrieben, die Fassade des Schlosses sah eher schäbig aus, und der Park wirkte verwildert. Prinz Rasso von Bayern, der 13 Jahre jüngere Bruder von Prinz Ludwig, wohnte mit seiner Frau Theresa und seinen sieben Kindern unterhalb vom Schloss in einem kleinen Haus. Die Kinder hießen: Maria Theresia, genannt Wuzi, Franz Joseph, genannt Bubi, Elisabeth, Wolfgang, Benedikta, Christoph und Gisela. Sie waren zart und wohlerzogen, hatten meist österreichische Trachtenjanker an und Angst vor Pferden. Theresa bewältigte den Haushalt ohne Hilfe, sie kochte täglich das Mittagessen und kümmerte sich mit aufopfernder Geduld um die Bedürfnisse ihrer sieben Kinder. Im Haus lebten zudem mehrere Dackel, die versorgt werden mussten.

Dem Königshaus gehörten die beiden Gutshöfe Gut Rieden und Gut Schweige mit ihren Äckern und Feldern im Würmtal. An den Herbstabenden ging Selma mit Prinz Rasso auf die Jagd, sie saßen stundenlang auf dem Hochsitz, bis die Rehe in der Dämmerung leise aus dem Wald traten, um zu äsen. Zur Jagdzeit wurde ab und zu ein Reh für den eigenen Bedarf geschossen. Einmal legten Rasso und Selma Feuer in einen Fuchsbau, und die Dackel trieben anschließend den Fuchs vor Rassos Flinte. Die Dackel Juzi und Beppo waren für die Jagd abgerichtet, und man konnte sie tief unten in der Erde mit dem Dachs kämpfen hören. Einmal brachte Rasso einen besonders schönen Rauhaardackel von der Hundeschau mit nach Hause, seine Frau Theresa wollte aber keinen weiteren Hund haben und sagte: »Entweder der Dackel verlässt das Haus oder ich gehe.« So kam der Dackel mit Namen Jette von Kamphausen nach Pasing, und Elsa nannte ihn »meine verzauberte Prinzessin«.

Wenn sich im herbstlichen Würmtal die Buchen goldgelb färbten, gab es jedes Jahr eine königliche Hubertusjagd, bei der einer der Prinzen, einen Fuchsschwanz über der Schulter, vor einem Heer von Reitern in roten und schwarzen Röcken über die Felder galoppierte. Es ging durch Kiesgruben, in die Würm und über zahlreiche Hindernisse, bis am Schluss der Fuchsschwanz geschwenkt und weggeworfen wurde. Derjenige, der ihn vom Boden aufheben konnte, war der Sieger der Jagdsaison. Manchmal war auch eine Hundemeute dabei, die mit lautem Gebell über die abgeernteten Äcker jagte; dahinter das Feld der Reiter auf dampfenden Pferden. Von Ferne hörte man die Parforcehörner erschallen, und so wusste man immer, wo sich die Jagdgesellschaft aufhielt. Am Ende bekamen die Reiter einen Schnaps und einen Bruch, das war ein Tannenzweig mit einer blau-weißen Schleife, die man sich ins Knopfloch stecken konnte. Beim Halali bliesen drei bis vier der Reiter auf ihren Hörnern, und Ruthi war hoch zu Ross immer dabei, während Elsa mit ihrer Super8-Kamera die Stimmung einzufangen versuchte. Selma verbrachte einige Ferien in Leutstetten und wohnte dann bei Prinz Rasso.

Die zerstörte Bayerische Staatsoper in München war ehemals im Besitz der Wittelsbacher gewesen. Nach dem Wiederaufbau erhielten sie eine Proszeniumsloge, in der sie allen Opern beiwohnen konnten. Zur Eröffnung wurde die »Frau ohne Schatten« von Strauss gegeben, und Selma durfte bei der Wiederholung mit in der Loge sitzen. Es war ihre erste Opernaufführung und sie war so begeistert von dem prachtvollen Gebäude und der Musik, dass Prinz Rasso sie mehrmals in der Folge mit in die Oper nahm. Bei einer Aufführung der Zauberflöte wurde Selma vom Saaldiener mit »königliche Hoheit« angesprochen, was ihr sehr peinlich war. Sie wollte den Sachverhalt richtigstellen, doch Prinz Rasso zog sie weg mit den Worten: »Geh weider, des is doch a Schmarrn.«

Bei der Revolution 1918 wurden den Mitgliedern des bayerischen Königshauses viele Privilegien entzogen und der größte Teil des Familienbesitzes konfisziert. Sie werden aber heute noch mit »Königliche Hoheit« angesprochen, weil sie königlichen Geblütes sind,

Schlösser bewohnen, in einer besonderen Gesellschaftsschicht verkehren, andere Umgangsformen pflegen und sich einem Standesethos verpflichtet fühlen, das gerade nach der Nazizeit wieder en vogue wurde.

Alle zwei Jahre gab es ein Treffen der »Alten Rechliner« auf dem Militärflughafen von Oberpfaffenhofen. Ein Oberst der Bundeswehr hatte die Organisation übernommen. Alle Überlebenden der ehemaligen Erprobungsstelle Rechlin in Mecklenburg, deren Adresse er herausfinden konnte, wurden eingeladen. Rechlin lag in der DDR, die »Ehemaligen« hatten alle ihr Haus und ihre Habe zurückgelassen und waren vor den Russen nach Westdeutschland geflüchtet. Die Piloten, Techniker und Physiker, von denen viele bei der Bundeswehr ihren Arbeitsplatz hatten, brachten ihre Kinder mit, um sie für die Fliegerei zu begeistern. Beim ersten Treffen wurde den Jugendlichen gezeigt, wie man einen Fallschirm anlegt und im Notfall öffnet. Dann wurden sie zu einer Noratlas-Maschine geführt, um zum ersten Mal im Leben die Erde fliegend zu verlassen. Dieses Transportflugzeug hatte zwei Propeller, und im Innenraum gab es entlang der Außenwand eine Reihe von geflochtenen Sitzmöglichkeiten, der Rest blieb frei, um Fracht zu transportieren. Die Propeller machten einen unglaublichen Lärm, die Maschine vibrierte, und dann erhob sie sich sehr langsam in die Luft. Die Jugendlichen sahen aus den kleinen Fenstern der Militärmaschine und waren angespannt, aber begeistert von dem Erlebnis, die Erde tief unten liegen zu sehen. Sie flogen über den Pilsensee, den Ammersee und zurück über den Starnberger See. Die Passagiere hatten zittrige Knie, als sie aus dem Flugzeug sprangen.

Zwei Jahre später durfte Selma mit dem Piloten Bovier in einer Do27 fliegen. Sie saß neben ihm als Copilotin, hatte den Fallschirm umgeschnallt, eine Lederkappe auf und einen Kopfhörer am Ohr, mit dem man sich verständigen konnte. Es war aufregend, zu zweit über die Startbahn zu holpern und nach kurzer Zeit steil in den Himmel zu steigen. Das junge Mädchen und der erfahrene Pilot flogen bei guter Sicht bis zu den Alpen, als plötzlich der Motor ausging.

Man hörte nur den Wind sausen, und Selma war überzeugt, dass sie nun abstürzen würden. Nach einigen Minuten sagte Herr Bovier: »Dieses Flugzeug kann auch segeln, es hält sich lange in der Luft ohne Motorunterstützung, genau das wollte ich dir zeigen. Der Motor ist nicht viel stärker als bei einem VW und trägt uns Menschen leicht in die Luft. Du hattest Angst, dass wir abstürzen, dieses Gefühl sollte man als junger Mensch einmal kennenlernen.« Er grinste zu Selma hinüber, ließ den Motor wieder anspringen und warnte: »Wird dir leicht schlecht, dann halt dich fest.« Das Flugzeug machte eine Rolle in der Luft und gleich danach fiel es mit der Nase nach unten dem Boden zu. Selma gab einen Laut von sich und stemmte die Hände nach vorne, wo der Steuerknüppel für den Copiloten war, als sie im Kopfhörer vernahm: »Möchtest du jetzt das Flugzeug lenken?« Nein, das wollte sie nicht. Bovier machte noch allerlei Kunststücke, er wedelte mit den Flügeln und erklärte, dass sich die Piloten in der Luft so grüßten, dann fiel er steil hinunter zum Flugfeld und kam erstaunlich schnell zum Stehen.

Beim dritten Rechliner Treffen kannte Selma schon einige Jugendliche und war nicht mehr interessiert an den Gesprächen über Krieg und Flucht, die von den Ehemaligen ausgetauscht wurden. Erstmals waren junge Piloten der Bundeswehr eingeladen, die stolz ihre Fluggeräte erklärten. Es gab eine Vorführung, bei der gezeigt wurde, was für Drehungen und Wendungen ein Hubschrauber in der Luft machen kann. Dann durften die Jugendlichen auch Düsenjäger kennenlernen. Selma wurde in eine zweisitzige Maschine Fouga Magister eingeladen, ein Aufklärungsflugzeug, das einen schrillen Pfeifton von sich gab und beim Start wie eine Rakete losflog. Diese kleinen zweistrahligen Düsenjets waren unglaublich elegant und hatten zwei Glaskuppeln, die nach oben geöffnet wurden. Bei jedem Treffen gab es ein Abendprogramm, bei dem gegessen und getanzt wurde. Die Jugendlichen waren fasziniert von der Fliegerei, und einige entschieden sich für eine Ausbildung bei der Bundeswehr.

Heinrichs letzte Jahre 1978–1985

Heinrich schlief täglich bis Mittag, dann duschte er kalt und rasierte sich mit einem Rasiermesser und viel Schaum die Bartstoppeln ab. Anschließend machte er sich ein Frühstück mit Speck und Eiern, dazu gab es eine ganze Kanne Filterkaffee. Er holte die Süddeutsche Zeitung aus dem Kasten und bedeckte damit den ganzen Frühstückstisch, während er las. Der politische Teil war ihm besonders wichtig und über die Karikaturen von Ernst Maria Lang oder Ernst Hürlimann konnte er lauthals lachen. Elsa war meistens um sieben Uhr aufgestanden, hatte schon eingekauft und setzte sich zu einem zweiten Frühstück zu ihrem Mann, der ihr die wichtigsten Informationen mitteilte und alles zeigte, was irgendwie zum Schmunzeln war.

Die Firma Allchemie hatte das Erdgeschoss und den Keller von Elsa gemietet, und Heinrich war der Geschäftsführer und einzige Angestellte seiner eigenen Firma. Nach dem Frühstück ging er ein Stockwerk tiefer ins Labor und stellte Hormonpräparate her, mit denen Schweine und Rinder geimpft wurden, damit sie schneller an Gewicht zunahmen. Hierfür musste er einmal im Monat einen Quecksilberansatz machen, bei dem giftige Gase entstanden. In Schutzkleidung, die aus einem blauen Sylvester, einer alten Gasmaske aus dem Krieg und einer schwarzen Gummischürze bestand, vermengte er Substanzen, sodass Rauchwolken aus dem Abzug aufstiegen. Die Schnorchelei mit der Gasmaske wurde ihm schnell zu viel, dann riss er sie vom Kopf und machte ohne Schutz weiter, was zu einer Gelbfärbung seiner Gesichtshaut führte.

Am Nachmittag erwärmte er Reste oder warf ein Schnitzel in die Pfanne, zu dem er bevorzugt eine Dose Gemüse aß. Wenn Elsa etwas gekocht hatte, war er sehr dankbar. Nach dem Essen verbrachte er mindestens eine Stunde im Garten, um dort je nach Jahreszeit zu schneiden oder zu graben. Danach wurde wieder im Labor gearbeitet, Fotoentwickler zubereitet, oder Injektionen wurden abgefüllt. Zum Sterilisieren der Ampullen hatte Heinrich einen alten Pfeifkessel mit Korken verstopft, aus dem ein dünnes Glasröhrchen hervorkam. Er stellte den Wasserkessel auf den Bunsenbrenner und der austretende Dampf sterilisierte die Ampullen. In seinem Labor gab es viele selbstgebaute Geräte, es sah aus wie in einer Alchemisten-Küche und roch auch so. Da Heinrichs Augen immer schlechter wurden, hatte er fünf verschiedene Brillen. Eine zum Lesen, eine fürs Fernsehen am Abend, und zum Autofahren hatte er eine Fernbrille und eine Sonnenbrille. Das skurrilste Exemplar bestand aus einer Vergrößerungslinse, die er aus einem russischen Panzer ausgebaut und in ein altes Brillengestell eingeklebt hatte. Damit konnte er Splitter im Finger und Kleinstlebewesen in Präparaten sehen, bevor er sie unter das Mikroskop legte. Die Suspension für die Hormonpräparate sollten mehrere Stunden geschüttelt werden. Hierfür hatte er einen ausrangierten Elektromotor auf einem Winkeleisen befestigt und an der Wand zwei rostige Spiralfedern aus einer Matratze angeschraubt. Zwischen den Motor und die Federn stellte er einen Glaskolben, der dann hin- und hergeschüttelt wurde und laut quietschte. Während die Flüssigkeit geschüttelt wurde, saß er an einem winzigen Tischchen und tippte auf einer museumsreifen Schreibmaschine Geschäftsbriefe oder Rechnungen mit Blaupapier und drei Durchschlägen, dazu lief laute Musik vom Bayerischen Rundfunk, und zu jeder vollen Stunde gab es die neuesten Nachrichten. Überall standen Aschenbecher, und in einem davon lag immer eine qualmende Zigarette und verglimmte; deshalb schenkten ihm die Kinder ein Exemplar mit Karussell, welches die Kippen in ein geschlossenes Gefäß drehte. Die Töchter hatten ernsthaft Sorge, dass sie alle durch eine Explosion im Labor in Lebensgefahr gebracht würden, weil der Vater manchmal bis vier Uhr morgens leicht alkoholisiert in seiner Alchemisten-Küche experimentierte. Als er eines Nachts Salzsäure über dem Bunsenbrenner erhitzte, zersprang der Kolben in seiner Hand und er verätzte sich die Hände und Teile des Gesichts.

Selma sprach von »Vaters Spielzimmern«, mit deren Vermietung man deutlich mehr Geld einnehmen könnte, als er mit der Allchemie verdiente. Die Buchhaltung für die Steuer erledigte er mit großem Widerwillen und vermisste dabei seine Sekretärin. Wenn eine Bestellung eingegangen war, half Elsa dabei, die Ampullen in die Pappschachteln zu verpacken und alles versandfertig zu machen. Sie brachte die Pakete zur Post und die Sendungen für das Ausland zum Zoll.

Das Abendessen mit Wurst und Käse nahmen die Eheleute immer gemeinsam ein, und um 20 Uhr wurden die Nachrichten im Ersten Deutschen Fernsehen eingeschaltet. Dieter Hildebrandt und die »Lach- und Schießgesellschaft« versäumten sie nie, und über die Filme von Loriot konnten beide herzhaft lachen. Heinrich trank jeden Abend sein Quantum Alkohol, rauchte zwei Schachteln Zigaretten und war in Folge der Kriegserlebnisse die halbe Nacht wach, weil er nur mit genügend Alkohol und Radiomusik schlafen konnte.

Für den chemischen Einmannbetrieb war es ein großes Problem, als die Hormonpräparate für die Tiermast verboten wurden und sich der Inhaber der Firma kein Gehalt mehr auszahlen konnte. Er suchte nach einem neuen Betätigungsfeld und schickte Bewerbungen an viele Universitäten und Firmen, erhielt aber immer Absagen, die ihn deprimierten. Elsa versuchte, ihn zu trösten, doch er war fest davon überzeugt, dass die Jahre an der Front ihm jegliche Chance, im Zivilleben Erfolg zu haben, zerstört hatten. Sein Selbstwertgefühl war an einem Tiefpunkt, seine Töchter und Schwiegersöhne machten Karriere in aller Welt, während er in einem heruntergewirtschafteten Labor chemische Präparate herstellte, obwohl er eigentlich Physiker war.

Alles wurde gesammelt und aufgehoben, Heinrich konnte nichts wegwerfen. Er benutzte nie einen neuen Briefumschlag, sondern löste die alten Marken von benutzten Umschlägen ab und überklebte die Adresse mit einer neuen. Rostige Nägel, Schrauben und Haken wurden gerade geklopft und in Blechdosen bis zur Wiederverwendung aufbewahrt. Er hatte Unmengen von Pappkartons im Keller, die für Pakete passend zugeschnitten und mit einem braunen Papierstreifen und Leim verklebt wurden. Kleidungsstücke mussten gestopft und geflickt werden, bis sie auseinanderfielen, ein Neukauf kam nicht in Frage. Man hatte eine Ausgehkleidung, die frisch gebügelt im Schrank hing, alles andere wäre unnötiger Luxus gewesen. Jeglicher freier Platz in Haus und Garten war vollgestopft mit wiederverwertbaren Sachen. Es gab einen zusammengenagelten windschiefen Fahrradschuppen, in dem acht alte Räder standen, die alle noch zu gebrauchen und von Heinrich repariert waren. Hinter dem Schuppen stapelte sich das Holz aus dem Garten, das er als Brennmaterial kleingeschnitten und ordentlich aufgeschichtet hatte. In einer anderen Ecke lagen Steine, es waren Gehwegplatten und Granitsteine, die er auf der Straße mitgenommen hatte. Mit den Steinen verlegte er auf den Knien einen Weg vom Haus zum Gartentor. Alles, was am Haus einen Anstrich benötigte, wurde grau angemalt. Es wurde eisern gespart, damit man im Alter nicht auf das Geld der Kinder angewiesen war. Das ging so weit, dass das Badewasser wieder im alten Kupferkessel erwärmt wurde, obwohl es im Keller inzwischen eine Ölzentralheizung gab. Die Firma brachte kaum noch Geld ein, die Familie lebte von den Mieteinnahmen der Studentenzimmer. Elsas Vater schickte für das Studium der Kinder alle vier Wochen 300 Mark, die vom Postboten bar an der Haustüre übergeben wurden.

Dem Garten gehörte Heinrichs ganze Liebe. Die ersten Schneeglöckchen und Schneerosen brachte er ins Haus und stellte sie auf den Frühstückstisch. Die Wildkirschen erblühten wenig später, in den weißen Blütenkelchen summten die Bienen, und bei Wind fielen die Blütenblätter wie Schnee in den Garten. Zu Elsas Geburtstag im Mai brachte er weiße und lilafarbene Fliedersträuße ins Haus, die einen betörenden Duft verströmten. Heinrich war jeden Tag mit der Gartenschere unterwegs, um das verwilderte Grundstück unter der Schere zu halten. Er pflanzte Apfelbäume und Beerensträucher, und wenn das Obst reif war, brachte er es eimerweise in die Küche, damit Elsa es in Gläser einmachen konnte. Im Herbst sammelte er die Walnüsse ein und kehrte die Blätter zu großen Haufen zusammen. Es gab drei Komposthaufen, die, nachdem sie zu Erde zerfallen waren, durchgesiebt und an die Obstgehölze verteilt wurden. Der Komposthaufen konnte ihn zu philosophischen Betrachtungen über Werden und Vergehen beflügeln. Wenn der erste Schnee fiel, war der Hausherr auch spät in der Nacht zur Stelle und räumte den Fußweg frei für den Postboten. Auf den unbenutzten Labortischen standen Kakteen, die zur Weihnachtszeit üppig blühten und dann in die Wohnung gebracht wurden. Die roten Weintrauben von der Hauswand kamen in große Glasballons, in denen sie gären konnten und zu Wein wurden, den er »Pasing-Südseite« nannte und der ungenießbar sauer war. In seiner Destillationsanlage produzierte er Kirschschnaps, den die Schwiegersöhne nicht trinken wollten, weil sie Angst hatten zu erblinden. Es wurden alle möglichen Versuche gemacht, aus Obst Alkohol herzustellen, den außer Heinrich niemand probieren wollte, was ihn ein wenig kränkte.

Nachdem er sich ausschließlich in seinem Haus und Garten aufhielt, erschien es ihm unnötig, sich elegant zu kleiden. Er zog meistens einen alten Trachtenanzug an, dazu ein grünes Hemd oder eine alte Wolljacke, und im Labor streifte er einen löchrigen Arztkittel über. Die Entbehrungen der Kriegsjahre hatten Elsa und Heinrich geprägt. Nahrungsmittel durften keinesfalls vernichtet werden. Faule Äpfel wurden ausgeschnitten und zu Apfelmus verkocht, Brot auch dann noch gegessen, wenn es vertrocknet und hart war. Beim Kauf von Nahrungsmitteln und Kleidung wurde gespart. Elsa ging zur Brotfabrik und kaufte Brote vom Vortag für den halben Preis. Sie liebte es, Dosen anzuschaffen. Man hatte damit keine Arbeit und nichts konnte verderben. Frisches Gemüse gab es nach Julchens Tod so gut wie gar nicht mehr, doch Elsa verbrachte viel Zeit damit, Futter für den Dackel zu kochen. Die Menschen konnten sich ihrer Ansicht nach selbst versorgen. Kleidung wurde ausschließlich im Ausverkauf und von Wühltischen gekauft. Wenn an einem Pullover noch der Originalpreis hing und Elsa ihn für die Hälfte erworben hatte, erzeugte das Glücksgefühle. Bei einem Sonderangebot von Weißwein kaufte sie gleich drei Kartons, und Heinrich beklagte sich nie, dass ihm der Wein nicht schmecken würde. Während in den deutschen Wohnzimmern mit dem Wirtschaftswunder neue Möbel von »Quelle« erschienen, gab es bei Heinrich und Elsa ererbtes Mobiliar oder angemalten Sperrmüll. Das Geld wurde für die Kinder und Enkel gespart, die sollten eine gute Ausbildung bekommen und wenn möglich ein eigenes Häuschen. Für dieses Ziel waren die Eltern, die sich für den Zusammenbruch verantwortlich fühlten, zu jedem Opfer bereit. Dazu gehörte auch, dass man nicht in den Urlaub fuhr. Jahrzehnte vertrat Heinrich die Ansicht, dass das Firmentelefon immer besetzt sein müsse und er deshalb nicht verreisen könne, obwohl Elsa ihn inständig darum bat und ein Tapetenwechsel beiden gut getan hätte.

Unerwartet erhielt Heinrich eine positive Antwort auf eine seiner Bewerbungen und fuhr zum Vorstellungsgespräch nach Landsberg. Eine tierärztliche Firma suchte einen Laborleiter und Fachmann für die Anmeldungen ihrer Präparate beim Patentamt. Heinrich bekam die Stelle und fuhr danach täglich zur Arbeit, um gewissenhaft und gründlich alle Anforderungen zu erfüllen. Von dem verdienten Geld kaufte er sich einen großen weißen Audi 100. Dieses Fahrzeug machte ihn glücklich und stolz, erstmals in seinem Leben hatte er ein neues Auto, das weder ererbt noch geliehen war. Die Mitarbeiter der Pharmafirma mochten ihn, er erhielt Anerkennung und Zuspruch, eine Alters- und Krankenversicherung und ein ordentliches Gehalt. In der Faschingszeit gab es alljährlich einen Faschingsball, bei dem alle Mitarbeiter kostümiert erschienen. Heinrich war einfallsreich und witzig bei der Wahl seiner Verkleidung und sah mit seiner Körpergröße und den langen Haaren verwegen aus. Er war ein guter Tänzer und mit seinem Wiener Charm – »Küss die Hand gnä' Frau« – kam er bei der Belegschaft gut an. Elsa und er führten eine gute Ehe, sie liebten und brauchten einander und ließen sich gegenseitig in Ruhe.

Heinrich und Victor verkauften den Oberhof ihrer Mutter an die katholische Kirche und teilten sich das Geld mit Verena. Der Erlös wurde auf ein Sperrkonto für Anna Friederun und Selma einbezahlt. Sie sollten das Erbe der Großmutter mitsamt den Zinsen eines Tages erhalten. In Hannover starb Elsas Vater, und sie erbte genug

Geld, um sorgenfrei leben zu können. Es folgten arbeitsreiche Jahre, in denen Elsa statt drei Mark ganze vier für den Wein ausgab.

Über Wochen hatte Heinrich eine schmerzhafte Stelle am Bein und ging damit in die Dermatologie Rechts der Isar. Professor Braun Falco hörte ihn husten und verlangte eine Schnittbild-Röntgenaufnahme der Lunge. Es war deutlich zu sehen, dass Heinrich ein Lungenkarzinom im linken Lungenflügel hatte, deshalb sollte er drei Tage später operiert werden. Nachdem er zwei Tage gehungert hatte, schob man ihn in den Operationssaal, doch gleichzeitig wurden drei Schwerverletzte mit Stichwunden vom Oktoberfest eingeliefert und seine Behandlung musste verschoben werden. Als er schließlich operiert wurde, musste mehr Lungengewebe entnommen werden, als vorgesehen war. In einem Raum mit fünf frisch operierten Männern erwachte er aus der Narkose und beklagte sich nicht über die Unruhe im Krankenzimmer. Manche Patienten gingen nach der Operation auf den Balkon um zu rauchen, Heinrich rührte nie wieder eine Zigarette an. Als Elsa die Narbe sah, war sie sprachlos. Man hatte ihn rund um den Brustkorb aufgeschnitten und mit groben Stichen wie einen alten Sack wieder zugenäht. Heinrich litt unter Narbenschmerzen und hatte Atemnot und Asthma, was zu Erstickungsangst führte, die er mit Valium behandelte. Elsa umsorgte ihren Mann liebevoll, sie massierte und klopfte seinen Rücken, damit er abhusten konnte. Wenn er des Nachts nach Luft ringend auf der Bettkante saß, setzte sie sich zu ihm und sprach beruhigend auf ihn ein, bis er wieder schlafen konnte. Heinrich hatte immer ein Radio am Bett, die ganze Nacht lief Musik, damit er sich nicht verlassen fühlte.

Die Jahre nach der Operation lebte er viel gesünder als zuvor. Er aß regelmäßig, trank weniger Alkohol und war endlich bereit, mit seiner Frau zu verreisen, um das verbleibende Leben zu genießen. Elsa war glücklich und buchte eine Kreuzfahrt zu den griechischen Inseln. Sie hielt ihre Erlebnisse auf Super8-Filmen fest, die sie an Filmabenden der ganzen Familie zeigte. Nachdem sie gelernt hatte, mehrere Sequenzen zusammenzukleben und die Vorführung eine halbe Stunde lief, wurden ihre Filmabende immer besser und lustiger. Es stellte sich heraus, dass die Mutter ein gutes Auge für Stimmungen und Situationskomik hatte. Sie filmte die Hubertusjagd vor goldenem Herbstlaub, den Dackel mit fliegenden Ohren auf der Jagd nach dem Ball und Heinrich im Blütenmeer seines Gartens. Sie filmte die Enkelkinder im Nymphenburger Park zwischen den Graugänsen und Huckepack auf Opas Schultern.

Im Hochsommer fuhr das Ehepaar in Gritlis Chalet hoch oben in den Schweizer Bergen, wo es keine Autos gab, dafür eine Menge Kuhglocken. Dann entdeckten sie Gran Canaria und stellten fest, dass die Meeresbrise Heinrichs Lunge gut tat. Er setzte sich in die Brandung und inhalierte die feuchte Luft. Sie flogen dreimal auf die Kanarischen Inseln, und als Selma sie zum Flughafen brachte, übergab sie Heinrich ein Tonbandgerät mit den Worten: »Bitte erzähl dein Leben, wenn du auf der Insel Zeit dafür hast. Tu es für deine Kinder und Enkel, wir wollen wissen, was du im Krieg erlebt hast, um dich besser zu verstehen.«

Auf dem ersten Band hatte Selmas dreijähriger Sohn für den Opa etwas aufgesprochen: »Lieber Opi, ich hab dich lieb, ganz fürchterlich lieb, und ich küss dir einen.« Danach erklang mit der hohen Kinderstimme das Lied: »Maikäfer flieg, dein Vater ist im Krieg, die Mutter ist in Pommerland, Pommerland ist abgebrannt, Maikäfer flieg!«

Das Appartement, das sie in Gran Canaria gemietet hatten, lag hoch oben auf einem Felsen über dem Meer, und als Heinrich die Kinderstimme seines Enkels hörte, liefen ihm die Tränen über die Wangen. Er hatte sich so sehr einen Sohn gewünscht und freute sich über den Enkel, der aber den Nachnamen seiner Familie nicht weitertragen würde. In den drei Wochen, die sie in der Wärme des Südens verbrachten, besprach er 17 Tonbänder. Während er die Feldzüge und das Grauen des Krieges schildert, hört man im Hintergrund die Meeresbrandung rauschen. Ohne Karten, ohne Gedächtnishilfe, konnte er sein ganzes Leben nacherzählen, mit exakten Angaben der Jahreszahlen und der Ortsnamen. Es ist verständlich, dass er im Rückblick auf sein Leben das hervorgehoben hat, was ihn in einem guten Licht erscheinen lässt und die Gräueltaten der Wehrmacht verschwiegen hat. Die Tonbänder versteckte er danach in seinem Kleiderschrank mit der Aufschrift:

Liebe Selma, du kannst die Tonbänder erst nach meinem Tod anhören, weil ich zu meinen Lebzeiten keine Fragen beantworten möchte. »Wie sich Verdienst und Glück verketten, das fällt den Toren niemals ein, wenn sie den Stein der Weisen hätten, der Weise mangelte dem Stein!« J.W. v. Goethe

In diesem Sinne dein Vater

Sieben Jahre nach seiner Lungenoperation wurde bei einer Kontrolluntersuchung ein neues Karzinom auf dem Röntgenbild festgestellt. Bei weiteren Untersuchungen fand man Metastasen im Kopf, und Heinrich wurde im Pasinger Krankenhaus bestrahlt. Er hatte eine blaue Markierungslinie am Schädel und eine weitere am Brustkorb, um die Bestrahlungspunkte festzulegen. Nach jeder Bestrahlung war er erschöpft, und es dauerte einige Zeit, bis er sich wieder erholt hatte. Das nahende Ende vor Augen, wollte der geschwächte Mann seiner geliebten Weggefährtin eine Freude machen. Mit Buntstiften malte er Schmuckstücke auf Karton und ging damit zu einem Goldschmied, um sie anfertigen zu lassen. Es war ein Smaragdring mit einem ererbten Stein von seiner Mutter, eine Halskette mit blauem Safiranhänger und eine Mondsteinbrosche. Schmuck war in seiner Familie immer wichtig gewesen, als kostbares Geschenk, zu Repräsentationszwecken, und in Notzeiten zur Nahrungsbeschaffung. Elsa war sehr gerührt über diese Geste. Anfang März 1985 bat er Selma, ein paar Fotos zu machen, bevor ihm wegen der Krebsbehandlung die Haare ausfielen.

Kurz vor Ostern sollte er die letzten Bestrahlungen bekommen und ein Praktikant meinte, es sei doch praktisch, zwei Termine zusammenzulegen, damit er zu den Feiertagen alles hinter sich hätte. So wurde es gemacht und die doppelte Strahlendosis an Heinrichs Kopf angewendet. Selma holte ihn in der Klinik ab und stellte sofort fest, dass er verändert war. Zu Hause legte sich der Vater ins Bett, und am nächsten Morgen um sieben erhielt Selma einen Notruf mit der Bitte, sofort ins Elternhaus zu kommen. Heinrich saß auf der Bettkante und konnte nicht mehr sprechen. Er hatte ausdrücklich darum gebeten, zu Hause sterben zu dürfen, deshalb waren Mutter und Tochter ratlos, was sie machen sollten. Schließlich riefen sie den Notdienst, und die Ärztin wollte den Patienten unbedingt in die Klinik schaffen, weil sie der Ansicht war, dass er eine Infusion bräuchte. Der große schwere Mann wurde auf einer nagelneuen Liege festgeschnallt und die Treppe hinunterbefördert, was nahezu unmöglich war, weil die Sanitäter nicht um die Treppenwindung herumkamen. Im Garten lag Schnee, das Untergestell der Trage klappte unerwartet zusammen und der Patient fiel kopfüber in den Schnee. Alarmiert durch das Blaulicht des Rettungswagens hingen die Nachbarn aus den Fenstern, und Heinrich war nur notdürftig mit einer dünnen Papierdecke zugedeckt. Als man ihn in den Kastenwagen schob, verdrehte er den Kopf, sodass Selma den Eindruck hatte, dass er Abschied nahm von seinem geliebten Garten. Sie fuhr in dem Sanitätsauto mit in die Klinik und hielt die Hand des Vaters, der sie mit glasigen Augen ansah. Im Krankenhaus wurde er in die Notaufnahme gefahren und gewaltsam von Selmas Hand gerissen, an der er sich krampfhaft festhielt.

Erst zwei Stunden später durfte sie ihn wiedersehen. Heinrich war in der Notaufnahme mit einem Herzstillstand kollabiert, und die Ärzte hatten ihn gewaltsam wiederbelebt. Er sah aufgedunsen aus und hing an vielen verschiedenen Geräten. Aus dem Mund kam ein Beatmungsschlauch, der an eine Maschine angeschlossen war, die den Brustkorb mechanisch auf- und abpumpte. Am Hals hatte er einen Zugang zur Vene, mit mehreren Ventilen und einem Tropf. In der Nase steckte ein Sauerstoffschlauch, an der Seite des Bettes hing der Sack für einen Katheter und auf mehreren Monitoren wurden die Körperfunktionen angezeigt. Seine Hände waren mit Verbandstoff an das Bettgestell gefesselt, und der Arzt sagte, dass man ihn hatte festbinden müssen, weil er sich wie wild gewehrt habe. Selma war schockiert über den Anblick, sprach beruhigend auf ihren Vater ein und versicherte ihm, dass sie ihn nie wieder verlassen würde, dann löste sie die Fesseln und hielt seine Hand. Man konnte sehen, dass er sich langsam beruhigte. Selma sagte dem Arzt, dass sie dem Vater versprochen hätten, ihm genau diese Art der Lebensverlängerung zu ersparen, und dass sie ihn jetzt sofort mit nach Hause nehmen würde, was ihr empört verwehrt wurde. Sie saß ratlos in der Intensivstation am Bett von Heinrich und wusste nicht, wie sie ihn aus der Klinik nach Hause holen sollte. Es war nicht klar, ob er verstehen konnte, was Selma zu ihm sagte, und sie stellte sich vor, wie es wäre, wenn er sie hören, sich aber nicht verständlich machen könnte.

Sie saß die ganze Nacht an seinem Bett, Stunde um Stunde, und wachte, weil sie den Eindruck hatte, dass der Vater nicht schlief und das Beatmungsgerät ihn ständig in Bewegung und gewaltsam am Leben erhielt. Als es hell wurde, kam Anna Friederun und löste sie ab. Selma ging nach Hause und versuchte zu schlafen, war aber in Gedanken bei dem Sterbenden. Schon am Nachmittag kehrte sie zurück an Heinrichs Bett, und Anna Friederun kümmerte sich um die Mutter. Die zweite Nacht war noch schlimmer als die erste, weil die Situation aussichtslos und quälend war. Heinrichs jüngste Tochter war vor Erschöpfung schließlich eingeschlafen, ihr Kopf auf sein Bein gesunken, als sie gegen Mitternacht von lautem Poltern geweckt wurde. Im Schein der Notbeleuchtung sah sie, dass der Patient im Nebenbett alle Schläuche und Apparate, an die er angeschlossen war, heruntergerissen hatte und aus dem Bett gefallen war. Selma drückte auf den Alarmknopf, ein Arzt stürzte in die Intensivstation und knipste sämtliche Beleuchtungen an, sodass es taghell wurde. Man brachte den Mann zurück ins Bett und wollte von ihm wissen, was geschehen war. Er sagte: »Ich habe geträumt und dachte, ich wäre wieder in russischer Gefangenschaft, und da saß diese Frau, die ich für einen Wärter gehalten habe.«

Der in russischer Gefangenschaft traumatisierte 70-Jährige erhielt eine Beruhigungsspritze und fing kurz danach an zu schnarchen. Selma sprach mit dem Vater und war sich absolut sicher, dass er dieses menschenunwürdige Dasein nicht gewollt hätte. Er war unruhig und bewegte die Hände, und als der Morgen graute, fing Selma an, die Stecker aus der Beatmungsmaschine zu ziehen und die Geräte abzuschalten. Eine Alarmsirene ging los, und wieder stürzte der junge Arzt ins Zimmer und brüllte: »Was machen Sie da, Sie bringen Ihren Vater um!« Er steckte hastig alle Geräte wieder an, und Selma erklärte ihm, dass sie sich diese künstliche Lebensverlängerung nicht länger mit ansehen würde. Der Vater hätte einen zweiten Lungenkrebs und Metastasen im Kopf, was sollte das für ein Leben werden? Sie war so erregt und wütend, dass man sie aus der Intensivstation zerrte, um einen Vorschlag zu machen. Wenn die Mutter, die Schwester, die Hausärztin und sie selbst ein Papier unterschrieben, dass der Vater lebensverlängernde Maßnahmen abgelehnt hätte, würde der Arzt die Geräte abstellen.

Selma rief zu Hause und bei der Ärztin an, alle kamen sofort in die Klinik und unterschrieben die Erklärung. Dann mussten sie die Intensivstation verlassen, während der Arzt die Geräte abstellte. Wider Erwarten lebte Heinrich auch ohne intensivmedizinische Maßnahmen weiter und wurde in ein sogenanntes Sterbezimmer im vierten Stockwerk gebracht. Auf Wunsch der Familie erhielt er Flüssigkeit in den Mund und Morphium, weil man nicht wusste, ob er Schmerzen hatte. Für Elsa wurde ein zweites Klinikbett ins Zimmer gerollt, damit sie bei Heinrich bleiben konnte, und Anna Friederun saß den ganzen Tag mit der Mutter am Bett des Vaters. Elsa hatte die ägyptischen Skulpturen mitgebracht, die Heinrichs Talisman waren und stellte den Affenmenschen auf den Nachttisch und den König drückte sie ihm in die Hand.

Die dritte Nacht war Selma wieder da, der Vater rollte die Augen in seinem Morphinrausch, und Elsa schlief tief und fest im Nebenbett. Es war eine sehr friedliche Atmosphäre eingetreten, alle hatten sich beruhigt und hofften, dass der Vater während der Nacht im Schlaf sterben würde. Gegen Mitternacht klopfte es an der Tür, ein Tierarzt, mit dem der Vater zusammengearbeitet hatte, betrat den Raum. Er machte den Vorschlag, dass Selma nach Hause gehen sollte, um sich auszuruhen. Sie wollte aber nur in die Kantine gehen, um sich etwas zu trinken zu holen. Nach zehn Minuten wurde sie unruhig und betrat leise das Sterbezimmer. Der Tierarzt war über den Vater gebeugt, und als er sie eintreten hörte, wandte er sich um und verließ eilig den Raum. Selma sah sofort, dass der Sterbende verändert war, er schlief nicht mehr, sondern bäumte sich auf, die Zunge trat hervor, er röchelte und hörte auf zu atmen. Sie war außer sich, sah auf dem Fensterbrett eine leere Spritze liegen und ahnte, was geschehen war. Die Mutter schlief fest im Nebenbett, während Selma ihre Schwester anrief und Heinrichs Bruder Victor in Wien, um ihnen mitzuteilen, dass es vorbei war. Die Krankenschwester band das Kinn des Toten hoch, und wenig später kam Anna Friederun ins Zimmer und weckte die Mutter. Anschließend saßen sie zu dritt am Bett des Toten und Elsa hielt Heinrichs erkaltende Hand, in der noch immer der ägyptische König lag.

Als Selma den Vorhang zurückzog, um das Morgengrauen zu sehen, saßen sechs schwarze Krähen vor dem Fenster in den Bäumen, spreizten das Gefieder und schwangen sich von Ast zu Ast. Heinrichs Mutter hatte von Seelenvögeln gesprochen, und jetzt waren sie da. Selma packte die leere Spritze ein und floh aus dem Zimmer. Als sie im Erdgeschoss der Klinik angekommen war, brach sie in Tränen aus. Zu Hause angekommen, weckte Selma ihren Mann und weinte vor Übermüdung und Trauer. Sie war entschieden, den Tierarzt anzuzeigen, doch ihr Mann sprach beruhigend auf sie ein. »Der Kollege war sicher von deinem Vater beauftragt, ihm in so einem Fall zu helfen. Was hat Heinrich davon, wenn du den Mann anzeigst? Er wäre sowieso gestorben, vielleicht ein wenig später, aber du wolltest doch, dass er sich nicht länger quält.« Selma ließ sich nicht überzeugen und ging ins Bett. Am nächsten Tag war das Beweismaterial verschwunden.

Ich danke

Peter Dimroth für die langjährige Begleitung bis zur Veröffentlichung des Buches.
Elisabeth Müller Neumann für die Erstkorrektur und Vorschläge zur Kürzung des Materials.
Florian Hildebrand für zahlreiche Anregungen.
Walter Godron für geschichtliche Hinweise und letzte Korrekturen.
Dr. Klaus Stadler für die Hilfe bei der Verlagssuche.
Gredel Warbeck für die Vermittlung zum Verlag Buch&media.
Wolfgang Pollner für buchhändlerische Tipps.

Literatur

ABD-RU-SHIN: »Im Lichte der Wahrheit«, Gralsbotschaft, Vomper Berg Tirol 1949/50.

Hermann Bode: »Wir schauen in das Bilderbuch der weiten Welt«, Hannover 1945.

Martin Buber: »Die Chassidischen Bücher«, Berlin 1935.

Sigmund Freud: »Das Unbehagen in der Kultur«, Wien 1930.

Sigmund Freud: »Massenpsychologie und Ich-Analyse«, Wien 1921 .

Sebastian Haffner: »Anmerkungen zu Hitler«, München 1978.

Erwin Panofsky: »Auch ich war in Arkadien« 1939, Zeitschrift der Universität Zürich, Uni Zürich 6/1990.

Joseph Roth: »Radetzkymarsch«, München 1981.

Eberhard Straub: »Weltgeschichte im 20. Jahrhundert«, München 1985.

T.H.White: »Der König auf Camelot«, Stuttgart 1976.